梁啓超 著

飲冰室合集

文集

第十一册

中華書局

飲冰室文集之二十九

初歸國演說辭

鄙人對於言論界之過去及將來

鄙人今日得列席於此報界歡迎會。而羣賢濟濟。至百數十人之盛。其特別之感想。殆難罄言。去秋武漢起義。不數月而國體丕變。成功之速。殆爲中外古今所未有。南方尚稍煩戰事。若北方則更不勞一兵不折一矢矣。問其何以能如是。則報館鼓吹之功最高。此天下公言也。世人或以吾國之大革。數千年之帝政。而流血至少。所出代價至薄。詫以爲奇。豈知當軍興前軍興中。哲人畸士之心血。沁於報紙中者。云胡可量。然則謂我中華民國之成立。乃以黑血革命代紅血革命焉可也。鄙人越在海外。曾未能一分諸君子之勞。言之滋愧。雖然。鄙人二十年來。固以報館爲生涯。且自今以往。尤願終身不離報館之生涯者也。今幸得與同業諸英握手一堂。竊願舉鄙人過去對於報館事業之關係。及今後所懷抱。爲諸君一言之。鄙人之投身報界。託始於上海時務報。同人多知之。然前此尚有一段小歷史。恐今日能言之者少矣。當甲午喪師以後。國人敵愾心頗盛。而全瞢於世界大勢。乙未夏秋間。諸先輩乃發起一政社。名強學會者。今大總統袁公。卽當時發起之一人也。彼時同人固不知各國有所謂政黨。但知欲改良國政。不可無此種團體耳。而最初著手之事業。則欲辦圖書館與報館。袁公首捐金五百。加以各處募集得千餘金。遂在後孫公園設立會所。向上海購得譯書數十種。而以辦報事委諸鄙人。當時固無自購機器之力。且都中亦從不聞有此物。乃向售京報處託用粗木版雕印。日出一張。名曰中外公報。只有論說一篇。別無記事。鄙人則日日執筆爲一數百字之短文。其言之膚淺無用。由今思之。只有汗顏。當時安敢望有人購閱者。乃託售京報人隨宮門鈔分送諸官宅。酬以薪金。乃肯代送。辦理月餘。居然每日發出三千張內外。然謠諑蠭起。送至各家門者。輒怒以目。馴至送報人懼禍。及懸重賞。亦不肯代送矣。其年十一月。強學會遂被封禁。鄙人服器書籍。皆沒收。流浪於蕭寺中者數月。益感慨時局。自審舍言論外。末由致力。辦報之心益切。明年二月。南下。得數同志之助。乃設時務報於上海。其經費則張文襄與有力焉。而數月後。文襄以報中多言民權。干涉甚烈。其時鄙人之與文襄。殆如雇傭者與資本家之關係。年少氣盛。衝突愈積愈甚。丁酉之冬。遂就湖南時務學堂之聘。脫離報館關係者數月。時務報雖存在。已非復前此之精神矣。當時亦不知學堂當作何辦法也。惟日令諸生作劄記。而自批答之。所批日恆萬數千言。亦與作報館論文無異。當時學生四十人。日日讀吾所出體裁怪特之報章。精神幾與之俱化。此四十人者。十餘年來强半死於國事。今存五六人而已。此四十分報章在學堂中固習焉不怪。未幾放年假。諸生攜歸鄉里。此報章遂流布人間。於是全湘譁然。咸目鄙人爲得外教眩人之術。以一丸藥翻人心而轉之。諸生亦皆以二毛子之嫌疑。見擯於社會。其後戊戌政變。其最有力之彈章。則摭當時所批劄記之言以爲罪狀。蓋當時吾之所以與諸生語者。非徒心醉民權。抑且於種族之感言之未嘗有諱也。此種言論。在近數年來誠數見不鮮。然當時之人聞之。安得不掩耳。其以此相罪。亦無足怪也。戊戌八月出亡。十月復在橫濱開一清議報。明目張膽。以攻擊政府。彼時最烈矣。而政府相疾。亦至嚴禁入口。馴至內地斷絕發行機關。不得已停辦。辛丑之冬。別辦新民叢報。稍從灌輸常識入手。而受社會之歡迎。乃出意外。當時承團匪之後。政府創痍既復故態旋萌。耳目所接。皆增憤慨。故報中論調。日趨激烈。壬寅秋間。同時復辦一新小說報。專欲鼓吹革命。鄙人感情之昂。以彼時為最矣。猶記曾作一小說。名曰新中國未來記。連登於該報者十餘回。其理想的國號。曰大中華民主國。其理想的開國紀元。即在今年。其理想的第一代大總統。名曰羅在田。第二代大總統。名曰黃克强。當時固非別有所見。不過辦報在壬寅年。逆計十年後大業始就。故託言大中華民主國祝開國五十年紀念。當西曆一千九百六十二年。由今思之。其理想之開國紀元。乃恰在今年也。羅在田者。藏清德宗之名。言其遜位也。黃克强者。取黃帝子孫能自强立之意。此文在座諸君想尚多見之。今事實竟多相應。乃至與革命偉人姓字暗合。若符讖然。豈不異哉。其後見留學界及內地學校。因革命思想傳播之故。頻鬧風潮。竊計學生求學。將以為國家建設之用。雅不欲破壞之學說。深入青年之腦中。又見乎無限制之自由平等說。流弊無窮。惴惴然懼。又默察人民程度。增進非易。恐秩序一破之後。青黃不接。暴民踵興。雖提倡革命諸賢。亦苦於收拾。加以比年國家財政國民生計。艱窘皆達極點。恐事機一發。為人劫持。或至亡國。而現在西藏蒙古離畔分攜之噩耗。又當時所日夜念及而引以為戚。自此種思想來往於胸中。於是極端之破壞。不敢主張矣。故自癸卯甲辰以後之新民叢報。專言政治革命。不復言種族革命。質言之。則對於國體主維持現狀。對於政體則懸一理想以求必達也。及丁未夏秋間。與同人發起政聞社。其機關雜誌名曰政論。鄙人實為主任。政聞社為清政府所封禁。政論亦廢。最近乃復營國風報。專從各種政治問題。為具體之研究討論。思灌輸國民以政治常識。初志亦求溫和。不事激烈。而晚清政令日非。若惟恐國之不亡而速之。劌心怵目不復能忍受自前十年以後至去年一年之國風報。殆無日不與政府宣戰。視淸議報時代殆有過之矣。猶記當舉國請願國會運動最烈之時。而政府猶日思延宕以宣統八年宣統五年等相搪塞。鄙人感憤既極。則在報中大聲疾呼。謂政治現象若仍此不變則將來世界字典上決無復以宣統五年四字連屬成一名詞者。此語在國風報中凡屢見。今亦成預言之讖矣。計鄙人十八年來經辦之報凡七。自審學識譾陋。文辭樸僿。何足以副立言之天職。惟常舉吾當時心中所信者誠實懇摯以就正於國民已耳。今國中報館之發達。一日千里。即以京師論。已逾百家。回想十八年前中外公報沿門丐閱時代。殆如隔世。崇論閎議。家喻戶曉。豈復鄙人所能望其肩背。雖然。鄙人此次歸來。仍思重理舊業。人情於其所習熟之職業。固有所不能舍耶。若夫立言之宗旨。則仍在濬牖民智。薰陶民德。發揚民力。務使養成共和法治國國民之資格。此則十八年來之初志。且將終身以之者也。而世論或以鄙人曾主張君主立憲。在今共和政體之下。不應有發言權。即欲有言。亦當先自引咎。以求恕於疇昔之革命黨。甚或揑造讕言。謂其不慊於共和。希圖破壞者。即儕輩中亦有疑於平昔所主張。與今日時勢不相應。舍己從人。近於貶節。因囁嚅而不敢盡言者。吾以爲此皆讆詞也。無論前此吾黨所盡力於共和主義者何如。即以近年所主張。對於國體主維持現狀。對於政體則懸一理想以求必達。此志固可皎然與天下共見。夫國體與政體本不相蒙。稍有政治常識者頗能知之矣。當去年九月以前。君主之存在。尙儼然爲一種事實。而政治之敗壞已達極點。於是憂國之士。對於政界前途發展之方法。分爲二派。其一派則希望政治現象日趨腐敗。俾君主府民怨而自速滅亡者。即諺所謂苦肉計也。故於其失政。不屑復爲救正。惟從事於祕密運動而已。其一派則不忍生民之塗炭。思隨事補救。以立憲一名詞。套在滿政府頭上。使不得不設種種之法定民選機關。爲民權之武器。得憑藉以與一戰。此二派所用手段雖有不同。然何嘗不相輔相成。去年起義至今。無事不資兩派人士之協力。此其明證也。然則前此曾言君主立憲者果何負於國民。在今日亦何嫌何疑而不敢爲國宣力。至於強誣前此立憲派之人爲不慊於共和。則更是無理取鬧。立憲派人不爭國體而爭政體。其對於國體主維持現狀。吾既屢言之。故於國體則承認現在之事實。於政體則求貫徹將來之理想。夫於前此障礙極多之君主國體。猶以其爲現存之事實而承認之。屈己以活動於此事實之下。豈有對於神聖高尚之共和國體而反挾異議者。夫破壞國體。惟革命黨始出此手段耳。若立憲黨則從未聞有以搖動國體爲主義者也。故在今日擁護共和國體。實行立憲政體。此自論理上必然之結果。而何有節操問題之可言耶。若夫吾儕前此所憂革命後種種險象。其不幸而言中者十而八九。事實章章在人耳目。又寧能爲諱。論者得毋謂中國今日已治已安。而愛國志士之責任從是畢耶。平心論之。現在之國勢政局。爲十餘年來激烈溫和兩派人士之心力所協同搆成。以云有功。則兩俱有功。以云有罪。則兩俱有罪。要之此諸人士者。欲將國家脫離厄阨躋諸樂土。而今方泛中流。未達彼岸。既能發之。當思所以能收之。自今以往。其責任之艱巨視前十倍。又豈容一人狡卸者。今激烈派中人。其一部分則謂吾既已爲國家立大功成大業矣。疇昔爲我盡義務之時期。今日爲我享權利之時期。前此所受窘逐戮辱於清政府者。今則欲取什伯倍之安富尊榮於民國以爲償。此種人自待太薄。既不復有責備之價值。其束身自好者。則謂吾前此亦既已盡一部分之責任。進國家於今日之地位矣。自今以往。吾其可以息肩。則翛然於事外而已。而所謂溫和派者。忘卻自己本來爭政體不爭國體。因國體變更。而自以爲主張失敗。甚乃生出節操問題。又忘卻現在政治絕未改良。自己疇昔所抱志願絕未貫徹。而自己覺得無話可說。則如鬬敗之雞。垂頭喪氣。如新嫁之娘。扭扭揑揑。兩方面之人既皆如此。則國家之事。更有誰管。在已治已安之時。

人人不管國事。尚且不可。況今日在危急存亡之交者哉。若謂前此曾言立憲之人。當共和國體成立後。卽不許其容喙於政治。吾恐古往今來普天率土之共和國。無此法律。吾儕惟知中國爲中國人之中國。盡人有分。而絕非一部分人所得私。前淸政府。以國家爲其私產。以政治爲其私權。其所以迫害吾儕不使容喙於政治者。無所不用其極。吾儕未嘗敢緣此自餒而放棄責任也。況在今日共和國體之下。何至有此不祥之言。此鄙人所爲欲賡續前業。常舉其所信以言論與天下相見也。忝列嘉會。深銘隆貺。聊述前此之經歷與今後之志事。以塵淸聽。情與詞蕪。伏希洞亮。

到京第一次歡迎會演說辭

先生以十月二十日由天津乘車入京。大總統代表各部總次長參議院議員各政黨黨員各報館記者及與先生舊交諸士。齊集正陽驛歡迎者數百人。先生既入行館小憩。客亦漸散。其與先生關係尤深者數十人。以個人名義。相約開第一次歡迎會於德昌飯店。席間由范源廉君起立致詞。先生答辭大略如下。

鄙人去國十五年於茲矣。此十五年間。國中所經變遷。殆視百五十年爲尤劇。無論物質的方面。精神的方面。以昔況今。皆如隔世。古詩稱遼東化鶴。重返國門。人民城郭。疑是疑非。鄙人今日之感慨。殆類是矣。今坐中諸豪。雖强半舊交。然欲求十五年前在此地相與往還者。邈然不可復得。則人事遷移之急。可略見矣。此十五年間。刹那刹那。流轉不住。以成今日之新現象。此新現象爲遷而至善耶。抑況而愈下耶。此當付諸各人客觀的判斷。不能强同。以鄙人觀之。則今日中國之地位。乃立於可以進化可以退化之中間。而進退惟國人所自擇者也。外人之評我國謂我社會凝滯不動。此在前此誠有然。試讀西史。覺其變化流轉。一時代有一時代之特色。若佳山水無一處平板也。我國則自秦漢以迄清季。史蹟若一邱之貉。蓋二千年立於不進不退之域矣。而自戊戌至今十五年間。乃由靜而之動。懸厓轉石。速率日加。至去歲而軒然起大波。以有今日。雖其所動之方向未敢斷定。而其脫離永靜界。則既有朕兆矣。所慮者吾國人之惰力性受諸先天。而不易拔。事過境遷。遽復其舊。據鄙人歸國後觀察。隱微此惰力性已漸漸發現。而侵入於多數人之心矣。其樂觀者流謂經此變革。國家當能自致太平。漠然不復知憂危。惟乘此以營其私計。其悲觀者流謂紀綱法度。廢墜至此。人心風俗。敗壞至此。陸沈在即。無復可救。吾亦惟頹然自放。委心任運而已。此兩種觀察雖不同。要之其爲惰力性則一也。實則樂觀者識量固愚下。悲觀者志行亦薄弱。從來國家之興衰。世運之隆替。皆由少數人以筦其樞耳。凡欲我就一事業者。必須責任心與興味心兩者具備。在坐諸公。皆國中賢者。其對於國家之責任心甚深且固。鄙人熟知之。亦不勞更以此相勸勉。所欲爲諸公進一解者。則興味心而已。鄙人自問生平無他異人處。惟對於一切事皆覺興味濃摯。求學有然。治事亦有然。凡有可以勞吾心勞吾力者。則當其服勞之時與既勞之後。皆覺有無限之愉快。至於其勤勞所得之報酬如何。則不暇問也。以故亦永無失望沮喪之時。嘗見法人布彌氏所著大英國民一書。極言英人之特色。謂其人緣地理氣候人種遺傳種種關係。養成好活動之天性。非活動則塊然不樂。其蹴踘競渡等團體競爭。終日不休。他國人驟視之。幾不解其何謂。彼固非此不能娛樂也。而其政治上之活動。亦視之與蹴踘競渡等爲娛樂之一種。故他國政治家失敗之後。輒意氣消沈。英人則無論爲勝爲敗。泰然自若也。此言雖小。可以喻大英國政治所以常能爲世界矜式者。皆以此也。要之吾輩無論欲爲何事。必先有興味。然後有精神。必自有精神。然後能引起他人之精神精神貫注何事不成若仁人志士嗒然厭世則乾坤或幾乎息矣吾國今日實處於極艱窘之地位吾儕憂國之士亦隨之而處於極艱窘之地位故吾願以興味之說進願諸君以今日歡迎鄙人興味歡迎中國前途則國家之福也

蒞共和黨歡迎會演說辭

十月二十日午後三時共和黨開歡迎會於本部理事那彥圖君主席幹事黃爲基君述歡迎詞略述先生十餘年來對於國家所盡之義務謂中國政體改革實蒙先生之賜且稱吾黨素奉先生之敎爲圭臬先生雖未入黨然吾黨中人皆已認先生爲精神上之同黨願先生更加指導云云先生演說辭如左

鄙人今日承國中最有歷史最有價值之大政黨開會歡迎實歸國以來第一榮幸之事吾稱共和黨爲最有歷史最有價值之黨絕非泛泛作而諛語吾常以爲人類道德之最可寶貴者莫如不畏强禦之精神觀共和黨過去之成績庶足以當之蓋共和黨常出其能力與專制政治奮鬭而著著奏效去年八月其蹶起以摧破二千年君主專制政治使無復痕跡者共和黨黨首及黨員之力也共和成立迄今一年間其防禦寡人專制政治使不能發生者亦共和黨黨首及黨員之力也去年八月十九以前其間接鼓吹奔走思摧專制之談者誠不乏人若夫直接實行一蹴而倒彼魔王者謂非共和黨黨首及黨員之功得乎八月十九以後其被動響應協力以集事者尤不乏人若夫主動首義樹旗幟以爲天下先者謂非共和黨黨首及黨員之功得乎是故人人所痛恨之君主專制政治實假手於共和黨鋤而去之此共和黨不畏强禦之一表徵也臨時政府成立以後革命元勳滿天

下。其中熱誠愛國勞苦功高者固多。而假託名義希爭權利者。抑亦不乏。充事勢遷流所極。幾使人與法國革命時代之山岳黨生聯想。夫使山岳黨出現。則恐怖時代至。而國不可問矣。且去君主專制而得寡人專制。革命之志不其荒耶。共和黨乃集國中穩健分子。舍破壞而圖建設。黨基既立。漸引國人入政治軌道。使寡人對制之現象。無自發生。此又共和黨不畏強禦之一表徵也。

共和黨對於國家之功德既若是。其對於政黨之功德。又可得言焉。小黨分裂。非國之福。此義多人能言之。然最初能合併各黨以成一大黨者。則共和黨也。此其有造於政黨者一也。因共和黨發榮盛大。而影響及於他黨。遂使他團體之本不爲政黨組織者。亦改爲政黨組織。黨制黨義。亦隨而改良。使中國漸入於大黨對峙之正軌。此在他方面雖有主動力。而共和黨之助動。亦不爲無功矣。此其有造於政黨者二也。由此言之。則將來中國政黨史。以共和黨爲最有價值。夫復何疑。

共和黨有極名譽之過去歷史。既如是矣。然共和黨固以建設爲目的者也。故其重大之責任。實在將來。既思舉建設之大業。則當研求近世政治之原則。而嚮往之。以鄙人所見。則共和黨之黨義。最可誦矣。請更引申說明之。近世以來各國之政體。其特色雖多。而其大原則不出二者。一曰政治之公開。二曰政治之統一。夫國家政治。是否必由公開然後能得良好之結果。此理原難斷定。何以言之。往昔獨裁之治。當其得一二豪傑。未嘗不可致政治於修明。雖然。迨乎人亡。則政因而廢。其爲術可偶而不可常。可暫而不可久。此在歐洲十九世紀以前之政治及中國數千年之政治。大抵若此也。近一世以來。各國實行立憲之政。於是有君主立憲。有共和立憲。同屬君主立憲國。英與德異。德與意異。意與比異。比與日異。同屬民主立憲國。美與法異。法與葡異。葡與南美諸國異。然有一共通之原則。則政治之公開是也。所謂政治之公開者。凡一切行政立法財政。大抵經人民公議。議決以後。又必以種種形式從而公布。然後執行。其藉口於運用之便宜而付諸祕密者。獨外交一端而已。外交爲物。乃此國之國家人格與彼國國家人格相互之交涉。與一切行政立法對於人民强制有遵守之効力者。稍有不同。故得爲例外。自其根底論之。一階級或一私人之特權。經多少反抗。歸於消滅。乃政治所由公開之大因也。近世學者。常謂立憲政治。爲國民參政之歷史。以鄙人觀之。則政治之參與。不過立憲政治之一種特色。若預算之公布。法律之公布。乃至行政手續之公開。法庭之公開。皆此政體上應有之作用。故不如謂爲政治之公開。能隱括一切而表彰各種之特質也。由此言之。政治公開之原則。實由各國先民積多少年之經驗。認此爲改良政治之不二法門。故其民不惜嘔心濺血。必求得之而後卽安。歷觀各國革命史立憲史。其所爲犧牲一切以求易得者。舍此更有何物。而今日中華民國之政治。果已采公開主義耶。抑仍采祕密主義耶。抑又公開其名而祕密其實耶。內觀中央。外察地方。彼公開主義之未嘗實行。雖阿好者恐亦不能爲諱矣。而祕密之習。一日不革。則政治一日不能改良。循此以往。則去年革命之結果。所得果何物者。趣一國政治之軌。使向於此第一原則以進行。此共和黨不可辭之責任也。

第二。政治之統一。中國曩爲大一統之國。以理而論。應無統一不統一之問題發生。然不知數千年來。掌握統治大權者。雖在君主。而實際中央與地方之關係。至今無正當明確之解決。起義以還。離心力之進行尤甚。繼今以往。此統一問題。殆非一二年所能解決也。夫世界各國。其因此問題而費國中英豪之心血者。不知凡幾矣。意大利素爲分裂之小邦。因三傑之協力。乃得統一。德經三次戰爭。德意志帝國乃成。日本維新。其最苦者尚不在去德川氏而在廢藩置縣。美國離英而獨立。中間五六年。成一無政府之狀。當時發生二派。一爲鞏固國權派。一爲保守州權派。數百年二派遙相對峙。未知所決。林肯以後。政漸集中。至羅斯福爲主張權國最烈之人。其提倡之新國家主義。蓋正爲美國分權派對症發藥也。英國本部只三島。而已本無集權分權之爭。（阿爾蘭自治問題暫置勿論）近年海外殖民日拓日廣。爲抵禦外侮計。於是張伯倫派倡大英帝國主義。今與自由黨爲劇烈之競爭。卽此二主義之競爭也。要而論之。各國情形。雖有不同。而其大勢皆紐分以爲合。團小以爲大。史蹟昭昭可見。我國前此本僅有統一之名。而無統一之實。民國旣建。乃至幾並其名而去之。省自爲政。縣自爲政。其勢殆非盡破行政系統不止。他國歷史上本屬分裂。絞心血以求合。我則歷史上本屬統一。爭意氣以求分。爲道不太相反耶。循此以往。則全國華離破碎。人不瓜分我。而我先自瓜分矣。趣一國政治之軌。使向於此第二原則以進行。此又共和黨不可辭之責任也。鄙人以以上二者。爲近世政治之特色。非謂各國能盡實行而無憾也。日本自頒布憲法以來。其政體之進行。大抵悉依立憲國之原則。然於責任內閣之外。又有元老一級。立於政局之後。至今爲國中衆矢之的。思有以去之。而其他各國中類於此者。亦非盡無。吾國成立以來。行政機關則有國務院。立法機關則有參議院。自表面視之。固近世之新式政治也。然竊嘗取參議院議案而考之。每日議事日表中。其無關宏旨者十而八九。其繫乎國家大本者不獲二三焉。卽令繫乎國家大本矣。在議場之所議。與議場以外之所行。是否一一相應。卽令行矣。其所行者。又是否按議案之宗旨。而收其效果。鄙人返國日淺。不敢妄下批評。想吾全國民自有公論也。夫以二千年之專制。一躍而進爲共和。事事以西洋立憲慣例相繩。固不免近於太酷。然十餘年志士仁人費多少心血。求得有百度修明之日。而今之效果如此。則政黨員之責。必尚有所未盡也。故鄙人之意。共和黨員起義之功。與其維持調護之力。猶不過民國開幕之第一劇。至其最精彩最出色之活劇。當在今後也。

鄙人於共和黨之黨義。嘗取而服膺之。以上所云。卽係隱括三義而言之。然鄙人以爲凡黨有黨義矣。則不可不抱其黨義爲奮勵無前之進行。於是當研究黨之進行。

凡言黨之進行而求貫澈其主張。第一事之現於腦際者。則愛黨是否卽爲愛國一義是矣。大抵各黨對立。各有其所標之黨義。謂我爲獨是。謂彼爲盡非。以理而論。實不盡可通。要知凡政黨須以國爲前提。不以國爲前提。不足爲政黨。夫既以國爲前提。則所標之黨義。雖各有異同。要之不謂之愛黨卽愛國不可得焉。且各黨雖各爲極端之主張。而其現諸實行者。恆應於國家之利益。然後能與國中輿論相應。則一黨之所主張。誠自認爲切中國家利益者。雖極端主張之可也。且欲求一黨主張之貫澈。並非含有妨礙他黨之意。西方各國政黨中。父子兄弟有在異黨。各尊重其黨義。各行其主動。而毫不相妨。而各能有利於國家。此鄙人所以謂眞求本黨之發達者。間接卽尊重他黨者也。

然一黨欲貫澈其主張。則於黨之內部不可不加注意。第一則意思之統一。第二則行爲之統一。蓋黨猶軍隊。軍隊之號令之不一者。不能效命疆場。黨亦猶是焉。美國南北戰爭以後。共和黨握政權數十年。中間民主黨居於政府地位者不過四五年。一二年來。共和黨中漸見分裂之兆。至最近候補總統問題發生。而羅氏與塔氏分離。抑不僅至今日而始現分裂之兆。昨年國會總選舉。民主黨人當選者多。而共和黨大抵皆落選。返觀民主黨一方。則今次候補總統定時。民主黨白里安本屢次之候補者。甘居退讓。爲威爾遜盡力投票至四十餘次之多。卒決定威氏爲民主黨候補者。此其一致之精神。已足移國民之觀聽。而對於歷年戰勝之共和黨。已表示一種不可侮之態矣。英國亦然。沙時勃利氏死後。保守黨無能統御全黨之人物。即以巴爾福論。贊成者多。反對者亦復不少。故保守黨在今日視昔全盛時迴不相同矣。

夫黨之統一與否。與黨之進行。其關係既若是其大矣。鄙人以爲吾國歷年來政治上之主張。得分二派。一爲漸進派。一爲急進派。此二大潮流也。今民國成立。局面一變。今之黨派。固不必以昔之黨派爲界限。然人類性質。有此兩大潮流。所望共和黨能與同性質之分子爲同一之進行。則共和黨將於一年來有光榮之歷史上。更增無窮之光彩。而吾國基礎。亦得處於磐石之安矣。

蒞民主黨歡迎會演說辭

十月二十二日。民主黨開全體大會。歡迎先生於湖廣會館。在京黨員咸集。各黨來賓亦至。會場充滿。無復隙地。首由方貞君述歡迎辭。稱述先生道德學問。及前此所以盡瘁於國家者。並言先生與本黨關係素密。今方當籌備成立伊始。一切待先生指導云云。次先生演說。凡歷三小時。聞者莫不動容。演畢後由馬相伯先生良繼演。益發揮先生所演之精神。次則國民黨來賓江天鐸君亦有演說。其黨員及來賓欲演者尚衆。以爲時已晏而止。先生演說如下。

鄙人歸國後。赴民主黨盛會。三度於茲矣。初至天津之夕。受本部幹事諸賢張讌慰勞。翌二日。承直隸支部全體相邀茶話。鄙人皆嘗於席間略攄所懷。奉塵清聽。今復承開全體大會於首善之區。羣賢咸集。猥相獎借。榮幸何如。

今日中國已確定爲最神聖最高尙之共和國體。而共和國政治之運用。全賴政黨。此不待煩言者也。國中先覺。深知此義。故一年以來注全力以從事於政黨之建設。其先各黨林立派別繁多至今日已漸合併成爲數大政黨。若共和黨國民黨皆是也。民主黨成立雖稍晚。然其分子之健全。則不讓他黨。此亦天下所共見。不勞鄙人再爲頌禱者也。

政黨事之重要既若是。然則如何始能辦成眞正之政黨。此舉國所應研究者也。外人對於中國今日政體之變遷。每多爲失望輕薄之詞者。故鄙人在海外。已幾不願與外人爲政治談。彼以爲中國人無運用立憲政體之能力。推求其原因。則謂中國人之性質。不能組織眞正之政黨。此言實足令人愧憤。但愧憤無益。我輩當有以雪此辱。且我輩固不能承認此等外人之言。然我輩不能不承認組織政黨爲一至難之事。其艱難之責任。亦惟我輩負之而已。

將欲令一國眞正政黨之成立。必先有一模範之標準。今舉所見略陳數義。

(一)凡政黨必須有公共之目的

政黨者團體也。凡團體皆具有人格。政黨之爲人格。雖非法律上之人格。然社會學上則不能不認爲一種人格。例如國家及自治團體等。然中國國家雖存於四萬萬人中。而實立於四萬萬人之上。北京自治團體。雖在於數百萬人中。而實立於數百萬人之上。皆有自己之意思及自己之行爲者也。否則卽不名爲人格。故凡團體雖合多數人而成。然一面既存於多數人之中。一面仍立於多數人之上。別有自己之意思及自己之行爲。譬如今日在座諸君皆民主黨黨員。然於諸君之外。尙有一人焉。其人之姓名爲誰。則民主黨是已。明夫此義。則知團體之人格與自然人之人格性質無異。凡人所以生存者。必有其目的。惟有目的。故能為有機之發達。團體亦然。惟人之發達。為人所易見。若團體則難見其目的自何而來。視之無形。聽之無聲。除其組織此團體之團員以外。又何從而認識之。然團體之生命。雖寄存於團體之中。而欲集合多數人之目的為一團體之目的。則斷乎其有不能者也。譬如集三四人於此。各有其目的。欲集合此三四人之個人目的而成一三四人之總目的。人多知其不可。況以一團體之大。又誰能集合無數人之目的。而以算學上加減乘除之法。得其總目的乎。是必於個人私目的之外。尤有一公共之目的焉。為團體之目的。故凡團體員必有兩種之人格。一為私人之人格。一為公人之人格。譬如某某一私人也。然又為中華民國之國民團體與團體員之關係皆若是矣。自搆成團體之個人言之。雖各有其私目的。而自團體言之。則有一公共之目的。以立於各私目的之上。各個人放棄其私目的。以服從此公目的。始能成為團體。若有一絲一毫之私目的。以加入此公共目的之中。則雖以父子兄弟之親。亦不能成為團體也。故凡為政黨員者。必闢除其個人之私目的。以服從政黨之公目的。此政黨存立之根本要素也。試問我中國人有此精神道德以履行此說乎。我觀於今日之政黨。而又有不能不為之慨然者。分明政見不相同。而居然可以同黨。分明無意識之人。而亦居然加入黨中。幾令人不能知其公共目的之所在。若此之結合。決非以公目的結合。乃以私目的結合者也。以私目的結合者。決不能謂之政黨。乃亦有公共目的相同而不能聯合者。是必有私目的雜乎其間以為之障耳。故不同目的而相合者。其原因固在私目的。同目的而不相合者。其原因亦在私目的。夫合數私目的不能成一公目的。孰謂可以私目的成政黨乎。就令成黨。終亦必分。長此以往。我恐必有一日四萬萬人為四萬萬小黨。而真正之政黨則永無成立之望矣。故為政黨員者。須深去私目的以服從政黨所有爲國爲民之公目的。以私克公。其事雖難。願諸君有以自勉之。

（二）凡政黨必須有奮鬭之決心

和衷共濟。國民美德。今以奮鬭爲訓。似與協和之精神相背。然奮鬭爲成功之母。美國前大總統羅斯福常盛道之。以此振美國國民之精神焉。此不獨政黨爲然。蓋人生實與奮鬭常相終始也。風雨酷日冬寒夏暑自然界之所以逼迫人者甚矣。非最初人類之能奮鬭。人類界早已絕滅盡矣。今日之文明幸福。何一非自奮鬭來乎。且一國之中先知先覺者實居少數。其大多數祗能見近而不知遠。見小而不知大。必俟先知先覺者之誥誡而後能知能覺者也。當其未知未覺之時。先知先覺者欲使之趨於進步之正道。其必有所不願而起反對。非有奮鬭之力量。又豈能知後知而覺後覺哉。先知先覺之所以有益於國民者。全恃此奮鬭之力量耳。凡百學問政治。莫不以奮鬭爲成功之要素。政黨無奮鬭之力。又安能行其所志。且政黨必有其政見與他黨不能相同者。自主觀視之。必以己黨之政見爲足救國。而以他黨之政見爲足誤國。以大決心貫澈己黨之所主張。是實國民對於國家之道德也。譬如統一與聯邦兩義。在言聯邦者。亦自有其所主張之理由。然自主張統一者觀之。則必以聯邦爲足亡國。而不可不蓄奮鬭之精神。以貫澈己之主義。其他凡百政見之差異。莫不有然。故政黨活動。除奮鬭外。別無他語可言。若往來於諸黨之間。但求遂其私圖。無所謂主義之奮鬭。是又安成爲政黨。此種弊病。言之痛心。其爲人世所至可恥者。則尤莫過於服從强權。我國人數千年有此惡性。此所以常甘處於專制政治之下而不能自拔也。設此惡性不除。則我恐地老天荒。中國亦永無良政治之出現也。昔希臘大哲曾痛論政治之變遷。謂暴君政治既去。人民若無運用政治之能力。必成暴民政治。而暴民政治之後。又必有暴君政治。如是循環不已。何日有良政治之可見。我亦謂國人服從强權之惡性不去。則暴民暴君之政治。終亦必循環無已。此在閉關時代。尚不能自存。況今日乎。故若政黨員而服於權力之下。或且爲强者之甘言所誘。以內閣之椅子爲進退。是皆孟子所謂妾婦之道。尚何面目立社會之中而論政治乎。是以眞有政黨員之資格者。必也剛亦不茹。柔亦不吐。爲天下之公理而奮鬭。爲國家之大計而奮鬭。爲一黨之主義而奮鬭。爲一己之所信而奮鬭。成功固得行其所志。爲國謀進步。爲民謀幸福。卽失敗至無餘地。亦爲最有名譽之失敗。觀現在歐美各國政黨之能發達者。莫不具有此種資格。兩黨對立。一勝一敗。敗者志氣曾不爲之少衰。鄙人對於美國共和民主兩黨。於主義上雖表同情於共和黨。然於民主黨奮鬭之精神。則實欽佩不已。白萊雄曾三次失敗。計自南北戰爭後五十餘年。彼黨僅有四年得政權。而其志氣曾未稍衰。我每言其人。未嘗不佩其人格之高貴也。且凡居先知先覺之地位者。其言論行動。必規久遠。當其初同情者固未必能多。愈失敗愈足證其理想之高尚耳。今總選舉卽在目前。凡爲政黨員者。當各勉力奮鬭。縱未必卽能得國民之同情。亦當奮益加奮。以求同情之集。卽選舉結果一議員不得。甚至黨員星散。主持黨者於其所信亦不能稍爲之枉。而一黨之中。必人人能有此奮鬭之精神。始可以成眞正之政黨。而爲國家謀進步。爲國民造幸福。爲政黨員者其勉之。

(二)凡政黨必須有整肅之號令

人身雖有各機關。各呈其用。而其主宰實在腦部。腦有所思。百體從令。人格始能統一。若耳目口鼻四肢各不相應。則不僅人格分裂。自問尚可以爲人乎。政黨亦然。種種機關。所以能聯絡鞏固運用靈敏者。由於有大總機關爲之主宰。而能令分機關隨其號令而轉移耳。鄙人適言政黨非法律上之人格。乃社會上之人格。故與自治團體等按法而行者不同。其精神當與軍隊相同。一軍之中。有步騎輜重等兵。而尤必有總司令官以統率全軍。發整肅之號令。庶可以成軍而言戰守。其在地廣人衆之國家。欲成一强有力之政黨。尤不可不采軍隊之精神以整齊嚴肅之。例如美國。其政治爲極自由之政治。而其政黨則爲亟專制之政黨。今中國人民自治之力智識程度。皆遠不如美。欲辦成一眞正之政黨。非以整肅之號令齊一多數之步伐。其能成乎。然以我所觀。則中國今日之政黨。殊不能有此精神。理事幹事機關甚多。至於誰負責任。則性質極不明瞭。是猶集無數散人。强名曰軍隊。而旗鼓所司。不知誰屬。謂可以克敵致果。夫孰能信之。鄙人歷觀外國政黨勢力之消長。而深窺其微。則號令之整否。實爲之原。如英之統一黨。當狄氏沙氏在時。黨中有中心之人物號令一下。全黨信服。故英國爲統一黨之勢力。及沙氏云亡。張氏巴氏輩雖皆一時人才。然地醜德齊。意見間有齟齬。黨員莫知所適。故全黨不能齊一。黨力爲之衰微。又若日本之國民黨。其黨員類多有學穩健之士。而三常務員亦皆負國中一時之望。然亦以三人能力聲望相等。乃至各有其所欽佩之人。而成一國三公之勢。一切黨事。非三人會議不能行。是以國民黨欲得機會以實行其政策。事甚難也。故一國三公之辦法。最不適宜於政黨。非得學識才能之士爲中堅人物。則不能指揮全部。爲政治上之奮鬭。尤非得望重天下之人爲總司令官。則總司令部之活動。亦必不能有整肅齊一之精神。而爲政治上之大奮鬭。譬如軍隊。無總司令部。則全軍無統率。無大將。則雖有總司令部。號令不能一致。又安能指揮全軍而臨前敵哉。政黨亦然。必有一中心人物。若大將之於三軍。統率黨員。躬赴前敵。然後黨員始有奮鬭之精神。爲一致之活動。以貫澈一黨之所主張。否則機關雖多。行動不一。黨雖大而實則渙散耳。然我國人數千年來習於不規則之活動。愈有才者。其不規則之活動愈甚。欲得一整齊嚴肅若軍隊之政黨。恐非易事。故我所望於今日政黨員者。則願其入政黨。若入將校學校以自訓練其整肅之習慣。奮鬭之精神。當為政治活動之時。則尤須自量其才能如何以擇所處之地位。聽齊一之號令。以活動黨員之與職員。職員之與黨魁。猶若兵士之於將校。下級將校之於上級將校。支部之於本部。亦猶聯隊之於總司令部。夫然後始可謂之有精神之政黨。而為國謀進步。為民造幸福也。至若今之政黨。自外貌上觀之。固皆儼然有大政黨之概。然自精神上察之。則頗有一團散沙之懼。能否運用共和政治。尚屬疑問。願今之政黨員師法歐美之大政黨。而求整肅齊一之精神。以為政治上奮鬭之準備也。

（四）凡政黨必須有公正之手段

政黨既各抱有主張為政治上之奮鬭。自不能不有所謂黨略。若用兵之有兵略然。既曰黨略。則權謀不能不行乎其間。此不足為深諱也。雖然。亦有一定之界限焉。一定之界限維何。曰手段須公正。手段公正。主義始可以表白於天下。而得國民之同情。否則終亦必被棄於國民而致大失敗耳。譬如演說辦報游說。皆政黨所用之公正手段也。若陰謀詐術。則非政黨所宜用矣。顧今之政黨則往往因不能善用此公正手段。而乃行陰謀詐術之手段。或揑造浮言。對於他黨中堅人物為人身上之攻擊。或施離間手段。以挑動他黨中堅人物之衝突。或主義相同之黨。唆之互相敵視。以收漁人之利。甚或行種種不正之手段。以吸收他黨之黨員。凡此種手段。自政黨原理觀之。實毫無用處。雖能朦人於一時。終必為國民所深惡。若一黨既結合於公共之目的。有奮鬭之精神。而復濟之以公正之手段。則一時黨勢雖小。終必大得國民之同情。而發達擴張其黨勢。況大政黨而能行之者乎。故我所望於今之政黨員者。但使一黨主張之無誤。以公正之手段求國民之同情。自必能發達其黨勢。至破壞他人之黨。圖發達自己之黨。此等小智小術。非惟不能成功。抑且速其失敗。願各從大處著想。則政黨前途之福也。

(五)凡政黨必須有犧牲之精神

天下事斷無有利而無害者。有大利則亦必有小害。但令能保全其大利。則固不妨因小害而有所犧牲。若必顧小害。則不僅必致犧牲大利。恐一事亦不能成也。故當大利在前之時。小苦痛萬不能不忍受。此大而爲國爲民。小而爲黨內之事。皆所當知者也。且黨綱本屬抽象之物。固可以永久遵守而不變動。至若由黨綱所發生之政策。則往往時而變動。是以黨內先知先覺之士所認爲應爲之事。自未必能得全黨之贊成。當此之時。苟認定無誤。則雖有反對。亦必貫澈其主張。甚而至於黨員分離黨勢分裂。亦必固持其所主張而不少爲搖動。此無犧牲之精神者其能之乎。昔英國格蘭斯敦於一千八百九十六年因愛爾蘭自治案。彼實確見爲英國內治上最利之事。主張甚堅。黨員因此反對而脫黨者幾至半數。格氏亦不少爲動。曾作一詩以表其志。大意謂多少至親愛之弟兄。舍我而去。固爲最苦痛之事。然爲國家起見。則卽與至親愛之弟兄。亦不能小有顧惜云云。又如美之羅斯福。其在共和黨勢力之大。想在座諸君之所共知。設能稍枉其主張。則今日美國之政權。自必仍在羅斯福之手。乃羅氏因主張不合。寧犧牲其勢力。犧牲其黨員。與多年攜手之共和黨分離。夫此等犧牲精神無誤與否。今姑不論。惟爲大政治家者。須有道德氣魄。身命名譽皆可犧牲。獨主張不可犧牲。因主張之不可犧牲。故不可不有犧牲之精神。而忍受苦痛。諺所謂毒蛇繞手。壯士斷腕。懼其以小害大也。至或有疑我所述第三第五爲過專制而不宜者。此疑誠有所見。惟政黨與他種法律上之團體不同。法律上之團體。可以按法而行。若政黨出入既可以自由。而政治上之活動。又不能有法律以先規定其事。故非具第三第五之精神。則一黨主張不一。行動背馳又安能貫澈一黨之精神實行一黨之所主張勢必潰散而後已且黨員合則留不合則去本有自由之權亦不謂之專制強迫此因政黨之性質而不得不然耳欲成大政黨者願先具此精神也

(六)凡政黨必須有優容之氣量

無論何國既有政黨自不僅存一黨必有相與對立之黨既有對立之黨主張利害自不能強爲相同故凡爲政黨者對於他黨不可有破壞嫉忌之心且尤必望他黨之能發達相與競爭角逐求國民之同情以促政治之進步譬如弈棋必求高手對弈棋勢始有可觀若與劣者相弈則所成之棋局尚可觀乎故政黨對於他黨必須有優容之氣量主張雖絕相反對亦各自求國民之同情以謀政治之進步耳至對於黨內黨員則優容更爲切要人有所長必有所短而性質之不同則猶如其面善用其長而忘其短黨始能發達況今日人才甚乏以吾國人辦黨豈能求英國美國之政治家入吾黨以共事者但使人人能負責任而黨魁與中堅又有感化黨員之力又何患黨之不發達若求全責備則內部必常衝突而有分裂之虞矣此又言政黨者所宜三致意也本尙有數義因時間已促不能多爲陳述要而言之共和政治非有政黨不能運用而不完全之政黨其障礙共和政治之前途較之無政黨爲尤甚就今之政黨而觀每多缺點遂至政黨發生未久已漸取厭於國民願黨員思所以自警也鄙人今尙有言者各國政黨之潮流皆有兩派一急進一漸進中國十餘年亦本有此兩派使各一心爲國團我二派各自發達則中國之進步尙可限量乎乃各雜以私見異派固相傾陷破壞而同派之中亦往往互相忌刻勢若水火卒致以主義目的精神思想絲毫無區別之人亦復分派相抗不欲聯合此種現象實非好兆亡國之根恐卽在此耳我今敢忠告一言於今之政黨員當日法國大革命之時亦分急進漸進兩派急進派以人而

分三派。漸進派亦復分爲兩派。急進派之互相殘殺。固無論矣。即漸進派之兩派。亦以不肯聯合爲急進派所利用。挑動離間。使之時相水火。以殺其勢。及國會選舉以後。急進派乃一一收拾之。使漸進派中兩派重要之人皆登斷頭之台。然不久急進派亦不能自存。而全法國之中。乃至無復一人有政治上之勢力。獨餘拿破侖專制稱帝耳。此其故豈可不深長思乎。夫法國當日政黨雖滅。國家元氣未盡。國尚可存。若以中國今日之現象而論。苟政黨不改善。而致復演法國之往事。則我恐國亦與之偕亡矣。願今之政黨。其各三思之。

鄙人短於演說。今日承貴黨歡迎。敬聊述對於政黨之所見。供諸君之參考。

蒞同學歡迎會演說辭

先生丁酉戊戌間。嘗講學於湖南。其後亦嘗講學於日本東京。及門諸子現在京者凡十餘人。十月二十三日。胥謀開歡迎會於化石橋之尙志學會。席間由范源廉君起立致詞。述過去之歷史。並言同人受先生之敎育雖久。違函丈常兢兢自勉。以期不辱師門。今後更願常承先生之指導云云。先生答辭如下。

今日在首善之區。得與吾同學諸君聚首一堂。而列席者竟有十餘人。亦始願所不及也。昔龔定庵有言。但開風氣不爲師。吾夙以其語有妙諦而服膺之。吾不敢自謂能開風氣也。然竊有志焉。至於爲師。則實不敢以自居。此非謬爲謙讓也。凡講學大師。必以學問爲唯一之生涯。以敎育爲唯一之目的。其行誼必嚴正。使人矜式。其立言將以俟百世而不汲汲於一時。吾之性質。自問不足以當此。又以國家危迫。雖活動於稍廣之範圍。勉竭綿薄。挽回目前浩劫。故就其與同學之關係言之。以云精神之感通。則親愛逾恆。何俟多言。以云對於諸君曾有特別誘導之勞。則只增慚悚而已。

諸君中有相從於廣州者。有相從於湖南者。有相從於日本東京者。實則與吾晨夕講誦者。大率不過三數月耳。吾輒牽於事他適。不能終業。就中曾深相砥礪者。惟丁戊間時務學堂耳。而當時共事之人。若譚瀏陽唐瀏陽兩先生。皆先後以身殉國。當時爲同學所最相愛重者。若林李蔡田諸子。悉與唐先生共命。蓋庚子漢口之役。吾同學死亡過半。今尚生存者。除坐中諸子外。惟蔡松坡及其他二三人耳。當十餘年前風氣錮塞之日。吾同學諸君以區區數十人。人自爲戰。以與社會奮鬭。雖矢亡援絕。致身授命。而曾不悔。問其何以能如是。則恃有强毅之精神貫注之而已。在吾輩今日。以與死亡諸君較。吾輩學問閱歷。或稍有進於昔。若此種精神能如昔時與否。蓋有所不敢自信矣。今大局之危。甚於疇昔。吾儕負荷任重道遠。竊願諸君常兢兢於後死者之責。必思如何然後他日可以見死友於地下也。

中國社會最易消磨人物。而斲喪其英氣。自昔有然。今則尤甚。鄙人歸國旬餘。感此汚濁之空氣。已在在覺其可危。苟非有自克之毅力。常抵抗社會之惡潮流。則入而與之俱化。孟子不云乎。我猶未免爲鄉人也。是則可憂也已。不自立。遑語於立人。則吾儕十餘年來相期許相勸勉之初志。不其荒乎。吾儕若能常念昔年同學爲國犧牲獨立不懼之精神。庶乎可以告無罪於天下耳。

蒞廣東同鄉茶話會演說辭

十月二十八日。廣東同鄉開會歡迎先生於西草廠之廣東公會。是日先生因赴會太多。時間衝突。未能如期而至。翌三十日。先生乃自開茶話會。仍假座廣東公會館。以申答謝。到會者百餘人。席次先生先起立演說。旋由會長梁士詒君致答詞。席散。更談讌並同撮一影以爲紀念。演說詞如下。

鄙人前辱嘉貺。以事愆期。歉仄無似。今相約茶話。承諸君不棄。翩然偕至。益深慚感。在一國中而有省界以爲親疏。本非佳事。今日國體共和。期於大同。鄉誼之稱。原應豁免。雖然。以一國之大而劃分爲各地方。則各地方自必各有其特色。則常相與集會討論。發揮其特色。以貢獻於國家。亦地方人士之責任也。吾粵僻處嶺海。與中原邈隔。故在數千年歷史上觀之。其影響於國家政局者不甚大。雖然。以世界的眼光觀之。則吾粵實爲傳播思想之一樞要也。大抵一社會之進化。必與他社會相接觸。吸受其文明。而與己之固有文明相調和。於是新文明乃出焉。歐洲各國所以常進化無已。而我國所以數千年凝滯不進者。則與他社會接觸之多寡難易使然也。然我國亦未嘗不吸納他社會之文明也。六朝唐之間。吸受印度文明以成一種新哲學。明清之交。吸受歐洲文藝復興時代之文明。以啓科學之端緒。此其最著者也。然此兩事皆與廣東有極大之關係。印度諸哲。航海西來。率經廣東。達摩之至。即今日省城西來初地所存遺跡也。未幾。遂出六祖慧能。廣興大法。其後利瑪竇輩輸入各種科學。皆取途於廣東。至今黃黎巷有其遺宅焉。若夫近年海舶交通數十年來所謂講求洋務者。實以廣東人士爲中心點。今日思想變化之速。廣東人與有力焉。昔歐洲古代文化爛然。而腓尼基人傳播之功。史家誦之。及其中世。晦盲否塞。能啓其端緒以赴於革新之運者。則南意大利之諸市府也。鄙人竊以爲廣東之在中國。其地位恰如歐洲古代之有腓尼基。中世之有南意大利市府也。吾鄉人能自認此地位。而益負責任。則可以有光於國也。

蒞北京商會歡迎會演說辭

三十日上午九時北京商務總會開會歡迎先生於西珠市口該會館。各業代表到者百餘人。先由恆鈞君代述歡迎辭。略謂先生爲國民先覺。且於生計學研究最深。願以指導我商界云。先生演說將歷兩時。聽者皆感。次復有馬相伯先生及工商次長向瑞琨君繼續演說。皆發明先生之意。先生演詞如左。

今日鄙人承商界諸大君子之歡迎。不勝榮幸之至。惟鄙人去國十五年。於中國商業情形。多所隔膜。茲僅將世界經濟大勢及吾國之地位。略述以供諸君之參考。

世界戰爭不一。有軍事之戰爭。有學問之戰爭。有宗教之戰爭。而在今日尤爲一國存亡之所關者。則莫如經濟之戰爭。故昔日之戰爭。其戰鬬員爲將爲兵。戰鬬之器具。爲槍爲礮。而今日之戰爭。則戰鬬員爲商爲工。戰鬬之器具爲機械。爲各種貨物矣。立國於世界之上。而能精練此等戰鬬員。修明此等戰鬬器具者。即足爲世界第一等强國。設於此而處劣敗之地位者。則其國必不能自存。現今經濟戰爭之烈。顧不可懼耶。況兵戰失敗以後。十年生聚。十年教訓。尚可恢復其元氣。而經濟戰爭失敗以後。則永爲他國經濟勢力所壓倒。僅爲其奴隸。而無復興之望矣。故世界大政治家所苦心焦慮者。莫不在籌畫本國經濟勢力如何。而始能在世界上占優勝之地位也。

然近世經濟之變動。爲時亦非甚久。在百餘年前。歐洲各國之經濟狀態。亦正與中國今日之情形相同。經濟競爭之範圍。僅限於國內。此勝彼敗。其盈虧亦爲本國之弟兄所受。顧百年來世界經濟之局面大變。推其變動之動機今之歷史家必公推英國之產業革命。蓋考人類有史以來。革命之烈。實莫過於此者也。請略言之。考英國產業革命之動機有二。(一)經濟思想之變動(二)機械之發明。言當日經濟思想之變動其最顯著者。若亞丹斯密氏之原富瑪耳塞斯之人口論理卡特之地租論。皆掃除經濟之舊思想。而開經濟之潮流使當日英國國民經濟思想生一大變動者。言機械之發明。則人當莫不知瓦特之發明蒸汽機關。自此蒸汽機關發明以後。人遂以機器之力代人力。而工業界乃不得不生一大變動矣。蓋昔手工生產之業。窮日之力至不能成一器。而機械生產之業。雖以數百馬力之微。一日所成亦千百倍於手工之生產。況機器生產之工業非大資本不可。夫既具大資本則即有虧損亦所不懼。譬如以數百萬數千萬資本之大公司而虧損數十萬者實不足值爲一談。而數千元資本之手工業。則設有虧至數百元者。其元氣已傷。不復能與他人競爭矣。且就生產之費用而言。其資本大者生產費用必輕。資本小者生產費用必大。生產費用輕者成本輕。生產費用大者成本大。成本大則。是手工生產更不能與機械生產相競爭矣。故自機械發明以後。舊日之工業幾爲之破壞以盡而當日英國國民大多數所受之苦痛。亦誠不可以言語形容者也。

然當時英國國民。雖因產業革命而受莫大之苦痛。幸因此而獲巨利者。亦爲英國國民。且自機械發明資本制度發達以後。英人乃得大輸出其製造之物於外國。其所吸收外人之利益。足以補此苦痛而有餘蓋在十九世紀初。世界商業幾盡爲英人所壟斷矣。厥後各國受英人經濟力之壓迫。始如夢初醒。而有亡國之懼竭其全力以謀抵制英人經濟勢力侵入之潮流。於是各國相繼而有產業之革命。以改革其本國之工商業而成今世經濟界之新局面。

雖然當時英國產業之能首先革新以其經濟勢力侵迫全世界者以英國政治現象獨善於他國人民始得安居樂業以盡力於經濟之發達耳若夫他國則當時因政治之不良人民尚不得安居樂業又安有能力以發達其經濟事業故當時各國雖受英國經濟勢力之侵迫急謀所以抵禦此潮流而欲抵禦此潮流則非先改良政治不可所以十九世紀之初各國莫不先經政治之革命而後其產業始得革新也是以論十九世紀各國革命之原因自表面言之固起因於政治而自裏面言之則實在於經濟上之原因蓋當日各國政治不良阻抑人民經濟之發達設不先行改革政治則人民幾將困窮以死而人民亦惟以圖生計之改革始出其死力以革新其本國之政治簡言之十九世紀各國政治之革命究其原因亦仍為經濟之革命耳

最近數十年歐美各國各自發達其經濟之勢力不僅足以抵禦他國且將轉而為侵迫他人之計以洩其國內經濟膨漲之力而我中國以土地之廣人民之衆經濟之能力又如是其薄弱於是各國經濟之勢力自一致趨迫我中國就我土地物產之廣利我人民力役之賤以吸我中國之利益數十年來所謂勢力範圍者即各國經濟之勢力範圍耳所謂瓜分者即各國經濟之瓜分耳今人於數十年前中國經濟情形雖多未能深知顧就父老所談紀載所述則在數十年前中國人民尚有安居樂業之概若夫今日則全國困窮各業凋弊人人有生計艱難之嘆矣我人曾亦知今日生計艱難之所由乎是非世界無端而有變遷也是乃各國之經濟勢力侵入我中國之後破滅我中國之職業吸盡我中國之利益故耳譬如以資本而言則外國之公司資本皆在數百萬數千 以上我中國之商業則數千數萬之資本已為大業欲求一數十萬資本之業實寥寥不可多得況以生產之器具而言則外人動以數萬馬力一日可成貨物無算之機器為生產之器具我中國則舍手工所用簡單粗

樸之器具以外。尚有何種器具可名爲生產之器具。是尚得與外人言競爭二字乎。卽以貨物而論。外人所製造者。與中國所製造者相較。亦實有天壤之隔。此所以外人經濟勢力侵入我中國之後。我中國舊業幾爲之破壞盡也。鄙人今請略舉一二事例言之。譬如鈕扣。至微之一物也。以中國製造之不良。自外國鈕扣輸入以後。無論如何愛國之人。亦萬不能舍外國鈕扣不用。而用此形狀醜陋質地不佳之中國鈕扣矣。其大者如布如糖如茶。兩兩相較。相去更遠。我人又何能責人以愛國之思想。而勸其用中國之貨物耶。總之今日中國之工商。實已爲外國經濟勢力所壓倒。無論何種職業。皆失其自存之力。非大爲革新。以謀抵禦此潮流。則全國人民。舍爲外人苦力以外。無他事可圖也。卽以歐美之經濟現象言之。自產業革命以後。小富成爲不富。不富流爲窮人。中等之階級日衰。無業之流民突增。吾人觀其社會主義之發達。卽可以知今日歐美經濟界之不平等矣。然歐美貧富之差。皆起於本國之人。資本家與勞動者。同爲一家弟兄。無外來經濟勢力之壓迫。其資本家之富。是卽其國力之富。而多數貧民。亦得以種種手段。要求分配之平等。尚不足深懼。若夫中國。則資本家多爲外人。非我國人資本家日多。則我國家卽日卽於亡。可不懼哉。間聞有人倡社會主義。欲以此防資本家之出現。而劑國中之貧富不均者。我亦謂資本家皆爲外人。我國人既不能發達本國之工商業以與之抗。此後亦僅有倡社會主義之一法而已。言念及此。詎不痛心。是以我輩之主張。則謂今日當竭力提倡中國之資本家。發達其勢力。以與外國之資本家相抵抗。庶我國之工商業。可以發達。而我國民尚有自立之地。若以外國有社會主義。我國亦不可不倣而行之。則舍全國國民爲外國資本家之牛馬奴隸以外。又安有他種結果可言乎。

夫我中國今日實業之凋弊。生計之困難。固由於外國經濟勢力之壓迫而然矣。然我人當思何法以發達本國之經濟勢力。而抵禦外人之經濟壓力。是誠不可不急圖之者。其採用外國之機械方法。以製造器物乎。其倣行外國之資本制度。以改良組織乎。欲發達中國之實業者。固舍此以外。別無他法。然若政治不改良。則雖有至高之商術。至良之方法。亦皆不能實行。即行。亦徒遭失敗而已。觀近年來中國所與辦之實業。可以知之矣。故中國今日欲振與實業以救國難而紓民困。自不可不効十九世紀初之歐州各國。先改良本國之政治。然後始可以抵禦外國之經濟勢力。今請略言政治與實業之關係。

(一)租稅　租稅法不善。最足爲實業發達之障礙。況中國有種種惡稅。若釐金等。以阻抑實業之發達。尙望實業能發達以與外人競爭乎。試就糖而言。日本臺灣所出之糖。其輸入日本時。尙須課稅。至輸出中國時。則舍中國稅關略課幾微之稅外。其本國不課絲毫之稅。若中國廣東之糖。所產本亦不劣。以陸運有釐金之惡稅。海運又課二重之關稅。與日本之糖相較。成本乃相懸殊。就令有愛國心者。亦未必能常食貴糖而不食賤糖。況一般庸衆之人乎。此不僅一事如是。任舉一例。莫不因租稅之惡。而其業因之衰落。不能與外人競爭。故釐金等之惡稅不除。則中國實業殆無發達可望。此政治之與實業關係者一。

(二)交通　貿易之擴張。商業之發達。全賴交通之便利。我中國因交通之不便。不僅實業不能發達。而無形中導外國經濟勢力之侵入者。其害亦不可勝言。譬如銅之一物。我雲南所產。質地實過於外國。然以交通之不便。自雲南運銅來時。或非經四五月之久不能到。且運費亦遠倍於外國輸入之銅。則用銅之人。雖激發其愛國之心。以利害相去如是之甚。亦斷不能舍外國之銅而不用矣。此政治之與實業關係者二。

(三)銀行及貨幣　恆人見夫中外貧富之差。多謂外國金銀多而中國金銀少。殊不知就現存之金銀而論。中外亦未必大相懸殊。惟以金銀之效用而言。則中外相去遠矣。譬如外人一元能作十元之用者。而我中國之一元。則僅能作半元之用。由是而言。則卽中外現存之金銀相等。而貧富之相去。亦不可以相比較矣。其故均由於外國銀行業發達。資本流通。瞬息周轉。我中國銀行業不發達。資本不能周轉耳。且自近世信用制度發達以來。金融機關爲各業之腦髓。金融機關不發達。而各業斷無能發達之理。以今日中國之金融機關而論。若不急謀改良發達。則實業萬無能興之日。此銀行業之所以不能不設法發達之也。至若貨幣與實業之關係。因幣制不善。人民所受之影響。則盡人能知之。盡人能言之矣。非改良幣制。實業亦無能發達之理。此政治之與實業關係者三。

夫實業與政治之關係甚切。政治不改良。實業萬無能興之理。上所言者。不過聊舉其一二例耳。今有一言敢忠告商會諸公。諸公欲圖自存於今日之世界。則不可不先謀政治之改良。歐美各國之參與政治者。在昔惟貴族僧侶學者等之階級。故所行之政治。不能深合人民之利害。及後政治革命。商人得參與政治。於是人民之利益乃大擴張。其實業始日發達。蓋共和政治之基礎。全在實業社會之人。公等若放棄其政治之責任。而一委之於官僚之手。則不僅公等受官僚政治之害。後悔將無窮期。而國家前途之危。亦有不可勝言者矣。公等其勉之。鄙人拙於言辭。且爲時間所迫。不能盡所欲言。他日有閒。尚願與諸公一談商業政策。

蒞北京公民會八旗生計會聯合歡迎會演說辭

三十日下午北京公民會八旗生計會聯合開歡迎會於安徽會館。先由文龢君報告開會。恆鈞君代表八旗生計會致歡迎詞。略謂今日歡迎之意有二一爲歡迎已往之梁任公一爲歡迎今後之梁任公梁任公鼓吹政治改革十餘年此次革命成功以梁任公之鼓吹爲一大動因此所以歡迎已往之梁任公也梁任公爲建設之政治家主張國中人民對政治上之權利義務一切平等旗人夙爲軍人一切自由盡被束縛此次革命後還我自由去年革命以來旗人之死於鋒鏑凍餓者當復不少此即我旗人所出之共和代價也先生愛國憂民八旗生計問題之解決先生當必有藎謀偉畫此所以歡迎今後之梁任公也云云繼由林壯君代表公民會致歡迎詞稱道梁先生之功績並述今後之責任先生演說如下

鄙人今日列茲盛會有一種特別感想即平民政治之感想是矣共和國中以公民爲基礎至大總統國務員及其他公職皆不過一機關而已故全國之主人翁實爲公民至八旗同胞昔雖謂一種特別階級然特別階級之爲物無論置之高處低處均無以進於大同之境昔日專制時代自他人視之則爲太高自八旗人自視則爲太低革命以後此階級因國體變更乃與一般國民同等則亦一種之公民而已

公民之於共和國其責任之重遠非君主專制國之人民可比昔焉依賴一二人置國事於不問今焉國家大政因全國公民之意思而決此公民之地位所以爲神聖也然保持此神聖之地位第一應求關於國家及世界大勢之智識第二應有强國獨立之志氣日本歐美地方團體常開種種講演會以開發人民智識此事雖甚難然欲鞏固共和之基礎不可因其難而恝置之也所謂求智識者如是西方有言投票爲神聖夫一票之關係何至分神聖不神聖之別則票之所向即與國家大政有莫大關係存焉投之而善則生善果投之而不善即生不善果夫國中政黨常不止一各以所見爲是非吾公民既有智識以判斷其是非尤不可不備强毅之志氣於判斷之後進而實現其所信蓋但有智識而無此志氣決不能作共和國之中流砥柱也

至八旗生計在前淸末葉嘗有所研究以無發表機會迄未公表然有一言可以爲諸君告者則今日生計問題不當徒著眼於國中應會通世界大勢之潮流乃能定其方針焉八旗昔以負擔特別之義務爲一種軍人階級於是營業移動自由全然喪失乃成一喪失生計活動之果然自全國觀之一般國民受世界潮流之壓迫生計蕭條至今而極故中國人之生計與世界人之生計較更以八旗生計與一般國民之生計較其情形正相類焉至解決此問題之方法第一則求之個人第二則在鼓動政府鄙人稍有所見俟他日發表以與諸君一商榷焉

莅佛教總會歡迎會演說辭

十月三十日佛教總會開會歡迎先生於廣濟寺僧俗集者數百人先由某大師述歡迎詞稱先生平昔立言處處提倡佛教近年新學驟興毀教潮流得以不起者皆先生護法之功云云復由某居士稱先生邃於佛學願發潮音以喻大衆云云先生答詞如下

某甲俗人也雖夙昔皈依我佛信仰頗誠然自維修證極淺僅發心而未能聞道今幸接於諸大師諸居士之前方求教不暇豈敢復有所饒舌顧維我佛之法廣大精深譬猶四大海水得其一滴卽可以畢生受用不盡今請就中國時局與佛教之關係約略言之

今中國非共和國耶共和國所以異於君主專制國者其對於國家之根本觀念異也君主專制國以君主爲主體國家爲客體君主與國家成對待相故以國家爲君主所有物而國人之奔走於君主權力之下者亦皆認國家爲其所有物種種流弊緣此而生共和國之所以成立由其人民皆知國家爲一團體爲一法人然團體法人之義非深明佛法者不能言其故也夫國家者視之無形聽之無聲者也而卻有眞實之本體歷劫常在此本體

立夫全國人民之上。而實存乎全國人民之中。指四萬萬人卽爲中國不可也。離四萬萬人以求中國亦不可也。此其義惟深明佛教所謂法身者。乃能引證而了解之。法身者與衆生非一非二。立夫衆生之上。而實存乎衆生之中。衆生妄起分別相。不自知其與法身本同一體。於是造成五濁惡世。擾擾無已時。國家與國民之關係亦然。國民不自知與國家本同一體。故對於國家生人相我相。於是乎始有以一己之利益犧牲國家之利益者。人人如是。則國家或幾乎毀矣。泰西各國。汲汲於普及國民政治教育。而政治教育之最急務。則莫先於使人民皆有明確之國家觀念。吾以爲此種國家觀念。法學家千言萬語而未能發揮盡致者。以曾受佛教之人觀之。則一言而了耳。何也。國家譬則法身也。舍法身之外。求所謂我者。了不可得。舍我之外。求所謂法身者。亦了不可得。舍國家之外。求所謂我者。了不可得。舍我之外。求所謂國家者。亦了不可得。明乎此義。則愛國豈猶待勸哉。

復次。今日中國人心道德之墮落。有識之士。莫不引爲深憂。而思所以矯正之。然非清其本源。則矯正之效。終不可得觀也。吾以爲萬惡之本。皆在以自己爲本位而已。以自己爲本位。是故作官爲自己也。作議員亦爲自己也。入政黨爲自己也。不入政黨者。亦爲自己也。言革命爲自己也。言立憲爲自己也。乃至言教育言宗教。亦爲自己也。故一切國利民福社會公益等名詞。無非借以爲自私自利之一種手段。推其所由起。不過視自己過重。誤認區區七尺之臭皮囊爲我。而以我相與他相對待。種種鉤心鬬角損人利己之卑劣手段。皆由此而生。殊不知此臭皮囊者。不過四大和合而成。刹那刹那。代謝不已。以近世神學言之。不過數十種原質偶然凑泊。成此蠢相。每七日間。遷化全盡。今日之我。已非昨日之我。明日之我。又非今日之我。欲求我相。了無可得。以云眞我。則與佛法身一體。衆生所共。何由得私爲自我。今乃疲精敝神。日日爲此夢幻泡影之軀。作奴隸。首楞嚴經有言。如來名此輩為可憐憫者。以我觀當世所謂達人志士。皆若是矣。苟能參透此著。則道德之大原庶可立也。

吾於佛法本無修證之功。年來嬰於世網。所學益荒。今嘵嘵多言。實懼負謗佛之咎。惟諸大師諸居士更有以教之。

蒞山西票商歡迎會演說辭

三十日下午七點鐘。北京山西票莊大德玉等二十二家聯合在德昌飯店開會歡迎先生。並請馬良君楊度君王賡君向瑞琨君及重要新聞記者同宴。酒數行。由主席常次權君致詞畢。次由李慶芳君述歡迎詞。先生演說如下。

鄙人承本國商界重鎭諸君開會歡迎。不勝榮幸之至。當此歡迎席上。以商界重鎭之名稱諸君。不免近於空言頌禱。然凡百商業。以金融為總機關。百業之生命。厥惟金融是賴。世界各國。無不以金融業為商業之王。他國如此。吾國可知。

中國人民生計能力。昔年外人譽之者。稱為冠絕世界。然至近年。情見勢絀。已為內外所共見。吾人反觀內省。惟有慚愧而已。今考全國商業。大抵屬於消費方面多。而生產方面少。不特小商業然也。大商業亦復如是。二三十年以來。世界潮流之鼓盪。乃有新式企業之發生。於是根據商律。開合股公司者。頗不乏人。然經理不得其人。往往將資本消耗以盡。轉瞬即歸於烏有。故以今日商業論。不惟不進步。且視昔日更退步焉。雖然有一種商業。其基礎牢固。成功卓著者。則山西金融業是已。曩李先生言日人所著支那經濟全書中。論票商營業至數十頁之多。豈獨日人。英美研究中國商情者。何一不加稱道。要之此種商業。在吾國人。靡論其劣點無人能知。即優點何嘗知道。鄙人在海外十餘年。對於外人批評吾國商業能力常無辭以對。獨至此有歷史有基礎能繼續發達之山西商業。鄙人常以此自誇於世界人之前。夫一國獨精之業。豈在乎多。得一二業足以自豪。則已足與世界人民角逐於競爭場矣。故今日諸君歡宴。固當表謝意。然鄙人所欲謝諸君者。則又在能以此一業以塞世界人之口也。天地間大小事業。決無猝然發生者。其能猝然發生者。唯物質上之品而已。譬如刀如杯。方圓長短。惟我所欲。至若社會事業。凡以人類腦力構成者。非一部分人於頃刻之間所能隨手而成。如國體政體之類。自去年由專制而共和。以表面觀之。不過數月間事耳。自其根柢論之。近則積十餘年愛國志士之所經營。遠亦數百年來國人心理中所懷抱而不能發者。豈惟政治。卽經濟亦何獨不然。人第知今日歐洲生計之敏活。抑知今日生計組織中之銀行業。乃積數百年之經驗而後成。考其動機則有二。一曰意大利之自由都府。二曰英國之金錢商英之金錢商與吾爐房相類。暫置不論。以意大利自由都府之錢商與吾票號較。則其相類之處有四。南意大利之錢商。其重要事業。一爲存款。二爲匯票。至於鈔票。則發行極少。當時所營商業。大抵與帝王貴族往來者居多。吾票號與商家通有無之處。固屬不少。然大抵以官場存款爲大宗。此其相類之處一也。意國錢商之匯兌。因當時各國幣制不統一。故得從中取利。而吾票號因各地平色不同。故能於匯兌中有所取盈。此其相類之處二也。意之錢商。當日因其信用極佳。常有强其出票者。然彼常有懼而不敢爲。與吾山西票號慎於出票。且當金融緊急。每將所出之票收回。其事相同。此其相類之處三也。山西票號之起源。不能記憶。當明末淸初。已極發達。則與南意大利錢商之萌芽三百年前者時代相等。此其相類之處四也。南意與英之金錢商。惟能日漸發達。日加改良。乃爲商業之中樞。執金融之牛耳。吾國之票號。其發生之早與彼相類。然但知保守。不知擴充。故今日不特不能保持中國之利益。且日爲外人所壓迫。即有力求擴充者。亦不過於國內多設多少支店。其營業範圍。較他人略廣而已。與國家金融何涉。與世界金融復何涉。故鄙人之意以爲票號諸君。雖能盡對於祖先之責任。而對於子孫之責任。則尚有所未盡也。

語曰。守舊守舊。夫舊而能守。斯亦已矣。然鄙人以爲人之處於世也。如逆水行舟。不進則退。今後之金融業。謂長此不變。能保守其舊有之基礎乎。以鄙人之愚。竊爲諸君危懼也。

前途危懼。不能一一詳論。試舉一二爲諸君陳之。吾國昔日無所謂金庫制度。凡官家所收租稅。悉存殷實之商號。以負保管之責。得十一之利。此固理之當然。然爲官者。往往利用金庫之不備。從中取利。而爲商者。從旁分其餘潤。諸君當知金庫之不備。乃昔日財政上舞弊之大因。今後不力改革。又何貴於有此民國。金庫之改革。諸君爲國家而犧牲其利益。吾知必無反對。然改革以後。則諸君獲利之途又少其一。所謂危懼者。此其一也。昔日因幣制之不統一。乃能利用地理時間之差。而於匯兌上得種種利益。然不統一之故。在票商所獲之利固不少。而一般國民一般商業所受損則甚大。以國民經濟世界金融論之。吾國萬無可以蹈常習故之理。然一變而後。則諸君所恃以獲利者。又缺其一。所謂危懼者。此其二也。近三十年。吾國受世界經濟之壓迫。情見勢絀。爲內外所共見。以最近銀行團之情形論之。外國銀行。執吾國金融界之牛耳。制吾之生死。諸君當能知之。無俟贅述。夫各國無一國不有中央銀行。而吾國有中央銀行。是否能敵外人。暫置不論。然今日之外國銀行。實已入吾堂奧。而占我中央銀行之地位矣。此尤國民經濟界之危懼。而諸君之營票號。雖有鉅貲。何以堪此。則尤危懼中之危懼而票號諸君所當注意者也。

現在合全國固有之現金。能有若干。不能詳知。計人民之所藏。與商家之所貯。恐不能敵國中之各外國銀行。然貨幣爲物。實質之增加。固屬甚難。而效用之增加。則金融機關發達以後。自能收其效果。以票號三百年之歷史。憑藉舊經驗。運用新方法。雖不能於旦夕之中。挽回世界狂瀾。然所以裨益國民。而徐爲後來補救之地者。不已多乎。此鄙人所深望於諸君者也。

若云改良擴充之道。鄙人稍有研究。他日當別爲文論之。然今日可斷言者。環顧中國。有改良中國金融業之資格者。則山西票號而已。何以言之。凡事不貴理論。貴乎經驗。以外國卒業之留學生論。其學問固佳。而於經歷不免少缺。且曩言政治界經濟界之事業。非旦夕所能發生。而於信用一層。尤爲顯著。集資本。定章程。短者數日長者則假以年月。自能收功。以云信用。苟無歷史的根據。決無自發生也。諸君既以數百年之基礎。而能得國民深厚之信用。今後參以外國良法美意。而加以擴充。乃反手間事。視學生之空談銀行論者。烏可同日語哉。諸君素以勤儉耐勞著稱。幾於凡種種實業家應備之美德。無一不具。獨有一事爲諸君缺憾者。則進取之精神是已。蓋今日立於世界。不惟當尊重固有之習慣。又當應世界潮流。隨時勢爲進退。凡百皆然。而於金融爲尤著。蓋今日金銀之漲落。不在一國之內。其主持者。則倫敦也。紐約也。諸君眼光所及。卽能射及全國。尚不足以言操縱金融。此鄙人所以以進取精神期望諸君者。卽望諸君默觀世界潮流。而爲應時勢之改革也。

夫以南意大利與英國之金錢商。能轉而稱霸於世界金融業。則知以諸君舊有之基礎。進而加以改良。豈但轉移國內金融。卽外人侵略之潮流。以諸君爲中流砥柱可焉。是諸君一舉手。一投足。非徒諸君自身利害之所繫。於國民經濟國家財政。且有莫大影響焉。諸君之責任亦重矣。

鄙人於國內金融略有所見。俟緩日與諸君商榷之。

莅北京大學校歡迎會演說辭

三十一日下午。北京大學校開會歡迎先生。先期在講堂徧懸國旗。校長敎員學生咸集。先生莅會後。由馬校長述歡迎辭。略謂戊戌新政所留存於今日者。惟一大學校。先生實與此校有關係。今請賜訓詞於諸生云云。先生演詞如下。

鄙人今日承本國最高學府北京大學校之歡迎。無任榮幸。適馬校長所言鄙人與大學校之關係一節。當年誠有其事。今請略述一二。以告諸君。

時在乙未之歲。鄙人與諸先輩感國事之危殆。非興學不足以救亡。乃共謀設立學校。以輸入歐美之學術於國中。惟當時社會嫉新學如仇。一言辦學。卽視同叛逆。迫害無所不至。是以諸先輩不能公然設立正式之學校。而組織一强學會。備置圖書儀器。邀人來觀。冀輸入世界之智識於我國民。且於講學之外。謀政治之改革。蓋强學會之性質。實兼學校與政黨而一之焉。在今日固視爲幼稚之團體。然在當時風氣未開之際。有聞强學會之名者。莫不驚駭而疑有非常之舉。此幼稚之强學會。遂能戰勝數千年舊習慣。而一新當時耳目。具革新中國社會之功。實亦不可輕視之也。至創設此會之諸先輩。今日存者已寥若晨星。袁大總統卽最盡力於此會之一人焉。厥後謠諑頻興。强學會之勢力愈强。而政府嫉惡强學會之心亦愈甚。迄乙未之末。爲步軍統領所封禁。所有書籍儀器。盡括而去。其中至可感慨者。爲一世界地圖。蓋當購此圖時。曾在京師費一二月之久。遍求而不得。後輾轉托人。始從上海購來。圖至之後。會中人視同拱璧。日出求人來觀。偶得一人來觀。卽欣喜無量。乃此圖當時封禁亦被步軍統領衙門抄去。今不知輾轉落在何處矣。及至戊戌之歲。朝政大有革新之望。孫壽州先生本强學會會員。與同人謀請之樞府。將所查抄强學會之書籍儀器發出。改爲官書局。嗣後此官書局。卽改爲大學校。故言及鄙人與大學校之關係。卽以大學校之前身爲官書局。官書局之前身爲强學會。則鄙人固可爲有關係之人。然大學校之有今日。實諸先輩及歷任校長與敎師之力。謂鄙人爲創設大學校之發動人。則不敢當。鄙人在十五年前。實不能料及今日有如是規模宏大之大學校。鄙人不能不傾佩歷任校長敎師與學生諸君之努力。且當爲國家感謝者也。惟以今日之大學校。與歐美日本之大學校相較。則程度之相去尚遠。此則鄙人於傾佩之外。不能不責望大學校之校長敎師之勉爲盡力。而更不能不責望大學校學生諸君之愈益努力者也。蓋大學校之發達。校長敎師與國家社會。雖同負其責。然與大學校有至密之關係者。實在學生諸君。諸君設不自行勉力。則大學校安能發達。敬祈諸君勉力爲中國之學問爭光榮。鄙人今請進數言。聊爲諸君他山之助。

普通學校目的。在養成健全之人格。與其生存發展於社會之能力。此爲全敎育系統之精神。大學校之目的。固亦不外乎是。然大學校之所以異於普通學校。而爲全國最高之學府者。則因於普通目的以外。尚有特別之目的在。固不僅其程度有等差而已。特別之目的維何。曰研究高深之學理。發揮本國之文明。以貢獻於世界之文明是焉。是以施普通敎育之學校。其所授之智識。爲人類生活上社會上日用所必具之智識。所訓練之能力。爲人類生活上社會上日用所必具之能力。如是而已。而大學校之所授者。則不僅人類生活上社會上日用尋常所必具之智識能力。而爲一切現象之法則。所謂科學者是焉。此不獨大學校與普通學校之分在是。而大學校與專門學校之別。亦全在此。蓋專門學校之學科。强半與大學校相同。往往有人誤視爲具體而微之大學。殊不知二者之間固顯有區別在焉。專門學校之目的。在養成社會上技術之士。而大學之目的。則在養成學問之士。故專門學校之所授。雖多科學之原理。而所重者在術。不過因學以致用。大學校之所授。雖亦有技術之智識。而所重者在學。不過因術以明學。我國往往學術連用。漫無區別。殊不知二者迴不相同。固不能連而爲一者也。蓋所謂學者。推究一切現象之原理原則。以說明一切之現象。於推究原理原則說明現象之外。別不另設方途以求致用。而所謂術者。則應用學理之方法技能而已。與推究原理原則以說明現象之學。實判然不能相同者也。故科學之分類。以現象爲標準。有自然之現象。卽有自然之科學。有人類之現象。卽有人類之科學。有社會之現象。卽有社會之科學。因自然有種種之現象。亦卽有自然之種種科學。因人類有種種之現象。亦卽有人類之種種科學。因社會有種種之現象。亦卽有社會之種種科學。若夫技術。則以人類社會實用之目的。爲其分類之標準。或合人類之需要。或應社會之要求。或按國家之機關。而有種種之技術。此實爲學與術根本相異之處。而大學校與專門學校之區別。亦於是而分焉。是以同一法律科目。專門學校之目的。在於養成學生法官辯護士之能力。而在大學。則惟使學生能知法律現象之原理原則。至於學生畢業以後。爲法官。抑爲辯護士。則非大學之第一目的矣。其他科目。莫不如是。簡言之。專門學校之精神在實際之應用。而大學校之精神。則在研究與發明。故凡人類間具有系統之智識。大學校莫不列爲學科。固不問其按切實用與否也。譬如西洋大學有希臘羅馬古典之學。北京大學亦有經訓考證之科。以言實用。邈乎遠矣。而大學校亦不得不列之爲一科。夫大學校之目的。既在研究高深之學理。大學校之學課。又復網羅人類一切之系統智識。則大學校不僅爲一國高等教育之總機關。實一國學問生命之所在。而可視之爲一學問之國家者也。且學問爲文明之母。幸福之源。一國之大學。

卽爲一國文明幸福之根源。其地位之尊嚴。責任之重大。抑豈我人言語所能盡歟。諸君受學於此最尊嚴之大學。負研究學問之大任。鄙人所欲進一言爲諸君勉者。亦唯祈諸君能保持大學之尊嚴。努力於學問事業而已。抑我又有言者。則前清學制之弊。至今猶令人痛恨不已。其誤國最甚者。莫如獎勵出身之制。以官制爲學生受學之報酬。遂使學生以得官爲求學之目的。以求學爲得官之手段。其在學校之日。所希望者。爲畢業之分數與得官之等差。及畢業以後。卽拋棄學業而勉力作官矣。卽以海外之留學生日浸染於外國之學風者而言。當留學之時。固多以學問爲目的。而勉力求學。然畢業以後。足跡甫履中國。亦卽沾染此惡風。拋棄其數年尅苦所得之學問而努力作官矣。故中國興學十餘年。不僅學問不發達。而通國學生。且不知學問爲何物。前清學制之害。庸可勝言耶。是以鄙人今所更欲爲諸君勉者。則望諸君以學問爲目的。不當以學問爲手段蓋大學爲研究學問之地。學問爲神聖之事業。諸君當爲學問而求學。於學問目的之外。別無他種目的。庶不愧爲大學生。若於學問目的之外。別有他種目的。則瀆學問之神聖。傷大學之尊嚴。尚能謂之研究學問乎。諸君勉之。努力問學之事業。以發揮我中國之文明。使他日中國握世界學問之牛耳。爲世界文明之導師。責任匪輕。諸君其勉力爲我中國文明爭光榮。鄙人今尚欲進數言於諸君之前者。則爲今日之學風問題。夫今日學風之壞。人所同慨。鄙人所欲言者。亦非僅指大學一校。惟以大學爲全國最高之學府。大學學風足爲全國學風之表率。是則鄙人所不能不以此責望於我大學生諸君。祈有以表率我全國之學風。而改善我全國之學風者也。語時或有開罪之處。尚望諸君諒之焉。

(一)服從　言今日學風之壞。莫過於學生缺乏服從之德。不服教師之訓導。不受校長之約束。放恣亂爲。動起風潮。遂致德無由進。業無由成。我可敬可愛之青年學生。幾成爲可鄙可賤之無業游民。言念及此。曷勝浩嘆。諸君聞此言。或且有謂鄙人謬悖。欲以奴隸之行。責之共和國之大學生者矣。此在不以服從爲然者。必謂學生當有自由。校長教師等是同類。安有服從之可言。服從二字。乃奴隸之所受。詎可加之於我學生之身。然學生以德之未修。學之未成。始入學校求學。則在學校之中。自當服從校長教師之訓導。不然。又安名爲學生。學生中有言自由者。實不學誤之也。且一國之中。一切皆可言自由。唯軍隊與學生。乃不能言自由。軍隊言自由。則不僅全軍瓦解。不能成軍。且足以擾亂秩序。其危險莫可名狀。學生言自由。亦不僅學業無成。教育無效。其影響於社會國家。所關殊非淺鮮。故歐美先進之國。其學生莫不謹守服從之德。當退校之時。或多與教師從容談笑。若在校中。則雖年高德尊若我馬校長其人者。苟爲學生。亦嚴格整肅。謹聽校長教師之訓導。而毋敢或違。鄙人前游美洲大陸。曾遍觀其學校。見其學生之謹守服從。至足感人。而尤足奇異者。則美之學生。不僅對於校長教師守服從之德。下級學生之於上級學生。亦盡服從之責。上級學生苟有所命。下級學生莫不心悅誠服而爲之。此其故何哉。誠以共和之國。人人有自由。卽當人人能服從。不然。勢成人人相抗之象。秩序危殆。國將不國。而欲養成此服從之德。在共和之國。舍教育以外。殊無他途可言。固不若專制之國。以威力脅迫人民服從。不問人民之能服從與否也。故專制國之學生。不必養成其服從之德。而共和國之學生。設不於其受教育之日。訓練其能守服從之德。則國基危殆。害莫勝言矣。此鄙人之所以以服從之德。望大學生諸君。有以矯正我全國學風也。

(二)朴素　孔子有言。君子食無求飽。居無求安。此在今日。雖不足奉爲我人處世之道。然學生在求學之時。則不可不具此精神。歐美學生自小學而中學。中學而大學。非歷二十年之久。不能成業。且學費之巨。亦非中下之產所能任。故學生之能卒業於大學者。百中實不得一二。惟能尅苦之學生。始能卒業。至若日本。則能卒業於中學以上之學校者。大抵皆苦學之士。積十餘年困苦艱難之學生生活。始克學成而爲世用。今日彼國知名之士。若一談其苦學之經歷。則恐我國學生皆當愧死矣。我國學生。本亦寒素之士居多。惟近年來則紈袴之風大盛。衣食惟求精美。居處惟求安適。其最堪痛心者。則莫如求學之青年奢侈放縱。既傷其德性。復害其學業。設此風不革。則中國教育之前途。尚堪問乎。此鄙人之所以祈望大學生諸君力倡朴素之風。以改革我全國之學風也。

(三)靜穆　鄙人非謂學生不當發揚蹈厲。人固貴有發揚蹈厲之精神。而後始能在社會任事。惟發揚蹈厲之精神。當用之於做事之時。不能用之於求學之時。學生在求學時代。當善養其發揚蹈厲之精神。則他日學成以後。庶能發揮此精神於事業。孟子所謂養我浩然之氣者是也。若在學生時代而誤用之於校長教師。是爲不守規則之學生。非所謂發揚蹈厲之精神也。且天下惟有學問有修養之士。乃能眞有發揚蹈厲之精神。無學問無修養者。僅能謂之狂躁。謂之輕率。以之辦事。無一事可成也。故學生若不於學生時代以靜穆之風。善養其發揚蹈厲之精神。則他日必成爲狂躁之士。輕率之士。終身將不能成一事。可不勉乎哉。況學問之業。非有冷靜之頭腦。不能得益。學生若以浮躁之心受學。則不僅不能深入學問之道。我恐卽有善敎之敎師。亦不能有絲毫之得益。故學生若不於求學之時。養成冷靜之頭腦。則於學問之業。日相去而日遠矣。靜穆之風。可不貴哉。簡言之。靜穆之風。一則以成冷靜之頭腦。一則以養發皇之精神。在學校之日。以之修業而進德。卒業之後。則賴之以任事而成功。此爲學生至可寶貴之學風。鄙人深望大學生諸君有以提倡此風也。

關於學風問題。鄙人所欲言者。不僅此三事。惟以此三者爲最要。故特舉以告諸君耳。願諸君勉之。爲我中國學問之前途爭光榮。

答禮茶話會演說辭

先生到京旬日。既受各界歡迎。日不暇給。因須從事著述。將暫返天津。乃於三十一日在湖廣會館開茶話會。招待各界代表。以答連日歡迎之意。到會者爲京師各報記者。共和民主國民統一四黨重要幹事。蒙古各王公以及商會代表。軍警兩界要人。北京市民代表。八旗生計會代表。佛教會代表等共五六百人。到會者皆爭與先生接譚。極道仰慕之意。先生一一周旋。謙讓未遑。旋振鈴開會。先生登台致詞。至兩時餘之久。實到京後第二次長演說也。演畢後。復由各界代表致答詞。先生所演如下。

鄙人此次來京。因時日太促。舊好新知。不克一一暢敘。今日邀請同志諸君。一堂聚會。聊謝日來諸君招待之盛情。而諸君惠然肯來。則又鄙人所當首表謝意者也。

鄙人以十餘年流離海外之身。重返故鄉。得與邦人君子。握手言歡。衷心欣悅。何可言罄。今日之會。亦借演說以作坐譚而已。

今日結社集會。遍於中國。而北京爲全國中心。愛國之士。經世之才。皆萃於一隅。於是黨會隨之而生。夫以十餘年前專制之根據地。而今爲政團之活動區。此中消長之機。一言以蔽之。則中華民國之成立實爲之焉。中華民國何以成立。一言以蔽之。世界大勢之逼迫實爲之焉。

古往今來世界之國家衆矣。然古代之國家。如埃及。如希臘。如羅馬。以及種種之古國。皆澌滅以盡。所僅存者。則留一國名於歷史上而已。今世號稱强國者。如英德法。皆新造之國。其最短如美國者。則百數十年耳。蓋國家組織之法古與今異昔希臘以市府立國羅馬以大一統之觀念立國因地理風俗之異同各成一種特別之組織中世紀以後所謂古國者均歸消滅其間世界民族中以政治天才之特優又以其境遇足以發揮其政治天才乃向於政治改革之進路以行而今日政治之新局面以出所謂政治改革之進路其重要之特點則由稀疏而緻密一也下自動植以上達於人類組織之社會其在下等之列者則質點稀疏貴重者則質地堅強譬如木入之以釘則不能禦而屈矣如金剛石則非鑽石不能分析人類社會猶是焉古代之個人古代之社會古代之國家視今日大相懸絕何以故蓋古代封建制度盛行之日各私其土各子其民因地理的界限而國中分裂現象出焉十七世紀以降列國君主竭全力以剷諸侯之勢於是國家歸於一統且自人的方面觀之有貴族有平民有僧侶平民之中又分學者工商家官僚等種別凡此階級各不相通分貴賤大小而自相凌辱法國革命後此風乃一變矣不特此也國家之組織非僅由稀疏而緻密即能了事也一方不可不由陳舊而進於健全此政治改革進路之特點二也古代之國其操政權者不過少數而多數人民處於被統之地位國之盛衰興亡民之疾痛苦癢大多數之人民莫得而知於是其政治天才日即於消滅而個人爲不健全之個人立憲政治之行也國家以政權分諸大衆於是一部人民得直接參與政治又一部人民得由選舉之法間接參與政治又不僅參與政權已也全國政治於議會之外又有政黨報紙及種種機關使國民平常日用之間於眼簾耳鼓中時時與政治相接觸如是國中分子乃由陳舊而日趨發達矣

夫此種種方法考之各國實情雖不能謂今日已趨完成而大體則已近似即或不然其背於此原則者已屬極鮮若聯邦國是也如德如美今日統一問題尙未完全解決不獨聯邦國即統一國中亦有爭論不決之事如參

政權人數之多寡。國會權限之廣狹。責任內閣之組織。皆與前舉二原則有關。而各國認爲政界之大問題也。西方各國。近百年來。專致力於改良政治。因政治改良。國民生計。隨而發展。於是資本充足。人口增加。不能不以外國爲尾閭矣。人方驚其侵略之可畏也。則以優國强國侵略國等名詞以名之。抑知世界固無天然之侵略國。其所以不能不侵略者。勢爲之也。蓋最近各國之膨脹。皆由內部充實之結果。與古代羅馬波斯之所謂侵略者。迥乎不同。一言以蔽之。十九世紀之前半。爲各國內部改革之期。十九世紀之後半。乃移其精神以對外。此近世政治之大關鍵也。

中國爲數千年古國。土地廣大。人口衆多。歐洲諸國。既占有非美澳諸洲。環顧世界。無可以爲舞臺者。乃馬首東向。羣集於中國。而吾千年古國。內治不修。外競輒北。與歐人之內治充實。然後言外競者。適得其反。此勝敗之勢所以異也。

夫世界之國。可分二部。一爲能侵入之國。一爲受侵略之國。能侵入之國侵入受侵略之國。一定之理也。亞洲諸國中如印度朝鮮暹羅諸國。受此世界潮流之鼓盪。既已力不能敵。而爲人席捲以去矣。惟有日本以環海之國。一經刺激。愛國志士。翻然驚覺。察知各國侵入之動機。乃推本窮源。爲根本的改革。不數十年。而與歐美並駕齊驅。昔爲受侵略之國。而今爲能侵入之國。於是侵入吾國者。除歐美外。又多一日本。諸君試思之。以若此古國。其何堪此重重疊疊侵略耶。

近數十年。憂國之士。爭言改革。然求之實際。則所謂改革者。雖不能一一枚舉。然其一貫之原則。則不外還就舊機關。補以西洋物質而已。夫各國之風俗制度。雖各不同。然當改革時代。能先立大本者。斯其改革收功。反是有改革之名。無改革之實。中國之十餘年之改革。爲有本之改革乎爲無本之改革乎稍有識者當自知之。不待鄙人辭費矣。卒之此腐敗政府不能永存。而革命以起。是故民國之成立。雖爲內部之事。而其動機。則生於對外。換詞言之。世界大勢之逼迫。實爲之也。今者國體由君主而共和矣。所貴乎共和者。貴實而不貴名。竊聞恆人所常言者曰。中國既掛共和之招牌。吾人當勉力以副此招牌。諸君試一思之。夫以一國國體。而以掛招牌三字了之。了乎不了乎。

更考之今日之政治。方今庶政。與前清末年相較。究有多少進步。不惟不進步。甚且生退步之現象。試以統一問題論之。吾國數千年來。人知爲統一之國。大權操於中央。進退黜陟由中央。惟其用人行政。以私而不以公。故操政權者。但知私人之利益。而忘其所執行者之爲公務。上下相朦。合全國爲一舞弊之國。然偶一得人。上下猶可收指臂之效。而勉強圖治。今則何如。以云制度。固猶昔日之制度。而中央之不能號令地方。視昔日爲尤甚。以云人物。自必較前清督撫爲勝。然往往以大本領之人。而不能運用此大機關。其故果安在耶。譬之一大船行於大海之中。當其觸礁石或遇風。而不能行焉。則修理其機器。或其機器之製造有不適用者。則從而修改之。蓋必如此。乃能達彼岸焉。今者大舟之在海中。止於中流。既已一年。修者不修。改者不改。全部機器。不加改造。且東西南北。聽其散佚。不加收拾。若此危舟。其何以堪此驚風駭浪耶。昔人有言。同舟遇風。則胡越相救。今一部分人。既取舊船主而代之。自以爲功成身退。其他一部。則以爲舟處乎中流。機器全不適用。心見而厭惡。如此。豈特機器不免散失。此大舟又寧能免於永沈九淵之禍乎。

十餘年來。國中言政治改革者。約分兩大潮流。一爲急進派。一爲漸進派。各有主張。各以奮勵無前之氣。爲積極之進行。於是今日之局而以成。時至今日有一極可懼之現象。則惰力性漸漸發生是焉。譬之飲酒者。始焉借酒力鼓興未嘗無效。且精神奮發有出人意外者。一旦病酒以後。則精力減少四肢麻木雖日日大飲只增其神經之紊亂而已。自革命以後全國國民經一度之興奮數月以來漸成病酒之狀。此事寧待遠求。試證之國人心理。今日國人心理可分三類。一類則以爲中國既掛共和招牌從此可抗衡世界。其一類以爲經若此大變外人猶未干涉。日積月累自能進於開明。其一類則以大局已定。思謀位置以自安。凡若此者皆由於苟安之意多而憂危之意少。鄙人所謂惰力性者此也。鄙人到京不過數日便敢以一時之觀察妄下批評。特心所謂危不敢不暢言之耳。

鄙人十餘年來持樂觀主義之一人也。返國以來考察國中政治財政外交皆有岌岌不可終日之勢。衷心未嘗不爲之悚惕。然鄙人之所大懼者並不在制度文章。而在人心風俗之微。如上所述之三類心理。中國前途樂觀乎悲觀乎。國中賢豪之所觀察吾不敢知。以云鄙人惟有悲觀而已。凡抱一目的奮勵無前以進行者。斯爲眞樂觀。反是者委心任運妄託一時之豪興雖名樂觀實消極的樂觀而已。

諸君愼勿以僕爲危言聳聽已也。請證之事實。外債總額已達十七八萬萬。前清末年載澤盛宣懷發議募外債一萬萬元。全國相顧失色。爭言抵拒。今民國之成不過一年耳。政府借比款。又借六國團之墊款。最近又募倫敦新借款一千萬鎊。所謂一千萬鎊卽前之所謂一萬萬元。昔所引爲大戒者。而今則名之曰小借款。若卽增多一二千萬鎊而猶以爲未足者。諸君思之。此種心理進化歟。退化歟。夫謂今日不借債而可圖財政之整理雖至愚者知其不可。然此種心理之由來。果爲整理財政以立國家百年之大計乎。抑人人貪目前之安樂。以爲得此則可以圖飽煖乎。鄙人敢斷言曰。圖飽煖而已。嗚呼。新興國之氣象果如此乎。且以外債政策論之。大借款與小借款之比較也。若借款之使用方法也。若國內財政之整理也。凡若此者。不一一爲之立計畫而預算焉。雖有外債。徒以速亡。昔唐內閣初成立。卽提議六萬萬元之鉅債。幸以六國團條件嚴酷。不能卽時成立。如其成也。則鄙人以爲不一二年。行且消耗以盡。而大政之根本改革。永遠絕望而已。莊子有言。事成則有陰陽之患。事不成則有人道之患。中國今日國情正類是也。又如省制問題。國家組織之大關鍵也。中央地方權限之畫分。胥於是取決。近數月來。政府與議院之爭。中央與地方之爭。大抵爲此一事。鄙人以爲今日而擴張行省之權乎。勢必益趨散漫。使中央處於不能號令之地位。今日而縮小行省之權力乎。則中央能力是否足以及遠。且是否有此魄力足以舉此大器。尤可懼者。全國人討論此問題者。不出於公平之眼光。而另懷一特別之目的。雙方逆億。互相對付。於是遷延復遷延。而若此大問題。擱置一邊。又如政黨內閣。今日政府與國民所心營目注。而不能解決者也。今日而求完美之共和政治。非行兩大黨交迭之政治。殆不克致。然卽今而行兩大黨交迭之政治。則各黨人才是否足以任此。且各黨是否能居之不疑。而內部不至生衝突之患。前日胡君在六國飯店席上有言。今日非黨爭之爲患。乃無眞正政黨之爲患。夫既無政黨。尙何內閣可言。更以外人言論觀之。鄙人返國已二十日。於國外言論稍稍隔膜。然以去年以來之聞見。外人之論中國者。久已不視爲國家。而視作亞細亞東部之一片土地而已。換詞言之。中國者今世界列國所欲處分之目的物而已。今日政府與國民朝夕所希望者。非承認問題乎。抑知外人之承認與否。與國家之成立。並無關係。前清時代。外人何嘗不認我爲國家。交通往來已數十載。於茲而彼之所侮我輕略我者則何如。我而能自立焉。雖不承認何妨。我而不能自立焉。雖承認又何益。昔日拿破崙之治法。當其改民主爲帝政也。奧大利爲見好拿氏計。與法訂約。其第一條曰。奧承認法國之帝政。拿氏勃然大怒曰。吾法之爲帝政爲民政。係法國內部事。不待外人之承認。視吾政府國民朝夕希冀而不得者。相去何如。抑不特希冀而已。有派人運動或聞外人稍有一二語涉及承認者。則喜形於色。諸君試思之。此種心理。謂爲非惰力性得乎。

鄙人於萬事悲觀之中。默察近十餘年風氣變遷之潮流。及國人心理之趨向。則知吾國人具有一種特質。卽好善而能虛受是矣。國中上流人士。其更事多而閱歷深者。則以飽經世故。視社會變遷動搖。若無足動其意。而要以不害個人之利益爲前提。至若大多數之國民則異是。凡國際之競爭。與國內之變更。有人焉將利害得失。爲之剴切陳說。則不移時而靡然從風。舉國一致。且必有愛國之士。奮勵無前。爲國民効奔走之勞。近數年官民之爭中央與地方之爭。其風起水湧之狀。皆賴此種元氣爲之推波助瀾。卒之武漢起義。東南響應。不數月而民國以成。則好善而能虛受之特質。實爲之也。然天下事長短相依。利害相伏。吾國人性質之優點旣若是。而弊亦隨之。輕躁喜動。乏抉擇之力。一也。暫動又止。不能爲繼續秩序之進行。二也。因此二弊。凡提倡風氣者。甲有甲說。乙有乙說。而附和之者。常不乏人。且社會之活動。常如水泡幻影。不移時而止。凡一種國民的活動。其始未嘗不見效。然於社會及政府根本改造。不能生大影響者。弊皆在此。鄙人以爲欲矯此弊。在國人之倡道而已。天下之事。決非旦夕所能告成。而於提倡風氣爲尤甚。吾輩誠懸一鵠以爲進行之準。日之不足。繼之以月。月之不足。繼之以年。其有非一人之力所能爲者。則合一團體以圖之。行之期年。安患無健全之國民。以爲國家柱石哉。今日所當提倡者不一。要之對於國民之政治智識。政治能力。政治興味。加以根本的促進。此今日先知先覺應有之責也。鄙人更有一言爲諸君告者。今日籌畫國家之大任。非一黨私見之所能盡也。對外問題。不能一二數。謂一黨之力能解決之乎。對內問題。不止一二數。謂一黨之力能解決之乎。以今日外界之逼迫。建設之艱難。雖合各黨之心思才力。尚猶恐有所未周。謂以一黨之力。能轉運其間乎。今日黨之自待。與國人之待黨。恐不足見信。且以今日號稱大黨者。略有二三。然視他國小黨所爲。相去猶遠。不逮。不必遠證西方。即以日本論各黨之政務調查。與其各方之遊說。吾國人能及其一二否乎。且也國家而安固。先黨而後國可焉。國家而不安固。國且不存。黨又何有。此鄙人所謂今日籌畫國家之大任。非一黨之私見所能盡也。此來承同志相愛受並承各大黨歡迎。鄙人雖無似。然有一語可相告者。綜之。鄙人一己之責任。此後決不放棄。並望各黨咸知各黨所作者。係同一之事。並非反對之事也。

以外如教界。如商界。既同爲一國國民。不可有依賴性。應明自立之義。宗教之責任。在培養國民道德。商業又與政治有密切之關係。此後政治之基礎。能否鞏固。實業家實有大半之責任。望諸君爲國家努力也。

治標財政策

本文爲本年五六月間旅居日本時所著。久羈海外。於國中情形。率多隔膜。所論未敢云當也。由今觀之。覺其應斟酌改易者尚多。本報匆匆出版。未及詳細商榷。故徑布之。此種政策。不過因仍舊貫稍加整理。非有何等深遠之計畫也。且亦明知現時行政系統。窳壞紊亂。並此亦難辦到。雖然。必循是道以整理歲計。然後財政之公開可期。而財政基礎。可以不壞。他日編製預算。非本此精神以行之。吾信其不足以語於治道矣。若夫篇中所據資料。所擬數目。其有不正確者。則深冀讀者有以致正之。

十二月五日　著者識

吾昔常言。處今日中國而言理財。非補苴罅漏所能有功。必須立一根本的大計畫焉。其綱領旨趣。則在將貨幣政策銀行政策公債政策租稅政策冶爲一爐。前曾著第一期財政計畫意見書。既略啓其緒矣。吾固深信吾國非實行彼治本政策。則財政基礎。終無鞏固之日也。雖然。茲事體大。且有所待於外。當局之人。非有極雄偉之魄力極沈毅之意志極周密之思慮極敏活之手段。則不敢實行。且不能實行也。昔漢文帝語其臣曰。卑之無甚高論。令今可行。今本此意以作斯篇。其綱領旨趣。則將軍興以前固有之歲入歲出。一爲綜核。一面估算本年可得之歲入實數幾何。當以何法徵收之。一面估算本年萬不可缺之歲出實數幾何。當以何法撙節之。兩數既略定。切實比較。然後中國財政竭蹶之程度若何。其所以致此竭蹶之原因安在。乃可得而察也。察乎二者。然後整理乃可得而施也。統一政府成立伊始。唐氏紹儀報告本年財政現狀。比附前清宣統三年預算案。更任意虛構臨時歲出。乃以入不敷出二萬六千萬兩之言。騰告中外。其後參議院議員曾有人提案質問。指斥其謬。政府竟久置不答。而國民亦熟視無睹。惟於外債國民捐不換紙幣等或提倡或反對。嘵嘵然爲無責任之言。以銷磨日月。一若此二萬六千萬歲計不足之數。鐵案如山。不能搖動。相率束手以待全國破產時期之至而已。夫我國過去現在之財政狀況。無確實統計可供參考。無論何人。殆不能確指其出入之實數也。雖然。即如唐氏之法。比附宣統預算案以爲立論標準。以吾所研究。則豈惟無所謂歲計不足云爾。實乃適得其反。而贏餘可至二萬萬元內外。但使京外當局諸君子。稍能激發天良。一以國利民福爲念。則此固可使旋至而立有效也。夫從此方面以著手整理財政。則租稅系統。毫未變更。內外公債。毫不增募。乃至貨幣及金融機關等。皆暫仍舊貫。毫未改革。然苟切實行之。固已足以支持危局。以待將來之進取焉矣。吾故名之曰治標的財政政策也。

抑更有一言當爲國民告者。則本篇所論治標策。與吾平昔所言治本策。絕非不能相容。而實乃必當並行也。鶩新者流動曰吾國理財舊說貴量入爲出。泰西理財新說貴量出爲入。此言吾固不敢謂爲盡誣也。雖然。尤當知泰西學者所標財政原則多端。而量出爲入不過其一。且此原則之適用有種種限制焉。諸財政學書言之綦詳。不待縷述也。而其最重要最普通之原則則曰貴撙節而戒浪費。此天下公理。無中外一也。我國財政竭蹶之原因。其緣歲入瀫薄而生者不過十之二三。其緣歲出冒濫而生者實居十之七八。苟非從歲出方面大加整飭。則雖歲入視今日增加倍蓰。而歲出增加之比例。或更過之。則基礎之杌隉猶今也。吾前此所言治本策爲增加歲入計。本篇之治標策爲綜核歲出計。如車兩輪。缺一不馳。所謂必當並行者一也。今世言理財者。必將經常歲計與臨時歲計畫分爲二。各求相當之財源以應之。而最有力之基礎。尤在經常之一部分。吾前此所言治本策。其性質屬於臨時歲計爲多。本篇之治標策。其性質屬於經常歲計爲多。所謂必當並行者二也。是故苟有大財政家以處當軸。則此治本治標兩策。實當同時齊舉。今既未能。但使能先行此治標策。則所裨已多。而將來賡續行治本策。亦可以省卻無數障礙。此吾著此論之微意也。

上篇　論歲出

其一　中央政費

第一　中央公署費

前清宣統預算案所開列在京各衙門共九十五處。都凡需行政費九千九百二十萬七千八百五十二兩有奇。

其中有專屬於軍事費應別爲論列者四十處。曰禁衛軍、武衛軍、滿洲八旗、（共八項）蒙古八旗、（共八項）漢軍八旗、（共八項）左右翼前鋒營、（共二項）八旗護軍營、（共八項）內外火器營、（共二項）健銳營、善撲營、虎槍處、嚮導處、右四十項、費額六百六十七萬五千七百二十八兩有奇。又緣政體變更之結果、其已經廢撤及將來必當廢撤之局署、凡三十四處。曰軍機處、內閣會議政務處、憲政編查館、吏部、禮部、軍諮處、（參謀本部可暫勿置）都察院、給事中衙門、翰林院、欽天監、宗人府、內務府、中正殿、內繙書房、圓明園、頤和園、東陵承辦事務衙門、西陵承辦事務衙門、奉宸院、太醫院、武備院、上駟院、鑾儀衛、御鳥槍處、上虞備用處、實錄館、領侍衛內大臣處、稽察守衛處、稽察上諭處、左右翼稅務處、方略館、禁煙公所、倉場衙門、變通旗制處、右三十四項、費額九百十三萬八千八百七十兩有奇。又有雖不必全行撤廢、而應歸併入各部作爲一局或一課者。如國史館、法律館、可附屬國務院。督辦鹽政處、稅務處、應歸併財政部。步軍統領衙門應歸併內務部。右五項費額九十萬八千九百七十七兩有奇。

以上諸署既應裁併、費卽隨撤。（禁衛軍等別論）自餘中央必需之行政費、可分爲二大別。其一則國務院及各部也。其二則憲法上所規定之獨立官公署也。枚舉其目、曰大總統府、曰國會兩院、曰審計院、曰平政院、中央官公署略具於是矣。

查該預算案所列在京各衙門爲今日所當賡續設置者（或改名合併者）凡十三處。其原案支出之費如下。

內閣（今改國務院）	原案支出	七九、八四二兩
資政院（今改國會兩院）	"	二八六、六六六兩
外務部	"	二、九二五、七三四兩

民政部（今改內務部）	〃	一、八三九、六八六兩
度支部（今改財政部）	〃	三、七七七、六三三兩
學部（今改教育部）	〃	二、一〇五、四八〇兩
海軍部（擬裁併）	〃	六、一四〇、六二一兩
陸軍部	〃	八、七五一、六二〇兩
法部（今改司法部）	〃	五五五、六二〇兩
農工商部（今工商農林兩部）	〃	一、一〇三、三二一兩
郵傳部（今改交通部）	〃	五二、七四二、五七八兩
理藩部（今裁併內務部）	〃	三九二、九二九兩
大理院	〃	一四二、五二一兩

右十三項。共報支出八千一百八十四萬五千二百八十七兩有奇。欲知此中有無冒濫。必須將各該部院衙門直接用費與該部院所屬事務用費。劃清眉目。然後實應需用幾許。乃可得而定也。該案之編制法。全不守各國通行原則。所標項目。曖昧不明。例如外務部經費。則將各公使館經費美國游學經費包含在內。民政部經費。則將京師巡警廳等費包含在內。其餘各部。莫不皆然。故欲知某部院本衙門直接所用幾何。僅據此案。殆難捉摸。而我國政費之濫。實由冗缺冗員之多。各省皆然。中央尤甚。欲舉整理之實。非先從此着手焉不可也。然則欲知各衙門適中之經費。於何求之。請比附日本以爲標準可乎。

日本明治四十二年內閣及各省經費實數如下。內閣二九四四四八圓。外務省三三九一五〇圓。內務省三六八六〇八圓。大藏省二六〇七〇五圓。陸軍省三二四〇八〇圓。海軍省一五二二七三圓。司法省一五七七八八圓。文部省四八九三七五圓。農商務省四四四六四一圓。遞信省五八七八九九圓。右十柱。都凡三百四十一萬八千九百六十七圓。（右所列者皆各省內之經費其項目則俸給廳費修繕費旅費雜給及雜費等）夫各國情形不同。雖不容强以彼例我。然一署中究需用若干職員。然後事乃克舉。則彼我固當不甚相遠。而日本人生活程度在我之上。則我之俸給雜費等項。視彼應有減無增。彼以三百餘萬圓供全政府大小官吏之俸給及其他雜費而已足者。我比例之以作預算之標準。應無大過。今更略擬一部所需員數及俸薪列表如下。

總長一人	俸一萬二千元	共一萬二千元
次長一人	俸八千元	共八千元
參事二人	俸五千元	共一萬元（事簡者或僅設一員或不設均可）
司長四人	俸三千元	共一萬二千元（簡部可設二司日本外務省只二局耳）
司副四人	俸三千元	共一萬二千元（事簡者可不設司副）
一等司員十二人	俸二千元	共二萬四千元（事簡者四人六人均可）
二等司員十二人	俸一千元	共一萬二千元（事簡者同上）
額外司員四十人	俸六百元	共二萬四千元（事簡者酌減）

都共十一萬四千元（以下所稱元數皆照舊案比較以一兩折新幣一元五角）

若論部內當辦之事。有七十餘人分司之。已無事不舉矣。吾去國久。於京朝近狀。雖不深悉。然嘗詢老於京官之人。據言庚子以後之外務部。其眞辦事之司員。不及十人。餘皆伴食耳。而此十人者。每日辦事又不過二小時。餘晷則奔走徵逐游談也。外務素稱繁部。猶且如此。他部可知。乃近年以來。衣食於各部者。部動數百人。其部員俸薪豐者月數千。次亦數百。試問所爲何事者。若在目前當臥薪嘗膽之時。舉制節謹度之實。則前表所列之數。已泰半耗費。就令將來籌畫一切。已斷然敷用而有餘。內務財政陸軍。或非此數不可。其餘各部。或得半。或不及半。但使人非廢才。決不至廢事也。按以上人數。儘可無須另雇書手。若繁部事多。斟酌雇用。每名歲三百六十元已足。雖雇數十。所需幾何。其餘一切雜費。最繁之部。月費三千元。無事不了。簡部則半之耳。（我國慣例京署皆開中飯此雖無謂然事實上恐難驟裁但使冗員不多供食不奢則此區區者所糜亦有限也）故以吾所概算。簡部歲費十五萬元。繁部二十五萬元。並臨時費包括在內。決有多無少。又據吾所見。我國今日復興海軍。尚非其時。則海軍部實應裁歸陸軍。統稱軍政部。新設之農林部。其始本爲位置黨人起見。政治上別無必須設置之理由。亦應裁歸工商部。然則將來中央官制。除國務院外。實置外務、內務、財政、軍政、司法、教育、農工商、交通之八部而已足。而其經費合計。則自二百萬元至二百五十萬元。既綽綽有餘。

此外或有特設局署。雖歸各部管轄。而非設置於部中者。（例如日本大藏省所管有主計局主稅局理財局國債局皆設置於省內者也其造幣局專賣局等則設置於省外者也）其局所最多不逾十處。其經費最多不逾五六十萬。故總計中央各大小行政官署經費。歲得三百萬元。當無慮不敷也。

總統府經費。今無從懸斷。試以美國爲比。附美國大總統副總統俸給及總統府經費合計。歲需三十二萬九千四百二十打拉。若以常理推測。我但歲得五十萬元。當已足迴旋。今府中分設各局科。一如國務院之有各部。需費之鉅。實緣於此。據事理論。國務院大小官吏。皆由大總統直接間接任命。卽無一非大總統之心膂手足。何取乎於府中別置庶職。架屋支床。且府中設官既多。隱然與國務院對峙。其弊也政出多門。甚或互猜互鬩。則禍之中於國家者深矣。故美國總統府。除官房祕書書記庶務等員外。別無他官。以國務各部皆直隸於總統。無所謂總統私人也。其費之省。則亦以此。我國前此專制君主每敬遠大臣而別設機關以位置其私人如漢代政權由三府而移於臺省前清政權由內閣各部而移於軍機處是其例也府院對峙勢必至此此於責任政治最不相容今日所宜預防也我國誠遵斯軌。則府中經費絕無須多。今事勢既有所未能。故支銷自不容太觳。且近者方將在府中別置顧問院。禮羅中外名士以贊新猷。所費較多。諒非得已。今擬總統府及所屬顧問院之經費共爲一百萬元。視美國加三之二。殆無復不足之爲慮矣。

日本貴族院費六四九二二三元。衆議院費八七五七四一元。都爲一百五十二萬四千九百六十四元。我國上院議員約三百人。下院議員約五百人。則所費略當視彼稍增。蓋每議員給歲費二千元。共需一百六十萬元。更四十萬元。略足供兩院院費也。今可暫擬國會費爲二百萬元。

日本會計檢查院費二一三九七五元。我審計院費可暫擬爲二十萬元。

日本行政裁判所費七三六二三元。我國幅員廣漠。平政院當設兩級。且設分院數處。或用巡回裁判制。故平政院費應暫擬爲三十萬元。

右總統府費國務院各部費國會兩院費審計院平政院費合計約需六百萬餘元。

今以優待前清皇室費四百萬元。原定四百萬兩幣制定後應改爲四百萬元實共需一千萬餘元。

第二　外交費

宣統預算案報外務部經費需三百五十四萬四千七百三十二兩有奇。出使經費及各省外交費在內。將來外交權當全歸中央。各省交涉使理宜裁撤。但在都督府中置一交涉課而已足。故所謂各省交涉費者。應從省汰。然則此項經費。除外務部衙門支銷外。惟以出使經費爲大宗而已。日本在外使館費三百三十餘萬元。我國置使未逮日本之多。領事缺視彼尤少。故未便援以爲例。查我國外交費當前清總理衙門時代。歲支不過六七十萬兩。庚子後改稱外務部。大加薪水。漸增至八九十萬。其後增設使領各館。館員一一增薪。至光緒三十一二年間。遞增至百二十萬兩。內外宣統間又更增矣。前此從關稅項下提船鈔三成。罰款三成充經費。歲歲有盈。甲午以前積存至五六百萬兩。經淸醇王提五百萬充頤和園工程。至庚子後除散失不計外。尚存七八十萬兩也。逮宣統始入不敷出。其實所增之員。何一非冗濫。所加之薪。何一非虛糜。前此六七十萬者。今兩三倍之。試問事能加治焉否也。既增費而事不加治。卽裁費而事不加廢。反勘對照。理至易明。今可將現行經費改兩爲元。在外使領各館費約裁至百二十萬元。決非苛虐。部中電報酬應雜費可定爲二十萬元。各館電報川資大約不過十餘萬元。假定爲二十萬元。再加三十萬元。作爲預備意外用款。如特派專使及電報不敷等用。合計二百萬元。綽乎其有餘裕也。

第三　內務費(中央之部)

宣統預算案報民政部經費需一百八十四萬六千六百八十六兩有奇。京師巡警廳等費在內。而各省民政費不與焉。查京師內外城總廳。係仿日本東京府下警視廳之制。別爲獨立一署。故經費亦得與日本相比附。日本東京市之幅員人口。皆過於我北京。而彼之警視廳。又不徒管該市也。並東京府所屬諸郡而管之。然其經費不過二十三萬五千零五十八元耳。與我比較相去何遠耶。況我尙有步軍統領費六十五萬九千九百餘兩耶。是故步軍統領必當裁撤。其內外巡警費在理亦宜削除泰半。但今方在俶擾之秋特此以保衞首善維持治安多削恐非所宜或可暫擬爲百五十萬元耶。

其各省民政經費項下一六六一七四八兩有奇。應歸入地方行政費條下論之。

第四　財務行政費（中央之部）

宣統預算案此門所列項目有不能削減者二條。

其一各洋關經費五百七十五萬七千四百兩有奇。折算新幣應需八百六十三萬六千一百元。

其二賠款洋款及各省公債五千六百四十一萬三千五百七十六兩有奇。折算新幣應需八千四百六十二萬零三百六十四元。

原案有稅務處鹽政處等署經費八萬九千四百餘兩。此等徒擁虛名其力實不能支配各地方。故應裁撤。於部中爲置一局課足矣。原案此兩項費額共七十餘萬兩。然冗員濫薪居泰半。今卽別爲定經費約二十萬元已足矣。其鹽政若用特別法整理。則可置特別會計也。

造幣廠印刷局造紙廠三項經費。原案與度支部衙門公費合計。其各自所需之費若干。無從指出。然此等皆含有官業性質。其收支總可相償。故於支出項下不別列之亦無妨也。

第五　教育費（中央之部）

宣統預算案學部經費一百八十四萬六千四百三十七兩有奇。學部直轄各學堂經費在內。今該部直轄學堂有幾。所費細目爲何種。吾未能確知。但其必大半耗於冗員濫費。固不待問耳。雖然。此費不宜撤減。故吾欲於該部直接用費外。暫撥爲二百萬元。爲中央教育費。以辦大學高等學校師範學校等。但開銷當加核實耳。

第六　國防費

宣統預算案之歲出。以軍事費占其三之一强。計陸軍部所管一萬二千六百八十四萬三千三百三十三兩有奇。海軍部所管一千零五十萬三千二百零二兩有奇。而陸軍部所管除本部支銷外。可分爲二大類。一曰養兵費。二曰其他軍事費。

養兵費如下

	兩
禁衛軍	二、一六六、〇六〇・四七〇
旗營	八、八六三、六二九・二二一
綠營	三、八六二、二〇二・九一六
防營	一八、六二二、一四三・七七七
武衛左軍	一、〇〇五、九〇五・七二七
新軍	五八、七六〇、二三五・七四六

合計九千三百二十八萬零一百六十七兩有奇

其他軍事費如下。

	兩
綠營防營裁遣費	六、五八六、三八七、四〇二
籌備軍裝	四、〇〇〇、〇〇〇、〇〇〇
軍事教育費	五、四五六、八六四・二三六
軍事教育擴充費	二、二一五、九〇〇・〇〇〇
製造局所	四、七六八、八一四・四四六
兵工廠擴張費	四、九〇四、六〇〇・〇〇〇
牧廠	七三〇、九五四・〇二〇
砲臺	二五〇、七〇八・五二一
軍塘驛站兵差	二、四〇六、九九四・八三二

合計三千一百三十三萬九千三百二十三兩有奇

兩項總計一萬二千四百六十一萬九千四百九十兩有奇折算新幣約合一萬八千六百餘萬元

原案之冒濫荒謬。不必論也。今欲於最近之將來。懸擬吾國所需軍事費幾何。當設三問題以討論之。

第一　我國最少須養兵幾何　凡各國之養兵。皆所以對外也。然我國於最近之將來。安有與各國開戰之事。但能保境息民。殖產興業。則亦莫余敢侮矣。何必過盛軍容以招人忌。然則國家兵力暫求能靖萑苻保治安。斯亦足矣。而此種職務。應由警察任其泰半。若兵則惟當於邊徼及要塞置之。備非常之際資調遣已耳。故暫定全

國陸軍爲二十師團。實適中之計畫也

第二　每一師團之費幾何　前清每鎮開銷百五十萬兩。然據當局者之裏言。則實需九十萬兩耳。其六十萬兩則練兵者藉以自肥也。查日本陸軍。每一軍人平均需費九十六元。（據博士小林丑三郎之言合將校薪俸兵士餉糈及一切軍裝軍食等費總計也）每一師團平均萬一千人有奇。故日本每一師團費平均百萬元也。則我之九十萬兩。既視彼爲豐矣。今請從而更豐之。每一師團擬歲費百五十萬元。視日本約增半倍。二十師團之歲費。則三千萬元而已。原案養兵費九千三百餘萬兩。折算新幣垂一萬四千萬元。而旗營防營綠營等皆在其中。今畫一軍制。旗綠防新等名。悉應裁撤。但選其精銳。糅合編制。以成二十師團已耳。實費三千萬元。則視原案蓋削減一萬一千萬元也。

第三　其他軍事費須幾何　其他軍事費之最重要者。則軍器之補充及製造。軍事教育之擴充改良。是也。此固不可以已。然亦當量國家財力所能逮。次第行之。蓋茲事非爭在旦夕也。故此項之支出。最多一千萬元足矣。原案報三千一百五十餘萬。折兩算新幣約四千六七百萬元。應削減三千餘萬元也。

第四　本年之臨時軍事費幾何　臨時軍事費之重要者。則遣散冗軍是也。各省現存軍隊總額。或稱八十師團。或稱六十師團。然皆大半冒濫。實數殆不及十之五六。此既昭昭在人耳目矣。即以六十師團計。則應遣散者爲四十師團。每兵一名發給兩月恩餉。現在每一師團月餉十二萬兩。兩月爲二十四萬兩。總計應需九百六十萬兩。折算新幣不滿千五百萬元。

此項恩餉。應以一半發現款。以一半發公債。此非徒爲國庫節省本年之臨時費而已。此項公債。可以充銀行鈔幣之保證準備。軍人得此。可持作資本以圖利殖。此日本維新時優待藩士之法也。說見共和建設討論會所印布第一期財政計畫意見書第九項說明

故本年所需此項現款。實應爲七百餘萬元。旗兵固爲蠹國無用之長物。然既已養之數百年。彼輩別無生業。一旦遣散。苟無所以撫卹之。未免太招觖望。故此宗恩餉。亦萬不能省。京外旗兵總數凡十三萬人有奇。其外省駐防大率自然消滅。不必復問。其當設法者。實只京旗。爲數當不逾十萬。此項恩餉。論理本當與外省裁遣之軍隊同例。惟彼輩恃此爲生已數百年。搜諸國家覆幬之恩。似當稍示優異。擬每人給恩餉五十元。內十元發現款。四十元發公債。則本年所需此項現款約一百萬元也。

原案海軍經費一千萬兩餘。折算新幣。應一千五百萬元有奇。其項目未經細列。無從確知。大約其必需之費。惟有二途。一曰在各國訂購未交之軍艦。須遞年照價交割者。二曰現存各艦之養艦費。此兩項雖未得確數。諒不能過五百萬元。海軍部既歸併於陸軍。則一切經費可裁。應留者惟此而已。

其他東南各省爲捍衛治安起見。應辦水上警察。此則應歸入各省行政費項下也。

以上海陸軍經費及遣散軍隊臨時費合計約共需四千二百餘萬元。視宣統預算案約可節省一萬四千餘萬元。

第七　司法費（中央之部）

宣統預算案報法部經費九五四〇八〇兩有奇。京師各審判廳檢察廳經費在內。而別有大理院經費一項一二五五四四兩有奇。兩柱合計一百零八萬兩有奇。折算新幣約一百六十萬元。法部素稱瘠苦。其浮濫不如他

部之甚然冗員之多亦極矣今當大爲廓淸則大理院及京師各級判檢廳之俸給及廳費約需五十萬元耳

宣統預算案報農工商部經費一百十萬一千五百九十兩有奇除部員領薪水外不知所辦何事今除部費外一時實無他種特別職務可指暫可全撤或置十萬元爲預備費可耳

第八　實業費（中央之部）

第九　交通費

宣統預算案報郵傳部經費五千三百八十三萬九千五百七十八兩有奇折算新幣當八千餘萬元於各部中開銷爲最鉅其費途項目未經開列疑莫能明也然據光緒三十四年報告僅需二千三百餘萬兩事閱三年而驟增經費至一倍有餘據部報言輪船鐵路郵政電報經費皆包在內夫輪船之由政府經辦者殆無有也郵政電報費亦有限耳其大部分固在鐵路夫官辦鐵路局員之積弊稔惡亦旣天下共聞矣其漁蠹冒蝕深根固蔕欲廓淸之固不易必分項而綜核之然後乃可得而理也鐵路經費可大别爲三種其一收回外款築成之路者如本年擬收回正太鐵路需四千萬佛郎是也其二開工新築及接續未成之線者如津浦開徐等線是也其三則已成線路之管理費營業費也第一項冒蝕較難第二項可有别法以防之惟第三項尤易叢弊矣第一二項當此財政竭蹶之際少遼緩之未始不可第三項則目前最宜整頓者也吾於兹事無專門之學識且未經實地調查無從估算其適宜之費姑比附以語其概

日本官辦鐵路共長四千八百十四英里其營業支出四千二百八十五萬九千六百餘圓平均每英里需八千九百圓而此總支出中汽車之添置及修繕費二千萬元餘船舶費一百十九萬元餘兩項已占全支出之半其

辦事人薪水及各雜用。名曰總係費。數僅一百二十萬耳。我國各官辦鐵路營業狀況。曾無詳細報告。末由論斷。然據京奉一路推之。前清光緒三十一年支銷總數二百九十一萬四千餘元耳。及三十三年而增至四百八十萬元。三十四年而增至七百七十四萬三千餘元。四年之間遞增三倍。似此浮濫展轉遞增。脂膏幾何。豈堪朘削。查京奉當光緒二十九年平均每里支出一千二百四十一元。三十年每里一千二百三十七元。三十一年每里一千六百三十九元。三十二年每里二千三百二十一元。三十三年每里二千七百零一元。三十四年每里四千三百零六元。今略依三十一年之數平均估算。大約我國鐵路每里營業費平均應需一千六百元。雖不中當不甚遠。今官辦鐵路京奉京漢滬寧京張汴洛正太萍昭道清諸線。合計六千九百零九里。共需一千一百萬元有奇。可以此為官辦鐵路營業經常費之標準。他日若里數加增。則以此遞推。當不為過。

若夫新築鐵路。則當以臨時特別會計預算其費。不必列入總預算中也。

郵政電報行政費。據光緒三十四年報告。需三百六十萬兩。此項實當擴充。今可暫定為四百萬元。但當加以綜核耳。

第十　拓殖費

宣統預算案有理藩部經費一百七十萬五千一百零三元。理藩部既歸併內務部。本衙門經費自可省。若財政有餘裕。自當移此款以從事拓殖。但今日安能遽及此。則逕裁之已耳。

綜計以上所算。則中央必須支出之經費略如下。

一　國務院及各部辦公費　　三百萬元

二	總統府及顧問院費	一百萬元
三	國會兩院費	二百萬元
四	審計院平政院費	五十萬元
五	優待前清皇室費	四百萬元
七	外交費	二百萬元
八	中央巡警費	百五十萬元
九	海關費及其他中央財政費	八百八十萬元
十	賠款及內外公債費	八千四百六十萬元
十一	中央敎育費	二百萬元
十二	常備陸軍費（二十師團）	三千萬元
十三	其他軍事費	一千萬元
十四	臨時裁軍費（除給公債外）	八百五十萬元
十五	海軍費	五百萬元
十六	中央司法費	五十萬元
十七	中央實業費	十萬元
十八	官辦鐵路營業費	一千一百萬元

十九　其他交通費　四百萬元

以上合計約需一萬七千八百餘萬元。雖要政尚多未舉。然爲消極的整理計斯亦足矣。

以上皆經常費也。（除遣散冗軍一項外）當以向來之經常收入支辦之其他別有興作。乃取給於公債也。

其二　各省政費

中央地方權限未淸。官治自治性質混淆。欲政費之分別得宜難矣。財政收支。中央不能直接。而泰半假手於地方官。其於統一財政之大本。蓋遼乎遠也。今中央收入之多寡。其權實操諸各省。各省與中央爭財。晚淸已然。於今逾甚。集權分權之程度問題。舉國囂囂。莫得指歸。言之匪艱。行之維艱。今欲執中盡善。如吾黨之所期。慮非一朝一夕能致也。既曰治標。則亦暫仍舊貫補偏救弊而已。

宣統預算案所列各省行政費如下。

	兩
各省交涉費	六一八、九九八・二五七
各省民政經費	一、六六一、七四八・四五六
各省財政經費	一六、四八二、二五四・〇三六
各常關經費	一、五〇〇、九〇八・九〇一
各省行政經費	一九、八二二、七三〇・四八九
各省官業支出	五、六〇〇、四三五・二一一

各省教育費	一、五二九、〇四七・四一六
各省海軍水師費	四、三六二、五八一・〇五四
各省司法費	六、六三六、三九一・六五七
各省實業費	九三八、四一二・八四一
各省工程費	四、五一五、二七一・八三二
各省交通費	一、三〇二、三二八・二六八

合計六千四百九十七萬一千一百零八兩四錢二分七釐

夫以我國幅員之廣，交通之不便，中央鞭長莫及，一切政務皆由各省措辦，而政費只得此數，對於全預算之三萬七千七百餘萬兩，僅占六分之一强耳，以云分配適宜，五尺之童有以明其不然也。雖然，即此區區之數，亦尚有裁減之餘地乎？曰有之。試就上列各項目而推究其性質。

各省交涉費何如　外交權之必當統一，殆無所復容異議。此項交涉費，專爲新置交涉使衙門用耳。交涉使除位置私人作升轉之階外，毫無取義。大事自歸部辦，即小事亦豈交涉使所能自專，終須仰成督撫。夫既仰成督撫，則於都督府中置一交涉課，課員一二人足矣，何必設一專署，位以高官？故此官宜撤，而此費即可全裁。

各省民政費何如　民政費者，一切內務行政費皆屬焉。以二十二行省而僅支一百六十餘萬兩，只見其少耳，更無復裁減之餘地矣。雖然，其用途項目，不可不釐定。例如於民政司外，又設巡警道，此皆重規疊矩，毫無所取，宜裁其一。至費額則仍舊或更增加，於理亦宜。此項折算新幣，暫定爲二百五十萬元。

各省財政經費何如　原案不列項目。未能確知其何指。然洋關常關。既別有經費。糧漕丁課等項。又由州縣徵收。然則獨立之財政經費。不外釐鹽雜捐等局署之公費薪俸已耳。釐金無論如何。必須裁撤。其他雜捐。皆所得無多而徒擾民。亦須裁撤。所餘者則鹽官也。若從根本上整頓鹽政。非仿各國鹽專賣制不可。則當設特別會計經理之。今既云治標。暫未能語於此。但仍其舊而略加綜覈耳。則鹽官一項。支三四百萬元。已綽有餘裕。臺灣專賣局之俸給。十四萬元餘耳。彼已兼辦鹽與鴉片樟腦三者。而纖悉周備矣。我二十二行省。即二十二倍於此數。亦僅須三百萬元也。就令更益以他項雜捐費。亦至五百萬元極矣。而原案列各省財政經費一千六百四十八萬餘兩。折算新幣。垂二千五百萬元。若加綜核。可減其五分之四也。

各常關經費何如　常關性質。與釐金等。在所應裁。常關稅所入六百九十餘萬兩。而經費須一百五十萬餘兩。衡以生計主義。已為失算。況更病民哉。故此費宜全裁。

各省行政經費何如　預算表所列。無一非行政經費也。於各項經費之外。而別標行政經費一項。衡以論理學。可笑莫甚焉。雖然。該案可笑者。寧只此一端。不足復深責也。強為解釋。則此所謂行政經費者。殆指督府司道府廳州縣各廉俸及辦公費言之。（而交涉使民政使提法使提學使巡警道勸業道等又似別計）原案報需一千九百八十餘萬兩。分配於二十二省。原不為多。但若實行整頓。則其中項目。無一不須商榷耳。今僅治標。安能語於是。資政院核減為一千六百餘萬兩。約折二千四百餘萬元。今姑仍之可也。

各省官業支出何如　原案報需五百六十萬餘兩。約折八百餘萬元。然所謂官業者果何所指。苦難得之。若指鐵路郵政電報耶。則郵傳部經費項下。既有五千三百餘萬兩矣。若指造幣廠耶。則　支部經費三百四十餘萬項下聲明包含此項矣。若指兵工廠製造局等耶。則陸軍部所管條下。別設此兩項。其費合計將盈一千萬兩矣。若指勸業場農事試驗場等耶。則農工商部所管條下別置各省實業費矣。故此條實爲朦混耳目。藉端報銷。殆無疑義。所當追明細目。還歸各類。其籠統之數。全行裁之。

各省教育費何如　原案報一百五十二萬九千零四十七兩餘。折算不滿二百三十萬元。實嫌其少。斷無減理。但此項開銷。則提學使勸學公所等薪俸公費居其大半。仍是官吏自肥之路。人民緣此所得教育之效什不一二。故其項目必須整頓釐定耳。今將此項略增。擬爲三百萬元。

各省海軍水師經費何如　海軍權當集於中央。前文既擬海軍費爲五百萬元。自應分布於各省海軍區。故更無所謂各省海軍費者。惟沿江沿海諸省。似應辦水上警察。原案此項報銷四百三十餘萬兩。可酌留三分之一。暫擬爲二百萬元。

各省司法經費何如　原案報六百六十三萬六千三百九十一兩。今可照舊。折算爲一千萬元。

各省實業費何如　原案報九十三萬八千四百十二兩。實不過勸業道衙門經費耳。實業誠當獎厲。然設缺以位置官吏。於實業何與者。今未有切實辦法。此費自宜全裁。

各省工程費何如　原案報銷四百五十一萬五千二百七十一兩。未知其用途項目何如。大抵以河工爲大宗。而其他土木工皆在內耶。此數雖未可全裁。然其中浮濫當不少。姑留二百萬元。

各省交通費何如　原案報銷一百三十萬零二千三百二十八兩。亦不知其所指謂指鐵路郵電耶。郵部經費項下已有之。且別有所謂各省官業支出者。是三重濫報矣。指驛傳耶。陸軍部所管條下。別開列二百四十餘萬兩矣。指浚渫河道耶。應歸入前項工程費矣。其他開通道路等事。固屬交通要政。然未聞某省曾辦此也。此亦多立名目以開銷耳。理宜全裁。

據以上所綜核則各省所必需之行政費。其數約如下

一	民政費	二百五十萬元
二	財政費	五百萬元
三	教育費	三百萬元
四	水上警察費	二百萬元
五	司法費	一千萬元
六	工程費	二百萬元
七	其他行政費	二千四百萬元

右合計約四千八百五十萬元

前文所擬中央政費約一萬七千八百餘萬元。合以此數。則共需二萬二三千萬元內外也。前清度支部所提預算原案。歲出三萬七千七百零三萬兩有奇。折算五萬六千五百九十九萬元有奇。即資政院修正案。歲出仍二萬九千八百四十四萬兩有奇。折算四萬四千七百七十二萬元有奇。今茲所擬。以較度支部案。所裁過半。即以較資政院案。所裁亦將及半矣。

難者曰。吾子身居局外。奮筆塗肊。即裁減之數。更過於此。亦有何難。但問事實上能否施行無礙耳。若其不能。斯

亦無責任之言也。答曰。吾平生不敢輕爲讕言。今茲所論。計之尤審也。夫公債費海關費及優待清室費三項。在事實上殆爲既定歲出。增減之議。固無所容喙矣。此外則最大宗者爲軍事費。試問吾所擬二十師團之議。果已足數防守否耶。若云未也。則其理由安在。得毋欲於最近之將來。欲與强鄰開戰乎。自非喪心病狂。當不出此。既不爾。則目的惟在對內耳。曏昔清室。欲防家賊。多兵或非得已。然而其效既可睹矣。今五族共和。耦俱無猜。用兵對內一語。苟有出諸口者。在法當科叛逆之罪。夫豈無莠民。爲治安梗。然有警察以稽之。有法律以臨之。安取佳兵。若慮有萑苻之聚。潢池之弄。則有二十師團。選勝扼守。斯亦足矣。夫吾之所以主張置二十師團。徒爲此也。而不然者。在眞正完全之共和國。本宜不置一兵。彼美國自建國迄今。曾無一人之常備兵。惟有極少之國民義勇隊耳。此前事之師也。吾以爲今之中國。若中央政府而有昌言二十師團爲不足者。必其人欲爲屋大維。拿破侖陰謀帝制也。各省都督而有昌言二十師團爲不足者。必其人欲爲安祿山吳元濟。擁兵自重。希圖獨立。破壞統一也。有一於此。固宜與天下共誅之矣。然則二十師團之說。殆可成定義。次所當論者。則每師團需費幾何也。日本需百萬。吾所擬者。既半倍之爲百五十萬矣。吾雖絕無軍事智識。然固曾略質諸有識者。所擬此數。咸許爲不謬。則以三千萬元養二十師團。其非無責任之言。亦既明。復次則宣統預算京師官署費將及一萬萬兩。吾乃減爲一千萬元。僅得十五分之一。駭人聽聞。應莫此爲甚。然前文所舉原案之滿洲鑲黃旗以下四十項。別編入軍事費中以清眉目。無所容攻難之餘地也。次所舉原案之軍機處以下三十四項。大率與共和政體不相容。或現在已經裁撤。或將來必須裁撤。亦無所容攻難之餘地也。夫此則既已明省去一千五百八十餘萬矣。難吾說者。得毋謂此等官署仍當存留耶。苟非狂悖。安得此言。官署既廢。政費自當消滅。更何待辨。然則中央公署之當存置者。惟總統府也國會兩院也國務院及其各部也。審計院也。平政院也。大理院及京師審判廳檢察廳也。巡警廳也。如斯而已。法院及警署其經費既別計。專論前五項。美國總統府費三十餘萬者我給五十萬。尚得云少乎。國會兩院費視日本又得云少乎。若云下院議員須加多。亦不過增數十萬已耳。於吾所擬案之大體不足爲輕重也。審計平政兩院共支五十萬。亦實已有多無少矣。所最當討論者。則爲國務院各部之政費問題。日本九部。需三百萬。我設八部。擬支三百五十萬。似亦非厲官吏諸公矣。吾主張裁海軍農林二部說既詳前實無可駁即以爲不可撤則亦至多增數十萬元耳而在晚清時代則此項之支出。殆將八千萬兩也。欲明吾說可行與否。則第一須問一部之事。究須官吏若干員然後能了。第二須問官吏薪俸。當以若干爲適宜限度。今未暇逐一爲具體的評量也。惟日本以若干人能辦一部之事。成效卓著。若彼今謂我必須加增人員數倍或數十倍。此有何說。日本某級官吏受若干薪俸卽能從公者。今謂我所受必須加增於彼數倍或數十倍。此又何說。晚清時代一部之大小官吏。動千數百員。其每員所領薪俸。多者月數千。次者數百。最少亦百數十。綜全國膏血而以無量數無業游民聚而咕嘬之。此革命所由起也。所爲革命者革此而已。命既革而此種現象不革。則革命何爲。革去一羣無業游民。而復由他羣之無業游民照數以承其乏。則必釀第二次革命而已。若是乎則革命將無已時。故今日肇造新政府。其第一義在使署無濫缺。缺無濫員。員無濫俸。日本所需之數。而我比附之以爲標準。雖不中不遠也。各省亦然。紛紛增設各司使各道。多立名目曰某局某所。而於其中置督辦總辦幇辦坐辦提調稽核科長科員等等。凡以養高等無業游民已耳。有彼等未嘗見其辦一事。則無彼等而事不加廢。至易見也。故所謂各省行政費者。雖裁減泰半。不爲過也。其他若駐紮各國之外交費。中央及各省內務行政費。教育行政費。司法費等。則吾對於原案非惟未嘗議減。或反議增矣。若夫財務行政費交通行政費兩項。則叢弊最深。而吾所核減亦最鉅。財務行政項下。所核減者。大率因擬廢某種惡稅。而衣食於此惡稅之人員隨之俱廢也。交通行政費項下。其核減之部分。則皆比例數年前之支出以爲標準者也。自餘各項。爲數非鉅。不俟深論矣。由此觀之。則吾所言果爲書生迂論否耶。果爲無責任之虛搆說否耶。有識者當能辨之。財政學家論政費支出之當否。懸三種標準以爲衡。一曰以國家職務最狹之範圍爲標準。二曰以各種職務必要及有益之程度爲標準三曰以辦理此種職務所需最少之勞費爲標準。其第三項。即所謂「生計主義」以最少之勞費得最大之效果也。故財政上浪費與非浪費之區別。常立四原則以繩之。一曰有勞費無效果者則爲浪費。二曰可以無須爾許勞費而能得同樣之效果或更良之效果者。則其額外所用皆爲浪費。三曰將以求大效果之勞費而用以易小效果則爲浪費。四曰當用此勞費時。預計可以得若干之效果。而後此乃反於其所期。或絕無效果。或雖有而不逮預計遠甚者。則其所用皆爲浪費。（參觀拙著節省政費問題篇）而持此標準以繩我國現行之政費。則雖謂歲出全部悉爲浪費焉可也。國家設官之原則。以人奉職也。而今也則以職豢人。故國家本可以不辦此事。因有人欲辦以自豢斯辦之矣。辦此事本一機關而已足。因欲借以自豢之人太多。則分之爲數機關矣。一機關本以若干員當之而已足。而待豢之人不能徧。則多爲其員額矣。辦某事本應發若干薪俸而已足。而待豢者不滿其欲。則加發倍蓰什伯矣。當某種機關之人。例應有某種學識閱歷。乃爲合格。而因待豢之人並無此種學識閱歷。則舉此格而豁除之矣。是故國家所踐職務之範圍甚狹。凡國家必應舉之職務。闕而不舉者不知凡幾。而勞費則已無藝。而效果乃不一見。質言之。則凡財政所支出者。其什之八九。則有勞費而無效果者也。所餘一二。亦以最大之勞費得最小之效果者也。故曰歲出全部悉爲浪費也。彼晚淸之政治現象。豈非如是耶。彼宣統預算案所列各政費。何一非此類耶。夫浪費之必當節。蓋天下之公理矣。若以嚴格繩之。則宣統預算全案。其可以承認之政費。能否及一萬萬。吾猶不敢言。今節留二萬萬餘。吾之恕度蓋已多耳。而或者疑今世諸國。其幅員戶口不逮我什一者。其政費皆數倍於二萬萬。蓋非是則國家政務不能舉也。吾但詰之曰。晚清固支出政費三萬萬兩餘矣。國家政務遂緣此能舉否。就令更倍蓰於三萬萬兩。國家政務又緣此能舉否。今雖已丕變為民國乎。然使由晚清之道。無變晚清之俗。則就令全蹈襲晚清預算案。或更增支倍蓰焉。而國家政務。又緣此能舉否。等是不能舉。則裁減與不裁減。其無益於國家無益於國民均耳。而裁減之。則國家與國民之受其害者較少矣。故曰治標也。若語於治本。則應增之政費。又何啻倍蓰此數。特非所以語於今之從政者耳。

吾所擬節省之案。於國家現行政務。絕無妨害。既具如前論。然則在理斷不至不能施行。雖然。其不能施行之原因有一焉。則無量數高等無業游民之張口待豢者。無術以廓清之。雖有聖智。無能為也。夫當晚清時代。曷嘗不日日言整理財政者。然無如此無業游民何。故愈整理而愈得其反。吾疇昔亦嘗嘵嘵言之。既乃知其不可而噤焉退矣。然則今日曷為復有言。吾聞之於人曰。今政體既共和矣。凡奉職於國家者。皆為國民公僕。為盡義務而來。非為爭權利而來也。信如是也。則此種無恥之無業游民。當不復見容於政界。信如是也。則政界中人皆日以國家利害為念。凡於國家有害無益之政費。皆當樂為國家省之。其財政當局之人。尤必富於財政上之學識。且有擔當整理財政之魄力。其認為當節之費。諒必能毅然節之。而無所顧忌。且亦不必復顧忌。惟然。故吾敢有言也。而不然者。則吾言之不可行。猶之晚清時也。吾始終皆書生之見而已。夫去一晚清。得一晚清。在高等無業游民安適而不可。不識國家能容幾許晚清之荼毒耳。嗚呼。吾終望新共和國之政府之國民不爾爾也。

下篇　論歲入

宣統預算原案歲入之部如下。

項目	度支部提出案（兩）	資政院修正案（兩）
田賦	四八、一〇一、三四六・二七三	四九、六六九、八五八・二七三
鹽茶課稅	四六、三一二、三五五・〇二二	四七、六二一、九二〇・二五五
關稅	四二、一三九、二八七・九三一	四二、一三九、二八七・九三一
正雜各稅	二六、一六三、八四二・一七七	二六、一六三、八四二・一七七
釐捐	四三、一八七、九〇七・〇九九	四四、一七六、五四一・四六六
官業收入	四六、六〇〇、八九九・七五三	四七、二二八、〇三六・四一〇
捐輸各款	五、六五二、三三三・一一七	五、六五二、三三三・一一七
雜收入	三五、二四四、七五〇・六五〇	三五、六九八、四七七・二四八
公債	三、五六〇、〇〇〇・〇〇〇	三、五六〇、〇〇〇・〇〇〇

右度支部原案報告二萬九千六百九十六萬二千七百二十二兩零二分二釐。折算新幣約合四萬四千五百

四十四萬三千元有奇。資政院修正案定爲三萬零一百九十一萬零二百九十六兩八錢七分七釐。折算新幣約合四萬五千六百八十六萬五千元有奇。兩者相差蓋不甚遠。姑以資政院案爲據。

夫此數之不足徵信。盡人所同知也。度支部何所據。據督撫之報告耳。督撫何所據。據廳州縣及局所之報告耳。廳州縣及各局所既隱匿一部分以報省。省復隱匿一部分以報部。然則部提之案。能否得其什之六七。蓋不可知。卽資政院所增。亦不過逆揣其必有隱匿。姑就各款略爲請益。亦非經實地調查。確知其僅有此數也。是故誠能核綜名實。卽照向來稅目稅率。毫不更革。而歲入已可視原案什增三四。殆意中事也。今卽不必語於是。而照前文所論列。歲出僅需二萬二三千萬元而已足者。而歲入除隱匿不報外。仍有四萬四五千萬元。則盈餘不已及倍乎。由是可知中國之財政。確非歲入觳薄之爲患。而實歲出浮濫之爲患。前清所以蹙蹙患貧者。皆由歲出遞增無蓺。合舉國無業游民。咸思染指於國庫。雖歲入十倍此數。亦豈能養彼輩之欲。而給彼輩之求。拔本塞源。萬事斯理。而不然者。日求加增歲入。愈適以餓莩吾民。而乾臘吾國耳。豈惟晚清。今亦猶是也。

唐氏報告言軍興以來。緣免糧免捐及商業衰頹之結果。歲入減少五千萬兩。彼唐氏固未嘗經切實之調查。得切實之統計也。姑以意度之。信口言之耳。其實釐捐各項。南方各省。仍多照常徵收。或改別種名目徵收。之所減疑當有限。參議院湯君化龍等質問政府書。假定爲減二千萬。雖與唐熊說同無確據。然按諸情理。似較彼說差近是。今卽採此說。假定爲減二千萬兩。折算三千萬元。則本年歲入尙有四萬二千六百餘萬元也。

夫苟前清稅目。一切存而不革。則歲入之數。略如前述。然釐金常關稅兩項。病民實甚。在義固當毅然裁之。果爾。則常關稅裁六百九十九萬兩餘。釐金裁四千三百十八萬兩餘。共裁去五千零三十四萬兩餘。折算去七千五百四五十萬元。餘尚有三萬五千餘萬元。以校前文之假定歲出所盈。仍多也。

夫免釐加稅。爲辛丑和約上相互之權利義務。我苟能實行免釐。且撤常關。則要各國以踐加稅之諾。慮未或不吾應也。而由前此之值百抽七五。變爲值百抽十二五。則所增收者已足以抵釐金常關之大部分矣。查宣統二年海關稅所入三千五百五十七萬一千八百七十九兩。（該預算案所列者宣統元年之數耳然元年實收入三五五三九九一七兩該預算案則報爲三五一三九九一七兩少報四十萬兩不知筆誤耶抑有意隱欺也關稅有自然增收之性質我國十年來亦同此現象故今年收入總應比宣統元年爲多也）若能值百抽十二五。就令貿易額不增於舊。已可得五千九百二十八萬六千四百六十五兩。視前增二千三百七十萬兩有奇。以抵釐金常關兩項。則所損者僅二千六百七十餘萬兩耳。

歲入加增之最有望者。則官業是也。官業以鐵路爲大宗。近世各國政府。恃此爲莫大財源。甚至有以鐵路贏利占全歲入三分之一者。其豐可想矣。該預算案報官業收入四千六百六十餘萬兩。其中隱匿幾何。非經澈查。未由武斷。但據京奉京漢兩路過去成績比附之。京奉於光緒三十一年。每里平均獲純利五千六百五十三元。三十二年。每里平均獲純利三千三百七十五元。三十三年。每里平均獲純利二千六百四十元。三年之間。銳減若此其鉅。京漢於光緒三十二年。每里平均獲純利二千〇八十八元。三十三年。每里平均獲純利二千五百八十元。雖有遞增。而比諸京奉初年。相去遠矣。苟能稍加綜核整飭。則歲增一二千萬。實意中事耳。（我國鐵路進款非徒作弊孔多報銷不實而已且緣開車太少脚價太昂以及種種設備不完招待不周致使營業不能發達歲收末由豐增今但能改良則所入倍蓰於前當非難也）茲事視整頓他種租稅。不較易爲力耶。

郵政電報兩項。雖非以年利爲宗旨。然苟辦理得宜。則收入亦不期而自增也。

鹽課若稍加整頓。當可增收千萬內外。此則國中識者多能言之。今不細論。

新稅目可以增設者雖多。今但治標。不必侈語於此。若求其最簡便而易辦者。則日本現行之通行稅可采也。此但委諸輪船公司鐵路局耳。國家不必別設官以司之。財務行政費不增。而每歲所入。最少當可得五百萬元也。

今依此規畫。則可得歲入之數略如下。

田賦	七千二百十五萬元餘（照原案折算）
鹽課	八千四百四十五萬元餘（照原案假定增收千萬兩）
海關稅	八千八百九十二萬餘（照值百抽十二五伸算加增）
正雜各稅	三千萬元（照原案假定減收六百餘萬兩）
釐捐（擬裁）	
官業收入	九千萬元（照原案假定增收千四百餘萬兩）
捐輸各款（擬裁）	
通行稅	五百萬元（新增）
雜收入	五千二百八十六萬元餘（照原案折算）
公債（未定不計）	

合計四萬二千三百三十八萬元有奇。

若核以前文假定歲出二萬二千餘萬之數。則所盈餘者實將及二萬萬元也。將鹽課海關稅官業收入通行稅四款作爲中央收入。共得二萬六千八百三十餘萬元。除支出外。（假定中央行政費爲一萬八千萬元）尚能盈餘八千八百餘萬元。

將田賦正雜各稅雜收入三項作爲各省收入、共得一萬五千五百餘萬元。除支出外。（假定各省支出爲六千五百萬元）尚能盈餘九千餘萬元。夫既有八千餘萬元之盈餘。以在中央復有九千餘萬元之盈餘。分布於各省則以之供軍事善後及新國建設之用。雖不爲豐。其亦不得謂太嗇矣。

使吾此文所計算不甚謬則雖不借一文外債。而即此消極政策。用以維持現狀。且略從事於進取建設。猶綽綽有餘。夫何至舉國大驚小怪坐愁行歎皇遽失次嗒然絕望如今日耶。推其所以致此之由則政府報告歲計不足二萬六千萬兩實爲蠱惑人心搖動國本之最大惡因。政府當局者既無絲毫財政上之智識。又不肯虛心受敎於人。其於本國財政現狀。既瞢然未有所知。而又不肯殫精竭慮以求其是也。前清一片糊塗爛帳。靦然以之提出議院。欺瞞國民萬國騰笑。不之恤也今號稱新政府矣。號與民更始矣。而依然視此片糊塗爛帳爲神聖。舍此無所建白也。爲之說者曰此外別無可據之資料。而現在又未由著手調查。無論何人只能援引前清預算以爲比附。此不能專爲政府咎也。夫援引比附之不得不爾。吾亦承認之。吾本文固亦援引比附矣。其詳目細數。非經逐條實地調查後不能懸斷者固多。然犖犖大端。則固有目共覩耳。不然。如彼晚清支牀架屋毫無職守之內外官缺盈千累萬。其投身官市瞬息成富家翁者。歲不知其幾百千萬人也。夫此爲財政竭蹶之最大原因。天下孰不知之。即新政府諸人。亦孰不知之。知之而仍以此提出議院欺瞞國民。吾不知其果自居何等。而自視與晚清誤國諸臣相去何如也。或曰。新政府諸人與舊政府諸人本一邱之貉耳。其只知有私人不知有國家一也。其寧願犧牲國家利益以圖肥其身以長其子孫一也。子乃欲責善於彼輩適成其爲無價值之言耳。嗚呼。信如是也。則吾言信無價值也。

或又曰。天下事言之似易。行之實難。就歲出一面言之。論理固可以裁減撙節也。然而京外當局者。各有其所暱愛之人。不能不設法爲位置也。而一歲以來。元勳徧天下。咸索官職以爲酬庸。不能不應也。若是乎則官缺雖數倍於晚清。猶苦不給。歲費亦數倍於晚清。猶苦不給。則無論何人當財政之衝。安從撙節歲出。又誰敢言撙節歲出者。就歲入一面言之。前清所謂二萬九千餘萬兩者。某省外銷若干。解部若干。協鄰若干。沕爲成規。各有的款。今則中央仰給於各省。各省靳之。中央末如何也。各省又仰給於外州縣。外州縣靳之。各省亦無如何也。所謂歲入皆成空數。雖有大財政家在中央。亦何能爲役。吾子不悉此中甘苦。故所言雖善而不適於用也。應之曰。凡言財政。必以有國家有政治爲前提。而財政政策云者。必財政當局之人。立於可以行此政策之地位。具有可以行此政策之能力。然後可與有爲也。若乃號稱一國政府。而號令曾不能出都門一步。全體痲木。臂不從身。指不從臂也。而無術以捄正而營運之。則豈尚得云有政府。豈尚得云有國家。既無政府無國家。則萬事長已矣。豈獨財政哉。至如身受億兆之託。尸具瞻之位。而神敝於私暱。氣怯於强禦。則所謂患得患失之鄙夫。終陷國於亡。而身亦與之俱裂耳。而更有何事足與言者。夫吾之論財政也。無論爲治本策爲治標策。要必以得善良之政府爲前提。要必以得强有力之政府爲前提。如是則吾信吾之所言。必有千慮之一得。如曰不然。則吾始終固書生之見也。

國性篇

國於天地。必有與立。國之所以與立者何。吾無以名之。名之曰國性。國之有性。如人之有性然。人性不同。乃如其面。雖極相近而終不能以相易也。失其本性。斯失其所以爲人矣。惟國亦然。緣性之殊。乃各自爲國以立於大地。苟本無國性者。則自始不能以立國。國性未成熟具足。雖立焉而國不固。立國以後而國性流轉喪失。則國亡矣。能合國性相近之數國。冶一爐而鑄之。脗合無間。以成一大國性。則合羣小國而爲大國也。能以己國之國性加於他國。使與我同化。則滅人國以增益吾國也。國性分裂。則國亦隨以分裂。一地域或一部分之人失其國性。則國家喪其一地域或一部分之人。而國以削焉。地球開闢以來。生人恆河沙數。而以國名傳於史乘者。不過千百。其他或僅成一部落之形焉。或並部落而未能至焉。彼自始無國性以爲之結合也。古代泰西之馬基頓帝國。中世東方之阿曼帝國。蒙古大帝國。皆甫成而旋毀。中世近世之神聖羅馬帝國。日耳曼帝國。皆歷紀而不成。即成亦同虛器。皆國性未成熟具足使然也。匈奴鮮卑金源滿洲。一入中國。即全失其故俗。及紐解鼎遷。無復故墟之可依。國性不足以自樹立也。希臘羅馬。當其盛時。文物甲大地。一旦衰落。則同化於異族。而靡孑遺。波蘭昔霸歐洲。今乃分隸三國。此無他焉。本有至善美之國性。而自摧棄之也。土耳其波斯。雖弱而未遽亡。其國性尚薄足以自守也。德意志積百年之力。乃能合聯邦爲一體。其國性具足之日。即其國家成立之日也。今其所倡大德意志主義。則欲擴大其國性以鯨吸他國也。日本之治臺灣。專采同化主義。如果蠃之負螟蛉。誨以似我似我。將以新國性尅其舊國性也。土耳其本泱泱大國。其國性分裂。於是巴爾幹半島別成數邦矣。由此言之。國性之隆汙消長。洵古今得失之林哉。

國性果何物耶。以何因緣而成。以何因緣而壞耶。如何而爲隆。如何而爲汙耶。國性無具體可指也。亦不知其所自始也。人類共棲於一地域中。緣血統之聯合。羣交之漸劘。共同利害之密切。言語思想之感通。積之不知其幾千百歲也。不知不識。而養成各種無形之信條。深入乎人心。其信條具有大威德。如物理學上之攝力。搏捖全國民而不使離析也。如化學上之化合力。鎔冶全國民使自爲一體而示異於其他也。積之愈久。則其所被者愈廣。而其所篆者愈深。退焉自固壁壘。而無使外力得侵進焉。發揮光大之以加於外。此國性之用也。就其具象的事項言之。具體的不可指具象的略可指則一曰國語。二曰國教。三曰國俗。三者合而國性彷彿可得見矣。

國性可助長而不可創造也。可改良而不可蔑棄也。蓋國性之爲物。必涵濡數百年。而長養於不識不知之間。雖有神聖奇哲。欲懸一理而咄嗟創造之。終不克致。譬猶賁獲雖勇。曾不能自舉其軀也。故所有事者。惟淬厲其良而助長之已耳。國性有竄敗者。有不適時勢者。匡救而改良之宜也。如人性然。變化氣質。剛克柔克。凡自愛自治者固爾也。然戕賊杞柳以爲桮棬。卽中智固知其不可矣。試以國語爲例。今之語非猶夫漢唐之語也。漢唐之語又非猶夫殷周之語也。其間遞嬗遞蛻。漸淘汰其廢淤者。而增益其新需者。務適於一時代傳通思想之用。或自然嬗代。或以人力促而進之。要之常有一公認之原則以爲根據。而此原則必有繼續性。而未嘗中斷。此如人身上所含諸質。雖每旬日必蛻化其舊。而斷無同時全體俱蛻之理。苟有是者。則爲其人就死時矣。國語如是。國教國俗亦然。苟其教義俗尚有與外界不能順應者。非矯正其一部分不能圖存。固也。而在健全之社會。此不順應之一部分常能緣自然淘汰之作用。漸漸蛻滅。不甚假於人力。卽須加力者。亦加力於此一部分耳。決無或夷傷其全體。譬猶治病者。雖用峻削之劑。而必以不伐元氣爲限也。如場師之藝木。雖常翦棄枯枝敗葉。而斷不肯損其根榦。國民之愛重國性。其對於國性增美釋回之道。如是而已。如是而已。

當國性之衰落也。其國人對於本國之典章文物紀綱法度。乃至歷史上傳來之成績。無一不懷疑。無一不輕侮。

甚則無一不厭棄。殆焉少數人耳。繼則瀰漫於國中。及其横流所極。欲求片詞隻義足以維繫全國之人心者而渺不可得。公共信條失墜。箇人對箇人之行爲。箇人對社會之行爲。一切無復標準。雖欲强立標準。而社會制裁力無所復施。馴至共同生活之基礎。日薄弱以卽於消滅。家族失其中心點。不復成家族。市府失其中心點。不復成市府。國家失其中心點。不復成國家。乃至社會一切有形無形之事物。皆失其中心點。不復成社會。國中雖有人億兆。實則億兆之獨夫。偶集於一地域耳。問所以綱維是而團結是者。無有也。故一旦外界之强有力者臨之。則如摧枯拉朽。羣帖伏於其下。古今之亡國者。未或不由是也。昔羅馬大哲錫西羅者。嘗作歌以警其國人曰『前車非遠。希臘所程。猗希臘之花。昔何榮猗。彼昏不知。狎侮老成。猗瀆其明神。薄其典型。猗萬目異色。羣耳無正聲。猗綱絶紐解。人私自營。猗累世之業。黷其沉冥。猗嗟我國人。能勿懲猗。』嗟乎。吾每誦此。而感不絶於余心焉。吾又見乎羅馬末葉不乏錫西羅其人者。而卒不免於亡。吾愈用是惕然懼也。

吾國立國於大地者五千年。其與我並建之國。代謝以盡者。不知幾何族矣。而我乃如魯靈光巋然獨存。其國性之養之久。而積之厚也。其入人之深也。此不待言而解也。且其中又必有至善美。而足以優勝於世界者存也。我先民締造之艱也。其所以恩我子孫者如此。其無極也。今也吾儕爲外界所厭迫。所簸扇。而吾數千年傳來國性之基礎。岌岌乎若將搖落焉。此吾所爲憟然懼也。（君主制非吾國國性吾所謂基礎搖動者不指此次號更別論之）一言蔽之。則全國離心力發動太劇。而向心力幾不足以相維。夫使徒有離力。而無向力。則星系散。地球墜。而世界或幾乎息矣。活火烹泉。超其沸度。益薪不已。勢必盡甚爲汽爲氣。而不復有水性者存。吾國今雖未至此乎。而其幾則既著見矣。及今匡救。猶可有爲。過此以往。雖有善者。末如之何矣。國人如以狂夫之言爲可聽也。吾將更端以語吾國性之大本。而商權助長改良之道也。

罪言

風人之旨曰言之者無罪。聞之者足以戒。而孔子作春秋則曰。知我者其惟春秋。罪我者其惟春秋。孔子之旨與詩人有以異乎。風詩之作。皆當西京世變未亟也。故其旨婉。其辭微。繫人心於勿儆而已。洎乎小雅道廢。四夷交侵而中國微。於是仁人君子之用心。益危苦迫切。其立言益徑遂而不暇擇。十月之交雨無正諸什。哀激爲何如哉。彼蓋欲手援天下而不可得。乃不惜以身嬰天下之網。以求天下之一寤。言出而罪隨之。固其所也。明乎此則孔子於迹熄詩亡之後而作春秋。其以此自罪。意可識矣。唐杜牧竊取斯義爲罪言。天下後世罪杜氏與否不可知。而杜氏固不辭罪也。吾今欲有言。吾自以爲庸言也。吾知世必有罪之者。乃襲杜氏之名名焉。情切而語重。隨感所至。故不詮次也。

罪言一　名實

無其實而尸其名。君子曰不祥。而狂愚騖焉。天下騖名之民。則未有過今之中國者也。英人以守舊聞天下。我亦以守舊聞天下。彼舊其名而新其實。我舊其實而新其名。今英之王。非猶乎昔之王也。然固名曰王。其卡邊匿。內閣非猶乎昔之卡邊匿也。然固名曰卡邊匿。其巴力門國會非猶乎昔之巴力門也。然固名曰巴力門。乃至一切法制禮俗。實質日日蛻變。轉瞬陳迹。而千百年前之名。抱守勿棄也。我則反是。實莫或察。而惟名之齗齗。鈎是人也。名曰鹽嫫。相望卻走。易名嬙施。則嘖嘖共道其美也。廄無馬。指鹿錫以馬名。則相慶曰吾有馬矣。忽焉榜於國門曰立憲國。遂爲立憲國。民遂爲立憲國民也。忽焉榜於國門曰共和國。遂爲共和國。民又遂爲共和國民也。門以內勿問也。而日以所榜自豪人所有者。我勿容無有也。有責任內閣乎。曰有有國會乎。曰有有政黨乎。曰有有獨立法庭乎。曰有。有自治團體乎。曰有有學校乎。曰有有公司乎。曰有有能參政之女子乎。曰有有能征討之軍士乎。曰有。乃至有曠世間出之偉人乎。曰有。有朝弗善也易以府。諭弗善也易以令。軍機處弗善也易以祕書廳。內閣弗善也易以國務院。尙侍弗善也易以總次長。督撫弗善也易以都督。鎮協弗善也易以師旅。爵秩弗善也易以勳位。大人老爺弗善也易以先生。他人積百數十年而僅致者。或更積百數十年而猶懼未致者。我一旦而盡有之。疇昔共指爲萬惡之藪者。一易其稱而萬善歸焉。偃師陳戲。魚龍曼衍。瞿曇說法。樓臺彈指。集事之易。進化之速。殆莫吾京也。狙公賦芧。朝暮四三。名實未虧。喜怒爲用。我不喜怒於實而喜怒於名。其智抑加狙一等矣。久假弗歸。安知非有。名不足以欺天下。固可聊以自娛。雖然。啖名不飽。殉名自賊。及並其名而墮焉。則實落材亡。固已久矣。嗚呼。

罪言二　鼎革

易曰。革去故也。鼎取新也。曩者朝代嬗易。取義於斯。字曰鼎革。是故當一姓之初興也。自其典章制度人物以至禮教習俗。皆豁然昭蘇。而有以新天下之觀聽。以校前代之末流。犖乎若有鴻溝以爲之界也。無以名之。名之曰開國氣象。此氣象非可襲而取。非可僞而飾也。詩曰。鼓鐘于宮。聲聞于外。苟其有之。雖蓋必章。苟其無之。雖矯弗類。今也革數千年帝政之舊。超躍以進於共和。其視前代一姓興亡。則工力之相越。不可同年而語也。宜若氣象磅礴萬千。上鼚鼓而下軒舞。內有以自樹。而外則起人之敬也。今匪直不克爾爾。而杌隉愁慘之氣。且倍蓰於清季。舉國儳然。若不可以終日。聞之。有治世者。有衰世者。有亂世者。經亂之後。可進於治。而積衰之餘。必受以亂。今日國中氣象。直衰世之氣象而已。校名則度越盛明。責實乃等夷叔季。此何故耶。夫一代之末葉。其上必有憸壬鄙佞之吏。布滿中外。竊魁柄而敗綱紀。其下則有桀黠凶戾之民。盈溢草澤。愍不畏死而圖一逞也。及夫大命既傾。九宇鼎沸。所謂憸壬鄙佞竊魁柄而敗綱紀者。城圮狐奔。社焚鼠盡。壹不復能自存於天壤。而其下桀黠凶戾之輩。爲眞人作驅除難者。不及數稔。則草薙禽獮以罄。彼兩種人者。皆國之蠹而亂之媒。前朝所以敗亡。坐彼而已。既更喪亂。則淘汰而無復餘。若迅霆一擊。陰霾豁開。魔妖匿形。詄蕩蕩然啓天門而睹天日也。詩曰。去其螟螣。及其蟊賊。毋害我田。秉畀炎火。朝列鄙夫。則螟螣也。草澤莠民。則蟊賊也。投畀既盡。而治象之清明乃可幾矣。所謂開國氣象者。凡恃此也。清運之將終也。其憸壬鄙佞之吏布滿中外。無以異於前代也。其桀黠凶戾之民闐溢草澤。無以異於前代也。光宣之交。岌岌累卵。中智以下。靡不審其崩離。譬諸病癰。非決而潰之。滌其蘊毒。終不可治。此革命之義。所以浸灌人心。一夫發難。而應者如響。此其軌迹。與前代所經者。舉無以異也。乃獨所異者。歌風方思猛士。和事已見老人。舊君法堯禪之庥上。相慕曹隨之美。兩軍馳於冠蓋。百日息於烽煙。塗炭之禍方懸。歌舞之聲旋作。遂使袞袞盈廷。易代尚稱元老。塵塵伏莽。攀龍盡化侯王。彼夫險壬鄙佞竊魁柄而敗綱紀以陷前清於亡滅者。其泰半皆已共天祿以長子孫。其暫遭廢棄者。亦戢戢然若敗筍之思茁也。其桀黠凶戾愍不畏死以圖一逞者。至竟未得死所。遂乃有生之樂。無死之心。不旋踵而以富貴驕人。夫萃一國之螟螣蟊賊前代所驅除淘汰然後以致治者。今則居要津竊大名而繫國家之命焉。舉國側目而莫敢誹也。此而可以去亂即治。橫盡虛空。豎盡萬刧。未之或聞。譬治癰者。操刀一割。謂將以鉅痛易危命。乃創口甫破。不數日而復封合之。積年蘊毒。

未一掃滌。而外來蟲腐新入焉者無算。舊毒新毒相倚相養。膿血日充。元氣日斲。欲求毋死。胡可得也。然則今日欲拯國難而新國命。其道何由。賈生有言。髖髀之所。釋斤斧而嬰以芒刃。不折則缺。夫前代鼎革所經之軌迹。在今日有可逃避者。有不可逃避者。中國而眞能鼎革。則去亂卽治。其或猶有日也。

罪言二　才難

才難之歎。孔子猶病。謂生才之難耶。謂成才之難耶。謂見才之難耶。徵諸前史。平世才恆少。亂世才恆多。一姓之興。必其在大亂後也。故才集焉。而世以治。治久而衰。衰極而亂。若循環然。夫平世何以乏才。平世百事納於定軌。不必待異才而理也。故庸人尸焉而可以卽安。庸庸相續。亂兆日釀。及亂之起。則不才者若吹隕籜。不能自存矣。然應亂而出者。非必人人皆才也。卽才矣。又非必生而才也。才之爲物。由於天授者半。由於自成者半。雖有絕特之資。不試以事。歷以險艱。則無自磨練以成才器。前代之由亂而治也。亂之初期。則盡汰勝朝之不才者。其次期。則發難之不才者汰焉。迨末期而不見汰者。其人之天賦既必有以異於恆矣。而中間飽經百故。軍事民事。一一皆積無數經驗。歷小試而後受大任。故新朝之建設。得舉而措之也。辛亥革命之役。易數千年之帝制以共和。其造端之宏大。非一姓興亡所能擬也。宜若人才之偉且多。亦與其事業之聲光同一比例。然而乃適得其反。歷校前史乏才之患。未有甚於今者也。豈天之生才獨有所靳哉。社會實賊才。而才者亦自賊也。夫起徒步。辭草澤。不及旬日而或則建極撫兆衆。或受斗大上將印。統百萬師。或擁秉圻。開府作牧。或入上都。拜冢宰卿貳。其攀龍附鳳者。猶率偏師鎭一方。或作監司參專政。最下亦爲郡國二千石。雖生知之聖。猶將以舉鼎絕臏爲懼。而天下之人舉曰此人才也以撥亂反正之業責望之其人亦曰吾人才也而以撥亂反正之業自命如之何其不殆夫所謂崛起之新人才既若是矣其勝朝舊吏昔固以不才亡人國者也然以之與崛起之新才校則率屬治事守法輯民其底績或且過之彼輩既共稱曰才則此輩亦安得不曰才於是乎才滿天下而天下乃終陷溺矣使鼎革之業而稍受之以險艱則巧於趨避者無中立豹變之餘地其不淘汰以去者必其堅決而能自樹立者也其崛起奮鬭者亦必犯難致命稍脆弱暴慢則不足以自存其集大勳享大名者必其經數年或十數年之閱歷躁平矜釋而明習於事皆幹楝之材也已而今則反是故雖有才而不能成雖有才而不能見也嗚呼天非更試中國以險艱則中國之才將從茲已矣乎則中國之國亦將從茲已矣乎

罪言四　獎惡

記曰禮釋回增美德太史公書曰將順其美匡救其惡故上下能相親也斯義也一人之自淑其身者宜由是君臣父子兄弟朋友間所以相淑者宜由是國家之所以淑其民亦舍是末由也無論何國之國民性莫不各有其天賦之優點焉亦莫不各有其天賦之弱點焉所貴乎有國家者國家之施政常務利用國民性之優點而善導之使之繼長增高其弱點則以漸矯正而滌蕩焉此如圃人之蕃息駷牝場師之樹藝甘木取其種性之善良一部分專保育而發達之其楛窳之一部分則壓勿使發或排而去之使之日遷善而不自知近世進化論所謂人爲淘汰之作用是也此作用最顯著者爲敎育政策然非僅恃狹義之敎育而已凡一切政治及從政者之公私言論行動在在皆生莫大之影響莊生曰其作始也簡其將畢也必鉅愛國之政治家知乎政術之直接間接關

係於國俗者如此其重也。又知乎國俗之臧否。爲國命存亡之所攸決也。故自始於擇術焉愼之。野心之政治家不然。恆務利用國民性之弱點。以成一己之功名。而其操術之種類。又緣其所處之地位而各有異。其一則煽動派之野心家利用國民之易馳騖於感情也。則挑撥以激發之。利用國民不能別辨事物之眞相也。則謠諑以搆扇之。利用國民之羌無實而好自大也。則造爲夸誕之詞以自矜耀。以譁世而駭庸衆也。利用國民之惡秩序而樂恣肆也。則躬爲無賴之行以倡導之。以自廣其聲氣。利用國民之畏事而憚强禦也。則以恫喝行襲取以威偪行裹脅也。若此者。苟其見機敏而操技神。則可以毆天下之人由靜而之動。天下動而野心家受其利焉。其一則操縱派之野心家利用國民之好虛榮也。則設好爵以縻之。利用國民之嗜貨利也。則懸重賄以啗之。操此二具。而天下英雄不入彀中者。則既寡矣。亦既入焉。則雞蟲得失間。別有天地。營營焉足以了其一生。而上指天下畫地之態。不期而息也。其有一二所索太奢無以爲償者。則先以此術剪其爪牙心腹。剪之略盡。而彼遂無所爲也。其有狷介自好之士。非斯二物所可羅而致者。則其人蓋爲不適於此時勢之人。可以置諸劣敗之數而莫之顧矣。然猶能利用其畏禍亂貪安佚之性。使之無形中助我張目也。又知夫幼稚之民之恆性。客氣易癟而惰力易生也。則少遼緩之而利用焉。可以毋勞費而睹豐穫也。若此者。苟其見機敏而操技神。則可以毆天下之人由動而之靜。天下靜而野心家受其利焉。歷覽中外古今史乘。其魁傑之所以御天下者。不出此二術。其朋比以爲黨也。則必於斯二術者。或取其一。或兼其二。然後足以號召而盛大也。夫久靜則政象凝滯而不進。動之宜也。然供野心家之利用而動。則動焉而於政象之革新無與。非直不能革新。重以棼亂而已。久動則政象蜩唐而無紀。靜之宜也。然供野心家之利用而靜。則靜焉而於政象之改進無與。非直不能改進。重以腐敗而已。野心家之舉措。

其直接影響於政象者則既若是然彼其操術既以利用國民弱點爲成功祕訣其結果能作全國人之弱點日益發達而優點乃至斲喪以盡牿之反覆並幾希亦不能自存國民品格墮落達於極度而國遂淪胥以敗中外古今之亡國者未或不由斯道也昔人詩曰一將功成萬骨枯庸詎知一野心政治家功成而國中人之心死者乃千萬輩而未有已也骨枯猶可心死奈何今者論世之士莫不歎息痛恨於世道人心之敗壞自吾之歸國每與人坐論未嘗不聞此言也而痛歎敗壞之人實卽爲敗壞之一分子雖有狂狷之士亦幾於餔糟啜醨而不復能以自振也此豈天之降才獨殊薄於今日須知政治之爲物其在一國中實有不可抗力在惡政治之下而欲良社會之出現其道無由而運用政治者實不外政府與政黨少數之人士則試問今之政府今之政黨其所操之行舍利用國民弱點外更有何事質而言之則獎惡而已民之爲性也從善如登也從惡如崩也欲保育其優點動期成於百年欲逐長其弱點可暴露於一旦詩曰毋敎猱升木如塗塗附記曰草上之風必偃今也一國中居高明之地者日以獎惡相競而畸處巖穴之士乃欲以坐譚仁義救之譬猶河濱之人捧土以塞孟津雖胼胝焉其安有濟嗚呼當世所謂政治家者而不改此度吾儕惟懸眼以睹陸沈已耳

憲法之三大精神

憲法問題敍

昔盧梭著民約論實爲近世共和政治所自出然其心目中所謂最完全優美之共和國則以民數二萬內外

爲標準。蓋遠徵希臘羅馬。近徵瑞士。而因以斷言共和政體之運用。與廣土衆民之國不相適。凡持論者每根於所習。亦人之恆情哉。盧氏之歿不二十稔。而美法兩大共和國迭興於新舊大陸。論者既稍稍疑盧言之爲過矣。然美由聯邦而成合衆國之基礎在諸州。州之基礎在諸市。諸州諸市本爲具體而微之一國。合羣小以成一大。爲道至順。與盧氏所標原則本相印也。法則紛擾亙數十年。中間政體屢易。今雖大定。而國威不逮其舊。即其民權之伸。亦遠下於美。瑞於是復有疑盧氏之論雖破而未盡破者。夫禮尊大同。易占无首。共和政體。本言政者之極軌。懸理想以測方來。舉天下萬國。宜無不以共和爲民權之究竟。而今後世界大勢所趨。非大國又不足以競存。使共和政體而不能適用於大國。則盧氏之志不其荒耶。我國爲世界最古之一大國。民衆冠於大地。今也由數千年之專制。一蹴以躋於共和。其銳進之氣。固已震駭天下之觀聽。共和宣布亙一年。政象不加善。而泯棼反遠過於其舊。於是國中憂深思遠之士。漸有疑共和之不吾適者。而外人旁觀擬議。方且目笑存之。謂共和之在我國。不過一時幻象。曾無根柢之可以樹立而持久。此等語吾聞之蓋熟也。叩其論據。則謂人民程度幼稚。不能運用共和政體。此其一也。謂國土寥廓。不宜於共和之組織。此又其一也。由前之說。則謂我國目前不能共和也。由後之說。則謂我國永遠不能共和也。夫共和是否可行於中國。此自憑各人主觀的之自由判斷。無爲嘵嘵論辯。顧所最當問者。(一)今日中國舍共和外。是否更有容他種國體發生之餘地。(二)若強欲發生他種國體。其危險之影響於國家者何如。(三)發生他種國體。當無外君主立憲。而君憲之與共和。是否有不可踰之鴻溝。以爲之別。以不能運用共和制之人民。是否尚能運用君憲制。以不能布設共和制之國土。是否尚能布設君憲制。(四)在共和國體之下。其政體是否亦有容選擇之餘地。(五)以人民程度幼稚之國而行用共和制。是否絕對的無法以增進其程度。以上諸問題。誠不易下圓滿之解決。然若使終無道以解決之。則國家前途。又豈堪復問。以吾平昔之所信。總以爲國體與政體絕不相蒙。而政象之能否止於至善。其樞機則恆在政體而不在國體。無論在何種國體之下。皆可以從事於政體之選擇。國體爲簡單的具象。政體則爲複雜的抽象。故國體只有兩極端。凡國必麗於其一。政體其參伍錯綜。千差萬別。各國雖相倣。而終不能盡從同也。而形式標毫釐之異。即精神生千里之殊。善謀國者。外揆時勢。內審國情。而求建設一與己國現時最適之政體。所謂不朽之盛業。於是乎在矣。若此者。筦其樞植其基。其惟憲法乎。夫以廣土衆民之國。而欲行完全之立憲政體。非獨共和國體以爲艱也。即君主國體亦固不易。蓋並世中若英日奧意等之君主立黨國。若法葡瑞等之共和立憲國。其幅員人口皆不過比我十之一。或遠不逮我十之一。若美若德。則由聯邦而成。非單一國所能效。若俄則立憲政治能成與否。固與我同在試驗中耳。徵諸古代。則羅馬以共和立國既數百年。及境土日恢。乃不得不變爲帝政。於是治國聞者。幾以治大國必用專制爲一公認之原則。信如是也。則中國其將以專制終矣。夫專制之不能生存於今日。又豈待問。若中國終不能向專制政體以外討生活。則國尙有自存之道耶。故我國此次新政體之建設。若克底於成。則豈惟一新國命而已。且將永爲世界模範。何也。大共和國大立憲國試驗成功與否。實將於我國焉決之也。夫爲政在人。而法非人莫麗。但謂得一完善之憲法。而國本遂可植於不敝。誠不免太早計。雖然。法治之義。既爲今世所莫能易。雖有治人。固不可以忽於治法。即治人未具。而得良治法以相維繫。則汚暴有所閑。而不能自恣。賢智有所藉。而徐展其長。故憲法條文與政治習慣。定相引而相成。然則居今日而研析學理。斟酌國情。以求制定一可爲世界模範之大共和國憲法。豈非我國民第一天職乎哉。啓超末學譾識。何足以語於是。然聞之。愚者千慮。必有一得。又曰。狂夫之言。明哲擇焉。竊不敢自棄。而欲舉所懷以相商榷也。元年除夕著者識。

天下事利與害常相麗。欲盡其利而害且隨焉。欲去其害而利或緣此不復可見。故擇善之明。與用中之適。聖者以爲難。百事皆然。而立法爲甚。今世之言政者有三事焉。常衝突而苦於調和。各國皆然。我國爲甚。他日制憲者能擇善而用中。則新憲法其可以有譽於天下矣。

第一　國權與民權調和

第二　立法權與行政權調和

第三　中央權與地方權調和

何謂國權與民權調和。歐洲當十五六世紀。國家主義萌芽滋長。六七强國。以興焉。時則謂民之生。凡以爲國耳。臨之以國民。且不得自有其躬。他更何論。其敝也。國之視民。若無機體搆造之原料。民觳而國瘁。於是有十八世紀末之革命。蜩唐沸羹。垂百年。革命前後。國家主義屏息。個人主義代興。時則謂國之建。凡以爲民耳。甚至謂國家本有害之物。不得已而姑存之。（英人邊沁之言）其敝也。則民之視國若身外之裝飾品。國不競而民亦見陵。逮輓近而反動又生焉。以彼美國夙稱個人主義之根據地。而今之識者。乃日以新國家主義呼號於國中。（前大總統盧斯福之言）此間消息可以參矣。國權與民權之消長。其表示於政治現象者。則爲干涉政策與放任政策之辯爭。此雖非盡由憲法所能左右也。然緣憲法所采原則如何。而其演生之結果實至鉅。試舉其例。

其一則普通立法權之廣狹。　彼英國爲不文憲法之國。改正憲法與制定普通法律同一形式者。無論矣。若在其他成文憲法之國。則普通立法權廣者。國權易以恢。而民權之保障較弱。普通立法權狹者。民權易以申。而國權之運用較難。普通立法權何以有廣狹。則憲法所保留者之餘是已。其在特重民權之國。有以國會立法權所得行之項目。列舉於憲法中者。如美合衆國之憲法是也。是爲消極的限制普通立法權。凡所不列舉之事項。皆憲法所保留之以委諸他機關者也。有取普通事項而入諸憲法中者。如美國各州之憲法多是也。（憲法爲根本法凡非關於國家根本組織者皆宜勿入而美國各州憲法多猥雜並陳甚至有舉理髮匠之工價屠獸之方法亦以憲法規定之者）是爲積極的限制普通立法權。凡所列舉之事項。皆憲法所保留。而不許以尋常立法形式變更之者也。推其所以限制普通立法權之本意。實由人民不信任國家之現設機關。凡事必躬親然後即安。（美國憲法由國民投票乃能改正各州憲法由州民投票乃能改正其立法權爲直接普通法律由代議士議定其立法權爲間接也。）要而論之。則尊個人權利而已。其在特重國權之國。惟立法機關之組織。以憲法規定之。機關既成立。則立法權無巨細悉委焉。而不復以憲法多占其地步。即人民各種自由。亦僅能行於法律範圍之內。是憲法所本已賦予之民權。還由憲法委任諸國家現設機關使得行其限制也。現設機關所得限制者多。則個人之權蹙矣。此兩者差別之大凡也。我國憲法當若何折衷。此宜商榷者一也。

其二則公民投票制之有無及其適用之多寡。　選舉由公民投票。此凡立憲國所同也。吾所云公民投票制。非此之謂。蓋專指法語之「列菲連達謨」Referendum 實一種特別制度。惟少數共和國間行之者也。最通行者莫如瑞士。瑞士之國會。惟有法案起草權。而無完全之立法權。重要之法律。動須經公民投票承認始生效力。蓋瑞士之公民投票。其性質與立憲君主國之君主裁可法律權適相當也。美國則惟改正憲法時用此制。（其各州亦同）法國則惟變更國體時用此制。（兩拿破崙之變民政爲帝政皆利用此制第三次共和成立亦用此制）選舉大總統時。美國用之。法國則否此制之意欲使國家最高權常為國民過半數所握而斷不許少數人間接戶之揆諸共和之本義最為近正然其害與其利常足以相消而事實上可行與否尤視國情之差別以為斷我國憲法之應否采用此宜商權者又一也

其三則官吏采民選主義與否　其在特重民權之國以謂凡官吏皆人民公僕也選用奴僕其權當全在主人故美國每一年市間所選舉之公吏在芝加高其數多至三百三十四人在紐約多至八百三十五人其意殆以為非如是不足以為民權之保障也其在特重國權之國則以謂官吏者國家之公職也國家為自己生存自己發達起見設立種種機關而機關與機關之間當使生臂指聯屬之關係故下級機關之職吏當由上級機關所進退而不許其由他途以單獨發生此二義者固皆持之有故言之成理也我國憲法當何塗之從此宜商權者又一也

此不過舉其大者其他一切條理皆緣夫憲法精神所特重而不能無偏畸而其所生之結果亦因以歧異夫國權民權之不可有所偏畸學者論之已詳無俟喋述也而各國之制憲者恆自審其國情或因本能之所長而發揮之或因積習之所倚而矯正之要不外以損益之宜寓調和之意若我國之損益調和果當以何為鵠乎由一方面觀之我國數千年困於專制人民天賦權利未嘗得確實之保障非采廣漠之民權主義無以新天下之氣且多數國民政治思想方極幼稚欲掖進而普及之莫如多予以直接行使公權之機會則其與國家之關係日密而政治興味亦油然以生此特重民權主義者所持之說也由他方面觀之我國雖號專制然實以放任為政求如歐洲十六七世紀之干涉政治未嘗有也今欲鍛鍊吾民使具足今世國民之資格以競勝於外必先之以

整齊嚴肅之治。然後能爲功。則人民之行使參政權。自不必過其度。且共和伊始。人民多未識公權之可貴。用之太勤。反將生厭。棄權者衆。而民視民聽之實終不可得舉。故不如以廣漠之權限委諸已成之機關。而不必使人民直接躬親其事。此特重國權主義者所持之說也。在昔春秋戰國間。思想號稱全盛。儒家法家實成兩大潮流。以相對峙。而法家以國權爲主。故管子稱國重於君親。儒家以民權爲尊。故孟子稱民貴於社稷。兩說之在當日。固皆救時良藥。蓋以列國並立之故。不能不提倡國權以求競存。以貴族壓制之故。不得不楬櫫民權以求平等。各明一義。而爲道本並行而無悖也。秦漢以後。宇內統一。國權說以無所對待而日就式微。而貴族階級既漸消滅。民權說亦失其射鵠而不甚有力。二千年來政治論之所以日卽於寂寥。皆以此也。夷者歐洲十七八紀時民權說所以大昌之故。實緣彼中前此治者與被治者畫然分爲兩級。其在公權一方面。則政柄常爲少數之治者世世壟斷。而多數之被治者。永無與聞之望。其在私權一方面。則多數被治者之生命財產。常爲少數治者任意蹂躪。而末由得確定之保障。故英國之權利請願。美國法國之人權宣言。其內容關於私權者什而六七。關於公權者不過三四。（公權私權之分學者言人人殊若以各國憲法所列舉之種種自由權皆指爲公權則權利請願人權宣言諸篇亦可謂泰半由規定公權而作也）而於國家之組織法。未多及焉。觀此則民權論之動機及其所趨重。略可察矣。我國二千年來法理上久采四民平等主義。個人私權。比較的尚互見尊重。歐西所流血百年以爭者。夫我則既固有之矣。其在參政權。則白屋公卿。習以爲常。士苟稍自樹立。固無往而不可以得與聞政事之機會。故其於民權說。不如歐西百年前相需之殷。有固然也。自民權說之昌。而歐西政治日以改良。論者輒以此爲民權易於致治之顯證。殊不知政治無絕對之美。政在一人者。遇堯舜則治。遇桀紂則亂。政在民衆者。遇好善之民則治。遇好暴之民則亂。其理正同。若必謂以衆爲政。斯長治久安卽可操劵則天下豈復有亂危之國哉。且極端之民權說其不適用於政治實際者。尙有多端。持此說者動謂政治之目的在爲國民全體謀樂利。然國民全體一語名實決無道以相副。書曰。庶民惟星。星有好風。星有好雨。又曰。夏暑雨。小民惟曰怨咨。冬祁寒。小民亦惟曰怨咨。欲施一政而使國中無匹夫不被其澤。雖神聖有所不能。無論何種善政。其利之所溥。亦不過及於國民一部分而已。而同時必有他部分焉。不蒙樂利而反感苦痛。此事勢之無可逃避者也。持極端民權說者。知此義之不可通也。乃漸變其範圍而曰政治之目的在謀最大多數之最大樂利。近世通行之「多數政治」謂取決於多數以施政也其論據皆在是也。然謂國家一切政治機關。凡以供多數者之利用。而少數者義當爲其犧牲。揆諸情理。云何可通。夫少數階級。往往爲國家之中堅。善謀國者恆特加保護焉。蔑視壓抑之。其去圖治之道亦遠矣。此其說之不完者一也。由此言之。謂多數政治與政治之本來目的適相符合。其說既不可立。然則今世所以競行此種政治之故。不過認此爲可以求得良政治之一種手段而已。管子謂民之爲性。分而聽之則愚。合而聽之則聖。洪範稱三占從二。蓋以謂從衆之治。治道之至善者也。夫各種政制。各有所短。而從衆較爲近正。此義誠無以爲難也。然必謂惟此爲至善之符。則一反詰而且窮於應。語有之。非常之原。黎民懼焉。又曰。凡民可與樂成。難與慮始。自昔善政至道。往往由極少數先覺之士倡道之。而羣衆莫之或喻。相率駭而仇焉。謂從衆必能善治。此百年前歐洲學者所搆之幻想也。及其後累積經驗。而事實恆適得其反。故近世學者。於此種政制。類多失望。就中瑞士之公民投票制。自信爲最軌於正。而近數十年試行之結果。其最完美之法律。得否決者什而六七。彼中政治家深患苦之。謂詢萬民。必獲善治。識者疑其誕矣。此其說之不完者二也。歐洲十七八紀之交。主權在君說與主權在民說交鬨極烈。今則主權在國說出。彼二說皆無以自存矣。雖然。國家爲一法人其意思行爲必假途於其機關乃能實現故主權必有總攬之者其在君主國則總攬者應爲君主其在共和國則總攬者應爲國民此又極端民權論者委政民衆之說所憑藉以成立也然考近世立憲國之原則凡總攬主權者恆不直接躬親以行此權故君主雖有隨意任免官吏之權而不自用也雖有不裁可法律之權而不自用也以彼例此則共和國國民之總攬主權其用之不勤亦當視是必謂如瑞士之法律動經投票如美國之官吏悉由民選如是乃能舉共和之實揆諸事理皆無取焉此其說之不完者三也且民衆政治若果能舉政出民衆之實猶可言也然無論何國多數之民衆往往爲少數之野心家所利用而罕或能眞自保其天職雖以美瑞等國此弊猶且不免而在程度幼稚之國爲尤甚用之失當徒爲豪強專制之所憑藉馴至並多數人之私權亦失所保障此其現象在法國大革命時代見之在中美南美諸國習見之而今日之中國亦正困於此而無所控愬者也夫尊民權謂以保民而結果或至適得其反此其說之不完者四也要而論之極端之民權主義不過百年前歐洲學者一種空想按諸眞理揆之事實其窒礙皆不一而足政治之目的其第一義在謀國家自身之生存發達國家不能離國民而獨存凡國利未有不與民福相麗者也故善謀國者惟當汲汲焉求國權之當遵何道而得鞏固當遵何道而得善其運用而此權之當由何人操之則一國有一國之所適一時代有一時代之所適斷不容刻舟以求膠柱而鼓也我中國今日固儼然共和矣民權之論洋洋盈耳誠不憂其天閼所患者甚囂塵上鈍國權之作用不獲整齊於內競勝於外耳故在今日稍畸重國權主義以濟民權主義之窮此憲法所宜采之精神一也

何謂立法權與行政權調和昔孟德斯鳩倡三權鼎立之義欲使國會之立法權與政府之行政權畫鴻溝而不

相越。此空想耳。國會所應行者不僅立法權。而立法權又不能專屬於國會。徵以各國之經驗。孟說久不攻自破。卽墨守孟說之美國。今亦蒙其名而乖其實矣。國會與政府。其職權旣相倚而相輔。則當行此職權時。恆不免相軋而相猜。此事理所必至也。夫國家所以分設此兩機關。原欲使之互相限制而各全其用。倘運用之結果。致以一機關壓他機關。而被壓者變爲隸屬。則其乖分設之本意明矣。然使兩不被壓。巍然對峙。而此兩機關者日挾敵意以相見。遇事各圖牽制。則國家大計。將全隳於意氣。復何國利民福之能致者。大抵欲舉兩機關調和之實。其根本在養成善良之政治習慣。僅恃紙上法理。無當也。使政黨運用之妙。能如英國。如美國。則憲法無論作何規定。皆無所不可。雖然。憲法之美惡。其影響於將來政治習慣之美惡者。亦至捷且鉅。例如日本憲法。行政部之權過重。致使立憲經二十年。而健全之政黨。卒不可得見。例如法國憲法。立法部之權過重。致使政府交迭頻數。政治家動懷偷安容悅之思。此利害之章明較著者也。且政治苟失於偏宕。結果或反其所期。重行政部之權。本欲使敏於施政而無叢脞也。欲使政府鞏固而無或屢動搖也。然旣曰立憲。則國會權無論若何微弱。要必有不能蔑視者存。而國會與政府對抗之結果。總有一部分之力。能尼政府使不得行其志。其極也。政府必將出於違憲之舉動。而始能自衞。若是則立憲之志荒矣。而政府亦豈能終安於位者。重立法部之權。本欲尊多數之民意也。欲使政府蒙嚴重之監督。而兢兢厲於治也。然或則行政部中人。全由立法部之多數黨出。國會與政府。純爲一氣。國會所謂監督者。盡成虛語。苟政黨之道德不完。則陷於一黨專制之弊。或則政府對於國會。緣畏憚而生佞媚。緣媢嫉而思操縱。全用籠絡離間之術。使議員各自睽渙以入吾彀。而國會亦終成爲政府利用之具。若此者。皆欲重其權而適以輕之。欲尊其職而適以蔑之也。各國所以調和此兩權之法。大率各因國情積經驗以成良習。在不文憲法之國固勿論。即在成文憲法之國。亦往往神其用於法之外。雖然。其所以範之者。則固在法也。

今比次其顯要之具象得數端。

其一　則責任內閣制之有無及其程度之强弱　責任內閣者。內閣對於國會而負責任也。故有責任內閣如英法制者。則政府視國會爲進退。而國會之權重。無責任內閣如美制者。則政府超然獨立於國會之外。而政府之權重。就形式論之。此固似矣。雖然。政治現象。不如此其簡單而易判也。有責任內閣。而內閣實指導國會。則政府之權似輕而實重。無責任內閣。而執政僅奉行國會所議決。則政府之權似重而實輕。英美兩國之比較。其顯證矣。顧同是無責任內閣也。因法文與慣習之殊異。而兩權之輕重生焉。試舉其概。

甲　國務員受任是否須經國會之同意　在完全責任內閣制之國。非國會多數黨。必不肯組織內閣。故同意權之問題。無從發生。即政黨程度未足以語於是者。亦率皆於內閣成立後。校其成績。然後行其信任投票或彈劾之權以監督之。無取乎事前同意也。故同意權之爲物。實與責任內閣制不相容。惟在無責任內閣制之國。此或成問題耳。在無責任內閣制之國。其採用同意權制者亦甚少。有之則惟美國。然亦僅限於上院。且事實上殆廢不爲用。此制之非善略可推矣。既無責任內閣。復無同意權。則國會監督行政之權。自不免薄弱。無責任內閣而有同意權。則國會權稍恢矣。其至生出掣肘行政部之惡果與否。則視國會行使此權之實際如何。若在行兩院制之國。兩院皆有此權。而復各逞意氣以濫用之。則是縶政府之手足而使之百不能舉措耳。

乙　政府能否解散國會　在責任內閣制之國。解散權與信任投票權彈劾權等相對待。故解散權之必當有不復成問題也。在無責任內閣制之國。則或政府能解散國會如德國普國。或不能解散國會如美國。緣此異制。而國會地位自生差別。斯固然也。顧不能謂無解散權則國會之權必恢有解散權則國會之權必蹙。蓋國會而至於不得不解散。則其必有對抗政府之實權可知。此實權不緣解散而消失也。其無解散權者。政府固無如國會何。國會亦無如政府何。則權力亦相持而相殺焉已耳。

又同是有責任內閣也。緣法文與習慣之殊異。而兩權之輕重亦生。試更舉之。

甲　內閣總理之有無及閣員責任是否聯帶　責任內閣之原則。各閣員對於本部所職。各自負責。對於政治問題之涉及全體者。全閣員聯帶負責。然今世行責任內閣制之諸國中。其學者解釋法理。有不取聯帶之義者。（德國日本學者多倡此論）其事實上亦常有不受聯帶者。（法國政府動搖常改造其一部分）夫負聯帶責任。則牽一髮而及全身。政府之動搖自較頻數。似政府之憑藉緣此而弱。然既有聯帶責任。則自必有統一之組織。是政府之樹立。實緣此而加强也。聯帶責任之有無。與總理之設否關係極密切。今世行責任內閣制之國。殆未聞有不設總理者。故此議殆不復成問題。然使不采聯帶主義。則總理之有無。似反無關宏旨耳。

乙　糺問責任之方法何如　國會糺問政府責任之方法。其最有力者。曰信任投票。曰彈劾。然行此方法。有繁難簡易之別。其以通常之法定人數及票決手續行之者。其簡易者也。其別規定人數與手續者。其繁難者也。（如現行臨時約法第十九條第十一十二項皆極繁難者也）太簡易則政府屢動搖。太繁難則彈劾永不能現於事實。而法為虛設。用中之適。各國立法家以為難焉。

丙　行用解散權之條件何如　凡行責任內閣制之國。國會對於政府。得為信任投票。得為彈劾。政府對於國會。得命解散得命停會。此不易之經也。淺躁者流。一面主張彈劾權。一面反對解散權。徒見其矛盾不能成理耳。顧政府之行解散權也。或立限制。或否立限制之先例。各國憲法無徵焉。惟前淸所頒誓廟十九條有之。曰解散不得過一次以上。夫敢於解散國會至數次者。非具有克林威爾俾斯麥之魄力不能。故事實上此種限制殆成無用。然苟法典中特著此條。則雖有克林威爾俾斯麥亦窮於術。此種限制應設與否。其一當問國中是否有克林威爾俾斯麥其人。其二當問吾國今日是否望有克林威爾俾斯麥其人者。抑憚有克林威爾俾斯麥其人者。此則吾立法家所宜一審也。又既行兩院制。則當解散時將解散下院而上院僅命停會耶。抑兩院同時解散耶。若僅解散下院。則由政府逕以元首之名行之耶。抑更須求上院之同意耶。此其間範圍有廣狹。手續有難易。而政府與國會權力之消長。未始不由茲。

丁　兩院糾問責任之權有無差別　凡有兩院之國而行責任內閣制者。政府惟對於下院而負責任。蓋兩姑之間難爲婦。苟平等負責。則當兩院意見衝突時。何去何從。其效力豈不相消耶。必定於一。此事理上所無如何者也。然各國之設兩院者。其下院皆以代表一般勢力。其上院皆以代表特別勢力。兩院之性質不同。故職權亦得示差別。我國參衆兩院。是否能指其性質之異點。以定其職權之廣狹。吾蓋難言。若是則將來信任投票及彈劾等案。是否僅應許一院行之。或兩院並得行之。若兩院並行。則應否各自發案各自表決。抑須兩院混同會議表決。此亦憲法上應起之疑問也。

以上皆就責任內閣立論。其首當先決者。爲有責無責問題。然有責無責。任取其一。又皆有其繼起之問題。此實政府與國會權限分配之第一要點也。

其二則法律發案權之專屬及分隸　法律發案權，有由國會專行之者，有由國會與政府參行之者。專行之則國會之權以無所分而重，參行之則國會之權以有所分而輕，似也。雖然，法案者，政策所資以表示也。政策自政府出，其有失也，國會得糺問其責任。政策自國會出，政府惟奉行而已，則功罪皆非所尸，政府逃責之地綽有餘裕，故發案權專屬於國會，實與責任內閣制不相容也。且立法之業，貴有專門之學識及當局之經驗，以國會多數人任起草，勢不免築室道謀之弊，其究也必委諸少數之委員會，而委員會之爲物，最易爲政府所利用，政府於冥冥之中操縱國會，提挈其少數以左右多數，而不自居其功罪，是欲減殺政府之權而反以增益之也。欲銜勒之而反縱使騁也。今我國臨時約法不著此條，以政治習慣之趨勢測之，將來當亦無以發案權專屬國會爲要求者，故茲事殆不煩言辯，特他國既有此先例，不得不一爲論列耳。

發案權既由國會與政府參行之，則事實上法案由政府提出者什而七八，此自然之數也。然此種法案，當以政府名義提出乎，抑以總統名義提出乎，此亦一問題也。以實際論，政府既爲總統所任用，重要法案自無不禀承總統，總統與政府，無取妄生分別。雖然，若依現時政治習慣，凡百法案皆稱總統交議，使法案若被否決，則是國會表示其不信任總統之意思也。總統卽不自引責，而尊嚴抑已損矣。是故若采無責任內閣制，則發案權只能專屬而不能分隸；若采有責任內閣制，則發案之名義，當以政府而不以總統。臨時約法與現行政治習慣，於兩義舉無當也。

其三則法律與命令之界限　緊急命令，可以代法律，雖有事後求承諾或求解除責任等條件，而其影響之及於現行法律者已多矣。有之則政府之權重，無之則政府之權輕。又日本所謂獨立命令，其效力雖不能變更法律。然範圍之廣狹。大有容解釋之餘地。有之則政府之權重。無之則政府之權輕。夫政府濫用命令權。其弊固可以流於專制。然於法律外無臨機處置及因宜補充之餘地。則束縛馳驟太甚。政府或變爲無能力。故定兩者之界限及其適用之程式。此制憲者所極宜留意也。

其四。則法律不裁可權之有無　不裁可權與再交議權。其效力雖有强弱。其性質實相同。其在完全政黨內閣之國。政府與國會常爲一體。不裁可之事實無從發生。雖有此權。亦同虛設。亦如彈劾權之廢置不用也。苟其國無責任內閣制。或雖有之而政黨之發育未成熟者。使最高機關不留保此權。則立法部之專橫。將無所節制。故美法兩國皆有之。瑞士則公民投票即所以行裁可權 我國之必當采效。殆無疑義。若夫有此權而行使與否。則視將來政治之趨勢何如也。

其五。則豫算編製權之所在　豫算編製權在國會者。如美國是。在政府者。如歐洲諸國是。玆事與法律發案權之專屬分隸。關係至密。蓋豫算案恆與財政法案相麗。法律發案權既專屬國會。則豫算編製權自隨之。此論理上當然之結果也。以豫算之編製委諸國會。其種種流弊。諸儒論之綦詳。無俟贅述。顧所尤當知者。此制與責任內閣制絕對不能相容。各國國會對政府信任之符幟。什九皆於議定豫算時表示之。編製權不在政府。則糾責之道末由施也。

其六。則用人權及官制編改權之參預　用人權之參預。卽所謂國會同意權也。其與責任內閣之精神不相容。既如前述。故不能謂有此權。則國會之權必張。無此權則國會之權必殺。何也。以論理衡之。就任前既經同意。則就任後之信任投票及彈劾。皆非所應施。是無異壹委之以政。而不復過問也。夫苟政黨之組織完善。勢力確實。則非得多數於國會者。不能執政。既得多數於國會。則同意乃爲自然之事實。固不俟憲法之規定而始有效也。而不然者。利未睹而障滋增耳。官制之編訂及改正。就一方面觀之。純屬行政部部內之事。不應勞立法部之容喙。就他方面觀之。則官制之變更。影響於政治全體者甚鉅。且與政費問題。常生關係。而財政法案卽與之爲緣。故謂須經立法部之參預。亦非無理。此當就各種官制之性質分別論之。未易賅斷也。

其七則國會是否可以自由集會及其會期之長短　所謂自由集會與非自由集會者。有廣狹二義。廣義之不自由。謂必經元首召集。乃得開會閉會。亦惟元首所命也。狹義之不自由者。國會開閉雖絕不受他機關之羈束。然仍以憲法或法律規定其時日也。自由集會。亦與責任內閣制不相容。蓋必彈劾權與解散權相互。然後責任之實乃克舉。自由集會則與解散權衝突者也。又會期之長短。淺見者流。謂於國會權力之輕重有關。謂會常開則所以監督政府者。靡時或息也。實則國家一年內之大法。其必須付衆議者。不過犖犖數十端。其政策之大體。則表示於豫算。以三數月之力。厲精討論。無事不了。長期國會。徒生暮氣。而倦觀聽。謂非此不足以增重國會之權。識者有以知其不然矣。

以上諸端。簡舉其概。以資商榷。其間有尤滋聚訟者。當更爲專篇論之。（如同意權解散權自由集會權等）要之。國家乘專制之舊者。當局每猜忌國會。若芒在背。而當人民新心醉於憲政之時。則國會萬能說必起。其視政府。亦若虎兕。必柙之然後卽安也。夫並世無論何國。其國會皆後起之新機關。而政府存立之歷史。遠在其前。是故無國會而能成國家者有之矣。無政府而能成國家者。未之前聞。平心論之。國家之所以設國會。實欲假途於此。以求得一理想的政府而已。所謂理想的政府。其條件有二。一曰善良。二曰強固。何謂善良。常兢兢焉思所以襲行國家之天職。斯善良矣。何謂强固。其力實足以襲行國家之天職而無所撓敗。斯强固矣。夫欲爲國家得善良之政府。此數千年來東西無量數之賢哲所焦思以求索也。而操劵必獲之道。終末由見。其比較的可恃者。則以人類之通性。必賴有督責於其旁者。乃易趨善焉。言莫余違。則陷於惡而不自知也。故各國之有國會。其本來之動機。乃專爲防閑政府而設。此無容諱者也。防閑之遂能使之趨於善良與否。要當視防閑者與被防閑者之性格各各何如。假如以瞽相瞽。以狂監狂。狂瞽相益。終末從驟易而爲聖明。故謂但有國會而政府立卽可以善良。此空華之論也。雖然。苟使其國民之品性。非極下流。則既建此監督機關。自必有賢能廁乎其間。而當軸者自必量力乃進。濫竽者稀。既進矣。又常有所敬憚。不敢自恣而兢兢勉於善。故國會之設。實爲比較的求良政府之良手段。此各國經過之明效大驗也。各國初設國會伊始。其民既疾首蹙頞於曩疇之專制。復狃於先進國之成效而過信之。動則欲專張國會之力。使極其防閑政府之能事。其敝也。能否由此道以得善良之政府。尚在不可知之數。而强固之政府。先已無由自存。其在褊壤寡民之國。人莫以爲虞者。苟其人民富於自治之性。不甚仰保育於其上。則此等政府。猶或可以繫國於不敝。若瑞士正其例也比利時亦近之而不然者。內之有浮動桀黠之氓。而政府威信不足以資鎭服。若以朽索馭六馬。剎那剎那。可以顚頓。民亦狎而玩之。而日益以難治也。外之則强鄰四逼。所與處皆長蛇封豕。其所以應付之策畫。非可以播於衆也。且難於與民慮始也。而防閑之力過大。無論以何人當其衝。皆束縛馳驟而末由展布其極也。則賢才短氣而惟脂韋突梯之夫樂承其乏。則國家墮於冥冥之中矣。是故並世諸立憲國。當其革政伊始。人民之從事者。莫不以防閑政府爲惟一之職志。政府之與國會。恆相互側目而視。迨其稍進。則必漸作協恭和衷之計。更進而至於閣會合一。則並世憲政之極軌矣。夫閣會合一。非政黨發達成熟如英國者。固不可致。此其植基在政治教育。非紙上之憲法所能奏功也。然國家若有梏窳之憲法。則可以阻人民使不得遵此向上之路。夫人民曷爲能遵此向上之路。由於自覺者半。由於國家導掖之者亦半。行國家導掖之天職者厥惟政府。國家而有梏窳之憲法。則或政府不盡此天職而莫之能監察也。（坐此不能得善良政府）或政府雖欲盡此天職而末由自展也。（坐此不能得强固政府）吾願他日制憲者。當常念國會之設。實藉以爲求得善强政府之一手段。（以廣義之政府言之則政府者政治之府也必合閣會然後成完全政府）政府譬則發動機。國會譬則制動機。有發而無制固不可也。緣制而不能發尤不可也。調和之妙存乎其人矣。

政府大政方針宣言書

希齡等承大總統及國會之信任。得以國務員資格列席於此莊嚴之立法府。既深欣幸。愈切惶悚。今請舉所商承於大總統之大政方針。以與代表國民之議員諸君一商榷之。

凡爲治者。必先愼察國家所處之地位。所遇之時勢。乃就國民能力所及。標準之以施政。然後其政策乃非託諸空言。今之言治者動曰。我國破壞之時告終。建設之時方始。斯固然也。然希齡等今日不敢語於建設。但得竭其綿薄以立建設之基礎。爲願已足。譬諸築室。必須得一室所占之地面。此地面可以任我自由處置。次乃祓除其草萊。平治其瓦礫。次乃庀材木瓦石。鳩工匠。然後從事於構建也。又如病夫氣息僅屬。必求良湯爲之續命。命既續。始可以語於治病。舊積之病既深且多。則治之愈費時日。待諸病既去。榮養乃得施也。希齡等以爲今後一年間。實中國生死存亡之關鍵。苟治具不張。則過此以往。吾國人決無復能力。無復機會。無復資格。以自行處理此國。而邉論平治邉論富强。故今茲政策。殊未敢命之曰建設。但以救亡而已。諸君商榷政策。望深諒此意。勿以已治已安之國之陳跡相繩。則深幸也。

政策如機器。輪輪相銜。齒齒相屬。萬不能專顧一方面而偏置他方面。故欲舉一政。其勢必牽連及於他政。以理論之。非百廢具舉。則欲舉一焉而幾不可得。雖然若鶩廣而荒。而竭蹶於其力之所不逮。則非至百舉具廢焉而不止也。故於庶政之中。不能不審其緩急。而有時特暫以某數項爲主。而其他爲之輔。以先後左右之。今日所商榷。互有詳略。職此之由。

欲確保中國在世界之地位。其樞機首在外交。今者友邦之所以愛我良厚。自國會成立。而承認者數國。自大總統選定。而凡有約國皆同日承認。此實外交上絕好氣象。足以表明各國之愛重和平。而信我國有能自樹立之實力也。我既已得此於友邦。則前此外交之困難。已減其泰半。今後外交方針。惟當以兩義爲之綱領。一曰開誠布公以敦睦誼也。疇昔譚外交者。動以縱橫捭闔爲能事。此實權道。非經道也。在壤地相錯。野心競爭之國。時或用之而奏奇效。然絕非我國所宜。自前清之季。往往用小智小術以對外。或用地方感情雜乎其間。然覆轍恆相接。今政府務反其道。維持國際上之正義。以與友邦相見。先哲有言。親仁善鄰。國之寶也。故於愛我之國。則加親焉。於鄰我之國。則加善焉。此我中華民國對外惟一之大主義。而自今即當實行者也。二曰審勢相機以結懸案也。前清執政。憚於負責。故外交紛爭一起。輒以敷衍遷延爲習。實則一事件之起。往往造端極微。而徒以遷延之故。或失機會。或傷感情。其轇轕乃至不可收拾。希齡等歷覽前事。實深痛之。現今政治上數大懸案。大率前清所留貽。未決以迄於今。歷久纏縣。雙方皆感苦痛。而在我國則多濡滯一日。即多蒙一日之害。故擬於不妨害國家獨立。且得有比較的交換利益之範圍內。總以平和之精神行之。以期速結懸案。免生誤會。在友邦夙重正義。尊重主權。斷不至以不能堪之要求加之於我。若其有之。則政府爲國家自衛計。嚴詞謝絕。亦當爲友邦所能共諒。此卽所以實行親仁善鄰之大主義也。要之。我國今日內治之艱險。更甚於外交。內治之艱險不除。則外交之艱險始相緣而起。故政府擬拖定前列之兩義爲大方針。求外交上不復有重大問題發生。乃得集全力以整頓內治。此非徒吾國民所希望。抑當亦世界各國所同希望者也。

內治之根本。厥惟財政。財政現狀之艱險。稍愛國者。類能言之。然艱險之程度果至何等。非在當局。恐未能喩也。卽以中央言之。約計今年十月至明年六月。須支出之費。除鐵道借款須另行設法挪補外。自餘各要。尙需二萬一千六百餘萬元。每月平均二千四百餘萬元。其中國債費約占一萬五千萬元。平均每月一千六百餘萬元。占三分之二以上。而收入則本年正月至六月。共收五千八百萬元。每月平均不過一千萬元。其中鹽關兩稅。占五千七百萬元。每月平均九百五十萬元有餘。占百分之九十五以上。此皆擔保外債者。以還長期諸債息。猶苦不足。更無論行政軍事各費也。夫使此種竭蹶情形。僅限於中央。則危急猶非至極。蓋中央政費由全國各地方供給。本屬天經地義。各國皆然。中國前此亦何莫不然。苟能藏富於地方。則中央何嘗不可視爲外府。乃今者各省於前淸額定應解中央之款。與攤派之賠洋各款。既已盡停。計自民國紀元以迄今茲。所收齊豫湘粵贛等解款。不過二百六十餘萬。地方既不負擔中央政費。宜若易於自給。而環顧各省。其仰屋興嗟之狀。抑又甚焉。計兩年以來。中央除代償各省應攤賠洋債各款七千七百餘萬元不計外。其特別協助各省之款。已一千四百餘萬元。又代各省償還所借地方債一千三百餘萬元。此皆中央額外支出。爲前淸所無者。而日日請款告急之電。且紛至沓來而未已也中央既一無所入惟仰給外債以度歲月地方則又思分中央所借外債之餘瀝以自活循此不變債債相引其勢將舉全國所入盡充外債利息如此則破產之禍豈俟數年後哉現政府受事之初已值善後借款垂罄之日投艱遺大責無可辭爲今之計惟有治標治本兩策同時並用庶竭綿薄以救危亡今請舉所計畫者爲諸君一陳之何謂治標之策則將二年度之歲出入結束之而求一著落是也前淸宣統三年預算歲入二萬七千餘萬兩歲出三萬二千餘萬兩雖云不敷其數抑非甚鉅也民國元年至二年六月以百事擾攘未行正當預算七月以後大亂敉平系統的財政略可著手於是前內閣有二年度預算草案之編製而歲出額已驟增至六萬四千六百三十五萬餘元其歲入項下因欲使預算形式完全表示故(第一)就各省列報之數比照宣四預算酌加成數爲三萬餘萬元(第二)添列印花稅所得稅驗契費等八百九十六萬元(第三)其猶不足則以公債充之於善後借款奧國借款外添列六釐公債約一萬三千萬元合此三者共六萬四千六百餘萬元形式上强指爲收支適合實則第一類之比照宣四預算者豈惟不能增加且因兵燹摧殘災變迭告與夫紙幣票面價値之下落徵收機關之不如法所收或反減於舊第二類印花稅等額無他種計畫與之相輔能否如該案所期之證殊難預定尤要者則第三類所列六釐公債苟非金融機關確立後更無銷售之望此著一空全盤俱舛故希齡等受事後立即面請緩議擬修正後乃求實施誠不得已也夫歲出而陡增至六萬四千餘萬驟聞之孰不驚心動魄然試一檢歲出之種類則可以證明此爲本年度特別現象非可以概來茲故以此爲中國財政絕對悲觀之據希齡等竊所未承蓋是六萬四千餘萬中公債費實占二萬九千餘萬而此項公債費則前年度積欠洋款賠款轉入本年度補償者一萬七百七十餘萬元各種短期小借款爲明年六月以前應還者七

千五百餘萬元。又二年度內長期洋款五千餘萬元。賠款三千萬元。暨善後五國借款保息一千三百九十五萬餘元。墊款二千一百四十萬元。內除長期洋款五千餘萬元。賠款三千萬元外。此皆本年度之特別支出。今距年度開始已四閱月。積欠洋賠各款並善後墊款。已由善後借款劃撥一萬二千八百餘萬元。其本年度應還之長期洋賠各款。可由海關收入足抵五十餘萬元。餘者卽爲無著之款。計洋賠款約四千萬萬左右。及短期小借款八千餘萬元也。政府擬將此項列爲特別會計。與各債權者協商。將陸續到期者整理之。劃此一定限期而借一大宗長期之外債以償之。攤分其負擔於將來。此無可如何者也。公債費既如此。略作結束。其須以全力整頓者。實惟行政費。公債費不能不量出以爲入。行政費則不可量入以爲出。故於歲入一面。宜力求實徵實解。而於歲出方面。宜厲行節減政費。原預算除公債收入外。其較爲確定者。如各種租稅及稅外收入。共三萬一千七百餘萬元。據過去一年餘之現象。除海關稅實收可稽外。餘皆性質不明。或各地方收入本自減少。或雖不減少。而不能聽國家之揮撥。大病源在各省行政系統什九破壞。無從核督。重以催科之職。不得其人。故人民負擔毫末減輕。而國庫則所至如洗。根本之計。在澄吏治核名實。其下手方法。於下方內務行政方針條下別言之。苟使辦理得宜。則此三萬一千七百餘萬之歲入。當不至無著。於是卽據此以爲歲出之分配。除交通行政支出不敷應列爲特別會計。設法騰挪抵補外。此三萬一千七百餘萬中。復除出關鹽兩稅約一萬四千餘萬元。照合同均爲借款擔保。存入外國銀行。其得列如普通會計者。實僅餘一萬七千七百餘萬元。此一萬七千七百餘萬元。務求用之於最要之政務。今日最要之政務。莫急於維持秩序。先求政象之安固。次乃徐圖發達。故當大別爲軍事費及軍事以外行政費之二種。本年軍事費預算。據各軍及都督所計算。爲二萬五千萬元。前內閣力持撙節。改爲一萬三千餘萬元。連裁遣軍費爲一萬六千餘萬元今擬重加減汰作爲一萬一千萬元。其計畫別詳於下。各項行政費。本宜推廣現時財政困難。亦以維持秩序爲度。立法司法皆取此主義亦擬暫定國會用費爲二百萬元。大總統府中央各官廳及外交公使領事與夫中央之警察財政徵收機關學校京師審檢各廳等共暫定爲三千六百萬元。清皇室經費及旗兵俸餉定爲一千萬元。財務徵收費二千五百萬元。臨時特別事件費暫定爲四百萬元。其各省除軍府及民政長所轄警備隊。在軍費範圍內不計外各項民政司法以及教育實業各費。全國各地方合計。共暫定爲六千三百萬元。計共行政費一萬四千萬元。現在各軍統帥各省都督深明大義。則軍費一萬一千萬元。當不超出範圍議員均知稼穡艱難各省長官力顧中央則行政費一萬四千萬元。當可勉強應付。二者合爲二萬五千萬元。以校歲入約不敷七千餘萬元。政府或籌畫新稅請國會於年度內卽行議決。或再減經費求中外之共諒。或稍借內債呼將伯於國民。三者之中。或擇其一或三者並行。俟理有條緒。再行報告。要之政府對於預算第一義求實際上之收支適合第二義求勿以外債充經常政費誠以此爲財政之最要基礎雖知其難。而不得不竭綿薄以赴之也。

治本之策。一曰改正稅制。二曰整頓金融。三曰改良國庫。我國人民平均負擔之輕。爲萬國所無。故以四萬萬人之國。而歲入僅及三萬萬國用坐是支絀百廢無自而興然夷考其實則人民又曷嘗蒙輕稅之利者。蓋稅制不善。違反租稅公正之原則。故國旣病矣。而民亦不蒙澤也。今欲準衡學理以立我國正當之租稅系統。此殆非今日所能驟幾惟一面就現行租稅擇其中最煩苛厲民者裁汰之餘則加以改良整頓。一面酌量情形略參以國家社會主義。添設新稅。以求國家增加收入。而民亦間接受其利。計應采用之稅目。曰田賦。曰鹽課。曰契稅。曰宅地稅、曰印花稅。曰出產及銷場稅。曰煙稅。曰酒稅。曰礦業稅。曰一部分之營業稅。曰一部分之所得稅。曰遺產稅。曰通行稅。曰銀行兌換券發行稅。其徵收方法及前途之希望。略爲概計如下。據暫行預算。田賦七千八百餘萬。若實行測量調查後。比例收益以徵課。其所入自當視今倍蓰。今未能驟語此。惟於換算國幣表中。酌加極輕徵之成數。當可實收至八千萬。鹽稅原算七千六百餘萬。改爲就場官專賣。或就場徵稅。將來所入歲可增豐。目前先改用均稅法。預計亦可得八千四百萬。關稅原算六千三百餘萬。惟免釐加稅。各國多表同情。及物價變遷。稅表亦宜改正。此兩事若辦。可望增至一萬萬以外。稅契原算一千三百萬。若加入新定驗契費。可增九百萬。合二千二百萬。前此田賦嚴於耕地。寬於宅地。若宅地能依據地價徵收。初辦時可假定爲六百萬。釐金若豁除後。出產及銷場稅仍可酌徵。可假定爲一千五百萬。煙酒兩稅。現收不及千萬。若將來能實行煙專賣法。所入可增數倍。今但先徵煙酒特別營業稅。施行得宜。亦可增五百萬。合爲一千五百萬。礦稅原算百萬。若酌量開放獎勵。將來次第增加。誠不可量。卽在最初一二年間。亦當倍收至二百萬。舊有之營業稅。最重者爲牙稅當稅。今加以整頓。稍改經常稅率。及臨時換結部貼。所入亦可假定爲一千萬。所得稅本爲最良之稅。而我國開辦。殊非易易。擬先從有價證券及公職俸給下手。其有限公司。亦分別酌量薄徵之。務養成此種納稅義務之觀念。初辦時不求多收。可假定爲五百萬。遺產稅保障產權之移轉。民所樂從。適用累進法。最少亦可得二百萬。通行稅鐵路輪船電車三者並徵。可假定爲三百萬。兌換券發行稅。擬就保證準備額。稅其百分之二。今正籌借巨款。收回各省濫鈔一萬五千萬。一面厚集其力。吸集現金。應稅者最少亦當得三百萬。其他印花稅登錄稅漁業稅等。合計假定爲五百萬。其他租稅以外之收入。如度量衡專賣。既畫一便民。國家亦可得巨款。約計國中五千萬戶。每戶所購平均官入四角。已可得二千萬。官發證婚書而薄收其費。以代登錄。民不以爲泰。而於民法上之保障。極有關係。每張平均徵一元。假定每年三百萬人結婚。亦可得三百萬。改革幣制後。除銅。輔幣或須收縮外。其銀鎳等輔幣。皆須增鑄。約計第一年所鑄總額。須在一萬萬圓內外。其鼓鑄餘利。當可得二千萬。若各種規費（日本所稱手數料）與夫官業官地官款生息收入等。原預算案列爲二千萬。改革後當有增無減。以上所擬。若非大謬。則國家收入略如下表。

（甲）租稅收入　田賦八千萬。鹽課八千四百萬。關稅一萬萬。此指免釐加稅後言之。若不加稅。則不免釐。數亦略相抵。契稅一千三百萬元。驗契費係臨時收入。一兩年內如能施行有方。約年可得百萬元。合契稅爲二千二百萬元。宅地稅六百萬。出產及銷場稅一千五百萬。若不免釐。則此項併於關稅內之釐金項下計算。煙酒稅一千五百萬。礦稅二百萬。部分之營業稅一千萬。部分之所得稅五百萬。遺產稅二百萬。通行稅三百萬。兌換券發行稅三百萬。其他五百萬。

（乙）稅外收入　度量衡專賣收入二千萬。官發證婚書收入三百萬。鼓鑄輔幣收入二千萬。各種規費及官業官地官款生息收入等二千萬。統計約四萬萬零六百餘萬。

以較二年度預算草案所列。約增一萬萬元左右。據政府所揣度。此種整理稅制之計畫。若立見實行。則三年度收入當可加增。以之與減政計畫相輔。彌補七千餘萬元之不足。殊非難事。則財政基礎。可大定矣。且以上所舉諸種財源。皆財政學上所謂有自然增收力者。苟辦理得宜。則年年收入遞進。實爲必至之符。數年以後。不必增設稅目。不必增征稅率。而國庫所入數倍此數。亦意中事。大學曰。有人此有土。有土此有財。以我國之地大物博。

而常蹙蹙患貧。本無是理。夫中國與日本境壤相接。人民生活程度最近也。日本每人每年平均負擔租稅額。約十二三元。而中國現在所負擔。乃不及一元。倘生計發達。所負擔者如日本。則歲入固應五十萬萬元矣。即如煙稅。日本用專賣法每年純收益約五千萬元中國若以三千萬人吸煙計。每人每月平均一圓。亦應年收入三萬六千萬圓。又如礦稅。日本則收千餘萬圓。中國若開放發達後。所收何啻十倍。亦應一萬萬圓。其他收入。皆可以此類推。故就財政現狀論之。雖若極可悲觀。然就整理後之財政前途論之。實有無窮之樂觀存焉。此希齡等所欲勉矢精誠。完茲宏願者也。

金融爲財政及國民生計之樞紐。而幣制實與之相維。我國幣制紊亂。全球所共患苦。自前清之季。已盛言改革。而築室道謀。弗底於成。近則各省濫發紙幣。價格低落。市面恐慌。人民咨怨。其直接影響及於財政者。則緣幣制紊亂之故。徵收複雜。官吏得上下其手。匯價參差。國庫損失。緣紙幣低落之故。國家一切征收。即以其低落之額爲損失之額。凡茲弊害。無俟枚舉。故政府擬注全力以整頓此事。其關於改革幣制者。前此以本位問題。耗費時日。希齡等雖認金本位爲應於世界大勢。將懸爲最後之鵠。然目前不易辦到。故暫仍舊習慣用銀本位。以謀統一。但使所鑄銀幣。不大溢乎人民需要之額。覺將來變進。殊非難事。而其下手則在擴充中國銀行。鞏固其兌換券之信用。俾得隨時吸集現金。至於蓄力之厚。有加無已。制既畫一。匯兌周便。兌換券之流通。自日加廣。得以有價證券保證準備而已足。此種保證準備之最良者。莫如公債。故國家發行公債。銀行必樂於承受。而所承受之公債。國家即得資以爲建設庶政之用。故直接整理金融。間接即所以補助財政也。至於處分各省濫發之紙幣。則首從清理省銀行及官銀錢局下手。由中國銀行董治其事。清理既畢。即由中國銀行承繼其債權債務。隨時以兌換券易收濫鈔。定一期限收銷完結。今計現在各省濫幣票面額約二萬餘萬圓。市價平均約共值一萬三千萬圓。爲額雖若甚鉅。但使流通分配得其道。整理固自非難。及今圖之。以視前此歐美日本諸國之收回濫幣。猶覺事半功倍。但須稍得相當之資本。乃可從事。或須借助於外債。未可知耳。要之政府計畫。以嚴格的量入爲出爲目前之計。以整理稅制爲鞏固財政之中堅。而前後皆以整理幣制及金融爲樞紐。但恐心力雖堅。而能力未足。舊稅徵收能否如額。可慮一也。整理鹽關及加增各稅能否如政府之所期。可慮二也。減政主義實施之時。有無阻力。實施之後有無流弊。可慮三也。此種大業。原非行政府一部之力所能貫澈。務求國會之誠心相助而已。

次論軍政。前內閣預算案。陸軍部所管。一萬六千一百餘萬圓。占全預算四分之一。若將公債費一項除去。則軍費在一般行政費中殆占其半額。以故裁兵之必要。朝野內外皆所同認矣。雖然若爲有責任之言。則政府之籌畫軍政。一方面固當察財政之狀況。一方面尤當審國家現勢所需要。各國治軍。皆用以固國防。故其軍額軍費。大率對所防之國以爲標準。今諸友邦之待我國。皆以平和爲職志。我亦以國命維新。宜事休養。在最近之將來。絕無構釁疆場之事。故對外標準。無取鰓鰓。而軍人最要之職務。乃在維持國內安寧秩序。蓋他國此種職務。全委之警察。我國今欲完善之警察普及全境。非特人才不可以速成也。而所費實乃無藝。若從財政上著眼。其艱鉅抑又過於養兵矣。今政府所計畫。謂有兵五十萬人。庶可以收鋤暴遏亂之效。而此五十萬人之兵。其性質大別爲兩種。甲種用陸軍編製法。以軍長師長統之。分駐要塞邊防。純由中央節制調遣者。乙種用警備隊編製法。歸各地方行政長官節制調遣。分配各州縣。從事捕盜詰奸。以補行政警察司法警察所不及者。兩種皆以維持國內秩序爲職志。而甲種之編製訓練。則預備養成最强武之國防軍。乙種之編製訓練。則預備養成最果敢之警察。此軍政方針之大凡也。其軍事教育及軍需製造兩事。爲軍政之根本。尤當注重以立遠圖。都督一職。沿前清督撫之舊。兼治軍民。揆諸時勢。動多窒礙。故擬俟畫分軍區後。次第遷陟隆元戎之位望。以資鎮撫。省文告之勞擾。以專責成。至於海軍。則結束前此未完之計畫。維持現狀。徐圖擴充。似此則庶幾養一兵即得一兵之用。而財政之撙節亦非細也。

實業交通二政。爲富國之本。我國產業幼稚。故宜采保護主義。我國資本缺乏。故又宜采開放主義。斟酌兩者之間。則須就各種產業之性質以爲衡。若棉若鐵若絲若茶若糖。其最宜保護者也。若普通之礦業。其最宜開放者也。外商投資於我境內。所生之利。彼得其三四。而我恆得其六七。故政府願與國民共歡迎之。官營事業。惟擇其性質最宜者。乃行開辦。其他皆委諸民。不壟斷以與爭利。但盡其指導獎勸之責而已。工商業固所注重。然尤以墾闢荒地。改良農業爲本。歷覽各國產業發達之順序。皆以農爲先。河美國農產物既侵略歐洲市場。民富緣此驟增。而工商之勃興。即隨其後。此其最彰明較著者也。故擬俟財政基礎稍定。即一面設法普及農業銀行。一面以國力興修水利。以上數端。則實業行政方針之大凡也。交通機關。爲一切政治之脈絡。今路航郵電四政。方始萌芽。前途夐乎其遠。今宜通盤籌畫。以定擴張之次序。尤宜訓練實務之人才。俾管理經營。咸能舉職。其有願以外資投諸斯業者。但使不以政治問題攙雜其間。則闢戶以迎之。我之受利多矣。今該部所管四政。酌盈劑虛。程功乃易。且外債所負頗重。契約關係複雜。故畫爲特別會計。良非得已。若夫嚴爲監察。常加整理。則又政府之責也。

以上諸政皆所以謀自立以漸進於富强也然政策則坐而談耳起而行之存乎其人苟吏治窳敗人才闒冗雖有良法美意未見其能現於實也希齡等以爲凡百艱險皆不足慮而惟此爲最可慮者今日吏治所以墮落由機關之形格勢禁者半由官吏之猥雜苟且者亦半言夫機關則軍政民政權限雜糅實爲萬病之源故厲行分治實第一義次則行政區域太大政難下逮且監督官層級太多則親民之官愈無從舉其職元明清之治所以不及前代職此之由今擬略仿漢宋之制改定地方行政爲兩級以道爲第一級以縣爲第二級縣分三等道署設諸司在府中分曹佐治縣署諸科略如道制且於繁劇邊遠之縣酌設丞尉分駐縣四境中央則以時設巡按使按察諸道舉劾賢否不以爲常官也其有大政合數道乃克舉者亦爲置使以莞之如是則臂指之用顯而治具略張矣又人才登庸必以其道共和以來破棄資格凡得官者長官延攬什而一二奔競自薦什而八九人懷僥倖流品猥蕪今欲澄清其源擬嚴定考試之制中央與地方分級行之俾才之大小各得致用又未習吏事稱職實難故擬參酌舊制設額外候補官以資學習京師地方諸官廳皆同此制又宋制授官任職各不相蒙今仿其意樹此兩階官以資升職緣能授又服官本籍情弊滋多故擬參酌舊制一道之內概行迴避其尤要者賞罰黜陟國之大柄苟賞不足以爲勸罰不足以爲懲則非惟政象無自修明即人才亦末由磨厲故擬嚴定懲戒之法分別過失大小嚴厲處分其由長官薦拔者分別情節輕重或連坐薦主其賞勸之法則除久任之官晉秩增祿外仍制章服以示寵榮行封贈以勸敎養凡茲獎勸之道皆根據於國民遺傳心理雖似虛文實含至道今驁平等之浮名違先民之良習徒歐國民相競於實利而國家更無所挾持以淬勵天下士政象每下愈況固其宜矣希齡等深惆法弊故不得不參酌舊制以冀略挽狂瀾此澄敍吏治之大略方針也至於地方自治本與官治

相須爲用。然自前清之季。頒制勸辦。迄今數歲。而成績大反於所預期。其故由於自治區域太大。級數太繁。權限不清。系統不立。重以選舉舛法。監督無力。疇昔武斷鄉曲之輩。動則假此護符。助其豪猾。自治爲世詬病。職此之由。今擬規定自治團體爲兩級。上級曰縣。下級曰城鎮鄉。自治體對於長官。務盡弼助之職。而長官之對於自治體。實行監督之權。庶幾名實可以綜核。而指臂得相維繫矣。其他內務所轄之要政。則分別測繪輿圖。以爲一切行政依據之大本。漸次清釐田賦。以爲平均負擔增加歲入之大計。擬以十年計畫完成之。今即著手預備。又現經喪亂之後。各處盜賊蠭起。摘奸捕盜。實救民第一義。治安警察。爲國家秩序所攸繫。急宜次第養成。其團練保甲諸法。本前代之良制。中間隳壞。積爲弊端。然日本治臺。案師我法。成效卓著。今亦宜斟酌損益。提倡施行。警察團保相輔。使地方人民得以自保。則將來警備隊旁費漸省。此又與軍政交相爲用者也。

抑立國大本。首在整飭紀綱。齊肅民俗。司法與教育。實俱最要之樞機也。今之稍知大體者。咸以養成法治國家爲要圖。然法治國曷由能成。非守法之觀念普及於社會焉不可也。守法觀念如何而始能普及。必人人知法律之可恃。油然生信仰之心。則自懍然而莫之犯也。故立憲國必以司法獨立爲第一要件。職此之由。我國之行此制亦既經年。乃頌聲不聞。而怨讟紛起。推原其故。第一由於法律之不適。第二由法官之乏才。坐此二病。故人民不感司法獨立之利。而對於從前陋制。或反覺彼善於此。循此以往。恐全國之生命財產。愈失其保障之具。法庭之信用日墜。而國家之威信隨之。非細故也。爲今之計。謂今參酌法理與習慣。制立最適於吾國之法律。使法庭有所遵據。一面嚴定法官考試甄別懲戒諸法。以杜濫竽。而肅官紀。夫法官進退。其保障應視他種官吏爲尤嚴。此各國之常經也。但必須已經甄別。確爲賢才。然後可以特受優禮。而無慚德。否則恐法官權利保障愈嚴。而人民。權利保障愈弱。其禍之中於國家者。寧堪設想。要之正風化而清本源。責在長官而已。今當草創之際。難期速成。故擬將已成立之法廳。改良整頓。樹之風聲。其籌備未完諸地方。則審檢職務。暫責成行政官署兼攝。辟員佐理。模範既立。乃圖恢張。以消極的緊縮主義。行積極的改進精神。此司法行政方針之大凡也。

敎育則更重矣。言夫敎育之效果。則社會之抽象的敎育最重。而學校之具體的敎育次之。社會敎育。則內務部與敎育部會同設施者居多。而學校敎育。則敎育部之專責也。夫欲改良一國之社會敎育。則不外因固有遺傳之國民性。而增美釋回焉耳。我國二千年來之社會。以孔子敎義爲結合之中心。論者或疑國體既變。而共和卽孔子遂亦無庸尊尚。是非惟不知孔子。抑亦不知共和也。故政府所主張。一面既尊重人民信敎之自由。一面仍當以孔敎爲風化之本。又禮俗所蒸。國基所繫。出禮麗刑。國乃多事。今宜禮致耆賢。徵考文獻。制爲通禮。以齊民俗。此皆國家百年之計也。其學校敎育。亦大別爲二。一曰敎育一般國民。使咸有水平線以上之智能。一曰敎育高等人才。以爲國家社會之棟幹。欲求敎育之止於至善。雖累世猶且莫殫。今期程進有序。毋託空言。則國民敎育以培養師範爲先。人才敎育以注重實業爲主。今日大患。在國中才智之士。罕肯從事敎育。故師範愈隳。而學基愈壞。故城鎭鄉之自治事業。其什之八九。宜集中於敎育。而尤以養成單級敎授之師範爲下手第一著。其高等敎育。現在惟授法政之校。各地林立。致國民心理。認求學與得官爲一事。豈惟學績有偏畸之患。仕途之冗濫。吏治之頹廢。恆必由玆。故一面嚴行監理諸私立大學。一面獎勵工商諸學。實當務之急也。至於學風之嚴格整頓。敎科書之詳慎審定。又政府所責無旁貸者矣。

以上諸端。皆希齡等經累次會議討論。且商承大總統已蒙嘉許者。謹櫽括其梗概。以商榷於諸君子之前。若以爲大端不謬。則將率循此方針。以施諸有政責任艱鉅決不敢辭。抑希齡等更有請者。大政方針。不過懸一抽象的計畫以爲鵠。若其見諸實行。則大綱細目凡百皆須以法令表示之。而法律尤爲命令之淵源。故每舉一政。恆必有一種或數種之法律以作之標準。若法律未布。則無所遵循。雖有方針。將安所麗。議定法律。權在國會。若國會議決延滯。或至閉會時。而重要法案獨未議定。致政府無法可守。其不治事也。則蹈溺職之咎。其治事也。則蒙專擅之嫌。進退狼狽。何術自全。今政府既定此方針。行將提出種種法案。以求方針之實現。而時局危急。既至此極。玩愒一日。卽國家多蒙一日之害。救火追亡。刻何容緩。深盼將來一切法案。迅予議定。毋稍滯留。此希齡等所希望於諸君者一也。又凡一法案。必有主要之精神。此精神卽方針之所由表示也。全案條文皆根據此精神以組織之。庶幾通體一貫。不寧惟是。甲案與乙案。常根於同一之精神。互相補助。以全其用。若當修改條文之際。不察其精神所在。而輕率增刪。致法案不成片段。則雖復公布。何從實行。又或甲案可決。而乙案與甲案有聯屬之關係者否決。緣乙案不成立。而甲案亦致無效。有此諸弊。則方針雖定。終無所憑藉以現於實。是故國會對於政府之法案。若舉其根本方針而反對之。斯亦已耳。若其不然。則當審議之時。似宜處處抱定方針以爲鵠。毋使名實之間。動生矛盾。此希齡等所期望於諸君者二也。希齡等寡德輇才。膺茲重寄。日夕悚惕。惟隕越是懼。顧所堪自矢者。不敢絲毫存諉卸責任之心。不敢絲毫作苟安目前之計。當此國基甫定。風瀟雨晦之時。正全體國民嘗膽臥薪之日。諸君既代表民意。司國家神聖立法之業。希齡等之與諸君。譬諸同舟以涉巨川。而分掌操舟諸職。其濟也。卽可以謝舟中人。而操舟者亦同享其安。其不濟也。則全舟生命。斷送於吾儕操舟者之手。而自躬亦寧有幸。若風濤方簸激於外。而操舟者猶睽乖於內。則詩所謂其何能淑。載胥及溺。行將見之矣。故希齡等宣布此大政方針。求政府與國會之一致。一致以後。則循此方針。而各加奮勉以盡其所應盡之責任。實國家無疆之休也。

飲冰室文集之三十

同意權與解散權

臨時約法規定大總統任命國務員須得參議院之同意。而參議院之能否解散。不著明文。其爲不能解散。自無容論。於是同意權與解散權兩事。遂爲將來制定憲法時之最大問題。全國言論界駁辯至烈。前者亦曾略有所論列。今更申析爲斯篇。

同意權與彈劾權。不相容者也。解散權與彈劾權。相對待者也。故欲論彼兩權之應否有無。必以彈劾權之有無爲先決問題。一面既主張有彈劾權。一面復主張有同意權。主張無解散權。此矛盾之法理。不成片段之文字也。曷言乎同意權與彈劾權不相容也。無同意權者。政府員由元首自由任命。國會則監督乎其旁。以觀其後效。其有違法失政。則彈劾之。此最愜於論理者也。故采責任內閣制之國行焉。有同意權者。元首不能以單獨意思任命政府員。必須以他機關之意思贊助其間。既得贊助以行任命。則其人已爲雙方所信任。而不容復有彈劾以隨其後。此亦愜於論理者也。故采無責任內閣制之國行焉。一則嚴督之於事後。一則審擇之於事先。凡以求政府之得人而已。若既同意於先。而或復彈劾於後。後之彈劾是耶。則前此何以免濫比之譏。前之同意是耶。則後此何以逃拍埋之誚。是不足以重政府之職責。而徒以墮國會之威信耳。彼所以斷斷然爭同意權者。毋亦慮總統所用非人。而立此以爲之坊也。此坊應立與否且勿論。然既欲坊之。而有效則必須假定國會之多數黨與總統爲異黨而非然者。總統之黨既制多數於國會。則其所提出之政府員。安有不得同意通過之理。國會雖握此同意權。直同虛設。不過形式上多經一手續耳。使多數黨而與總統爲異黨。則其所以苦總統以擴政權者亦正多術。而同意權之有無。抑又不足爲輕重。彼其對於異黨政府所提之法案。一切不予通過。所編豫算務使之不成立。則政府何能一日安其位。者若猶戀棧。則彈劾隨之。雖極厚顏亦必引退矣。是故凡立憲政體完全發達之國。其事實上之結果。苟非隸屬於國會多數黨之人。元首必不敢任以執政。卽任之而其人亦必不肯就。無論同意權之有無。而所得結果皆同一。謂必有同意權。然後國會始得有所憑藉以坊總統。其闇於政治作用亦甚矣。總統而遵政治之常軌以遇國會耶。則雖無同意權。而多數黨之操縱綽綽有餘地既若彼矣。總統而不遵常軌以遇國會耶。則如克林威爾之以鐵騎閉鎖國會權力所在何施不可。而謂區區法文上之同意權遂足以爲坊。寧非譫囈。是故同意權之爲物。從法理方面觀察之。其不完也旣若彼。從政治方面觀察之。其無用也又若此。而論者必斷斷然爭之。吾不知其何取也。大抵同意權之作用。惟在小黨分立之國。稍足以資黨人營私之憑藉。蓋無論何黨。皆不能以獨力制多數於國會。然自樹壁壘固不足。牽掣游擊則有餘。乃聯合二黨以上脅迫總統而分捕閣席以自營。如是則同意權之作用庶可以發揮矣。而試問此種政策果何福於國。而國家必立法以釀養此種政象。又何爲者也。夫一年以來同意權之爲祟於政象者。亦既若萬目共睹。令總統舉凡稍豪宕卓犖之士。皆不敢提出。惟取無咎無譽之下駟。濫竽以求容悅。其有溺職。猶不敢譴斥。懼其一辭職而繼任者難得同意。則又以無政府騰笑於世也。於是乎議員固如驕子。國務員亦馴至如驕子。撫驕不暇。而何事之能治。夫總統受億兆至重之倚畀。而不能排羣議以爲國擇人。其失職亦誰能爲諱。然而分謗則固有辭矣。同意權爲之祟。雖有知人之哲。難善其任也。蓋同意權之爲物。以之裁抑宵小。爲效至弱。而以之煬媢賢能。爲效至强。證諸往事。章章然矣。夫過去一年間。國會僅有一院耳。而茲權之爲梗於政象者既若彼。自今以往。兩院行且並峙。苟同意權而猶存在也。將惟一院有此權耶。抑兩院並有此權耶。謂專屬諸一院。則吾國現在兩院性質絕無可指之異點。國會組織法所賦予之職權亦同一。必厚於甲院而薄於乙院。爲理既不可通。且見屏之院。云何能勿爭。故此權不存在則已。苟存在。則必且兩院咸得行之。此事勢之可逆睹者也。疇昔以一院行此權。而陷國家於無政府之境遇者亦既再三。而政府之人才既每下愈況。他日若以兩院各行此權。其泯棼蜩唐之狀。又將何若。是恐非蹙國家於亡而不止也。是故同意權之爲物。在法理上既與責任內閣主義相抵牾。在政治上更有百害而無一利。將來憲法決不容有此陋制之存在。此仁人志士所當濺血而爭也。或曰。國務全員一一求同意。爲弊既著。然則折衷其間。僅留國務總理之同意權可乎。答之曰。五十笑百。爲愈幾何。月攘一雞。事亦奚擇。同意權而合理且有用也。則全體存之可也。如其不然。則采此模棱之制何爲也。

曷言乎解散權與彈劾權相對待也。政府與國會。同爲憲法上直接獨立之機關。兩機關相節制相調劑而不相侵軼。則立憲之眞精神出焉。苟其一爲其他所屈抑而夷爲隸屬。則政象必返於專制。專制者謂權出於一尊而無限耳。故非獨行政部壓倒立法部謂之專制也。即立法部壓倒行政部亦謂之專制。欲使此兩機關各完其分無所偏壓。爲道有二。一則使之離立而不相犯。行政之事。政府專之。國會不得過問也。立法之事。國會專之。政府不得過問也。故國會永無彈劾政府之事。（其犯重罪者固受彈劾。然與政治無關。蓋所彈劾者乃個人而非政府。其與責任內閣制之彈劾性質全異也。）政府亦永無解散國會之事。兩機關常相抗衡而權以平。美國行之。一則使之和合而相節制。制多數於國會者。則起而組織政府。既立乎政府者。務求不失多數於國會。政府而失多數。則彈劾之事起。謂其不爲多數人民代表所信任也。政府欲恢復多數。則解散之事起。蓋不認現國會爲能代表民意。不信國會之多數與人民之多數爲同物也。如是則兩機關伸縮而權亦平。歐洲諸國泰半行之。此二制者各有其一貫之精神。以成其兩全之作用。欲效甲制則效其全部。欲效乙制則亦效其全部。若支離割裂。截彼續此。如衣尨衣。不祥莫大焉。幼稚之民權論者。常防政府如盜賊。而畜政府如犬馬。故既欲攬彈劾政府之權於國會。而又欲靳解散國會權於政府。叩其理由。則曰國會由人民選出。主人之代表也。分宜貴。政府由元首任命。公僕之輿臺也。分宜賤。殊不知國家之設此兩機關。惟使之各率其職而不相陵也。夫然後免於專制。兩機關有一失其獨立。則立憲之志既荒矣。兩機關對峙。其尊相並。初不緣其所自出而判貴賤。例如英日奥普之國會議員。其一部分並非由民選。而其國會不緣此而加賤也。瑞士之執政。非有元首以爲之簡任。而其政府亦不緣此而加貴也。謂偏尊民選之機關。即所以重民。適見其陋耳。夫國會爲國民代表。在法理上固無以爲難也。然謂國會即爲民意之縮影。恰脗合而無毫髮之忒。無論何國皆所不能。雖政治習慣之優美如英。選舉法之完密如美澳。猶有所不能也。且國會任期恆亙數年。數年之間。民情變遷至劇。選舉時之民意。與任期中之民意。豈必一致。又況國家大計。可以樂成。難與慮始。謂一時多數之民意。必遂爲國家福利之所歸。其理亦難置信。明夫此三義。則知國會多數反對之政策。未必遂可棄。國會多數贊同之政策。未必遂可用也。是故強毅卓絕之政治家。雖偶失多數於國會。然既有所以自信。則不妨訴諸國會以外之輿論。以求最後之公判。憲法之予政府以解散權。凡以使此種政治家有堅忍活動之餘地也。而國中有此種政治家。實國之寶也。今使有彈劾權而無解散權。則豈惟法理上畸輕畸重。失獨立機關之性質而已。而政象所演。常使執政者惴惴不自保。不敢立宏遠俊偉之計畫。恐以非常之原懼黎民。惟闒然媚衆。不求有功。但求無過。

則國命不已墮於冥冥之中耶。是故解散權之爲物。就法理政治兩方面觀察。皆有必須存在之理由。苟不取責任內閣制。斯亦已耳。亦既取之則此固不復有辯爭之餘地也。問者曰。解散權之不可以已。則既聞命矣。然恐政府濫用之以蹂躪國會。稍附條件。令解散不得過一次以上何如。答之曰。此固未始不可。然吾以爲實駢枝之規定耳。解散國會非有絕大魄力之政治家固不敢行。解散而至再至三。則其人殆天人矣。中國安得有此等人。今日安得有此等事。若誠有之。則中國將六種震動萬彙昭蘇矣。吾儕方當馨香以祝。而猶以死法制限束縛之。甚無謂也。且誠有此人。則又豈死法所能制限束縛也哉。問者又曰。法國之制。解散下院須得上院同意。我國其何如。答曰。法國兩院有其顯著之異點。故以上院楔乎政府與下院之間而收調節之效。此制之精神蓋出於是。我國之參衆兩院。吾苦不能得其異點之何在也。準此以譚。則參議院之能否解散。尚屬亟當討論之一問題。（茲事更篇論之）謂解散衆議院必須經參議院之同意。吾不得其說也。

軍事費問題答客難

拙著治標財政策。謂現在中國養兵。當暫以二十師爲度。其意蓋欲以節縮軍備爲整理財政入手之方。兩月以來。各報對於此論多所評騭。其貽書相質者亦不乏。檃括諸家論難之意。大率以國防不可忽視。我國治軍宜標準强鄰某某等國務爲不可勝以待敵之可勝。節縮軍備是自取弱也。鄙人雖檮昧。於此義固能知之。知之而獨倡是說。其所見蓋別有在。敢申說之以求愛國君子一商榷焉。

凡國家之政務皆爲國家生存之目的而必要者也。苟非在所必要。斯不得復謂之政務焉已矣。而國人之論政者。恆以己身所習所重之政務。要求國家赴以全力。故教育家特重視教育行政。實業家特重視生計行政。軍人特重視軍事行政。此人情之常也。然一切政務。舉之必需財。國家所能取諸民者自有限度。若欲將必要之政務。同時悉舉之而完滿無遺憾。其力固有所不逮。則惟有斟酌於其必要之程度。而量財力之所及以分配之。所謂政治計畫者此也。凡立一政治計畫。其對於各方面之政務。自不能無所畸輕畸重。而所畸之得當與否。此固憑各人主觀的論斷。不易相强。然以一國家一時代之情實按之。其客觀的得失。固亦略有一定也。

處今日弱肉强食之世。非能競於外者不可以爲國。此稍有識者所同知也。雖然。尤有一義焉爲國人所當常目在之者。曰外競固恃兵也。然非惟兵之恃。凡內政不修之國。而能競於外。未之前聞。譬有癆瘵之夫。而勸以習拳角力。言豈不當。非其時也。內政千端萬緒。然筦其機者曰財。苟財政失其權衡。棼亂以瀕於破產。則國命或將墜矣。吾儕生中國之士。爲中國國民。豈不願中國事事追蹤歐美。凡他人所有之文物。頃刻悉移植湧現於我國。重以威稜遠播。雪國恥以酬百王。主齊盟以號令天下乎哉。雖然。必先使吾國實足以自立於大地。然後一切設施。乃有可言。若如今日風雨漂搖。旦夕憂亡之不暇。而乃侈語經營八表。譬猶說食。云胡能飽。夫今日中國趨亡之道雖非一軌。而財政棼亂。實亡徵之最迫於眉睫者也。今之言理財者。日日謀所以增加歲入。靡論所謀悉虛也。就使歲入果獲增。而無藝之歲出隨其後。日洩之以尾閭。則雖舉全世界之資本。貸諸我以供揮霍。吾猶見其易盡也。故吾以爲今日理財之要義。莫急於節減行政費。綜覈名實。汰除冒濫。此實死中求活之唯一法門。不得以老生常談目之也。政費之所當減縮者非一端。而軍事費則現幾占歲出全部之半。故主減縮政費論者。自應從軍費著手。此亦論理上當然之結果而已。

吾於軍事上之智識缺乏殊甚軍政得失豈敢有所論列顧試問現在國中號稱軍隊者幾六七十師其足資以對外者有幾恐雖軍事當局亦無以爲對也夫既名之曰國防費而其實泰半不足以供國防之用是之謂有勞費無結果有勞費無結果斯等於濫費耳論者必曰吾之汲汲於軍備者非指現存諸軍之謂必將大革軍政惟新是謀也斯言誠是矣顧吾以爲欲革一政而收成效必賴有綜覈名實之精神以赴之不徇情面不畏强禦改革之第一義也百政皆然軍政亦何莫不然而我政府是否有此精神吾將於其能否節減行政費卜之以如此冒濫泯棼之行政費而不思節省其自始無志於改革可知而以刷新軍政之業望諸此輩吾見其不智耳

且吾所謂二十師之說非謂永止於二十師云爾吾所著固明明標題曰治標財政策也爲此一二年中之計畫言之也此一二年間而欲以兵與他國相見於疆埸自非病狂當不作此想且即如論者之意立標準的國防計畫而此一二年間所能練得之兵亦豈能驟逾於二十師者雖不爲財政所限而軍事自身固有以限之矣若夫他日財政基礎既確定而日發達他事之預備亦隨以俱進則吾之所望於我國之軍政者豈惟自衞而已且將進取焉論者所舉之標準吾猶病其儉耳

暗殺之罪惡

旬日以來最聳動天下耳目者爲宋君敎仁遇刺一事吾與宋君所持政見時有異同然固確信宋君爲我國現代第一流政治家殲此良人實貽國家以不可規復之損失匪直爲宋君哀實爲國家前途哀也比聞元兇已就獲國法所在當難逃刑然雖磔蚩刳莽曾何足以償國家之所喪於萬一者詩曰作此好歌以極反側輒爲此篇以寄哀憤

著者識

決鬬與暗殺皆野蠻時代所豔稱爲壯烈之舉。而文明時代之大蠹也。然決鬬者如突豬如狂兕。雖復狠戾。其氣象猶有足多者暗殺者如馴狐如鬼蜮乘人不備而逞其兇壯夫恥之故暗殺爲天下莫大之罪惡且爲最可羞之罪惡。此不煩言而可識也然而愈近世而此風乃愈盛者則偏頗之輿論實有以獎之故其毒乃深中於人心而不易湔祓。所謂生於其心害於其事也。

暗殺之爲物其所暗殺之人約二種。一曰惡人。二曰名士。其暗殺之動機亦二種。一曰沽名。二曰雪恨其暗殺之目的亦二種。一曰公憤二曰私仇其行暗殺之方法亦二種。一曰躬親二曰賄嗾之數種者爲罪雖有輕重之差。而皆不免於罪雪公憤而殲惡人似可以告無罪於天下雖然在無國家無法律之社會此誠足爲制裁豪强之一手段。次之則在專制淫威之國。猶曰可以濟法律之窮若國體既爲共和政體既爲立憲則所謂惡人者。爲個人行爲之惡耶。自有法庭以執其罰爲政治上之惡耶。既有各種監督機關夫孰克自恣。即自恣以成於惡猶有國務裁判以隨其後也其他一切官僚受官吏懲戒法之制裁者。又無論矣。是故既有國家。既有法律則癉惡之權。斷非私人所得而擅而在共和立憲國爲尤甚此易見之理也況所謂惡者就各人之主觀名之耳行暗殺者謂此人爲惡也而殺之而善惡之標準豈彼所能定所謂公敵者亦然。人人各自謂所敵者爲公。而公之形式由何道以表示不能表示。公於何有。故欲假此名以免於罪。無一而可也。

所暗殺者而爲常人則一普通之謀殺案耳不足復置論其有聳動世論之價値者。必所殺爲一國知名之士也。無論何國何時代一國安危所繫不過在數人或十數人已耳此數人或十數人者既以一身任國家之重其買怨之多。招忌之深。必倍蓰什伯於恆人。國如有暗殺。則的之所射。必此儔也。然此儔者。大率國家積數百年之元氣。然後篤生之其人又幾經學問幾經閱歷。然後能成就其才器譽望。以卓立於社會。失一人焉。而欲求一人繼起。以承其乏非遲之又久不可得或遲之又久而終不可得人之云亡邦國殄瘁蓋謂是也而暗殺事起則百年所養一旦而戕之卽如美之林肯麥堅尼。日之大久保利通森有禮星亨使其人再假以數年或十數年其所以盡瘁於彼國當何如者。而彼國之食其賜又當何如者。他勿具論乃如日之大隈重信板垣退助美之盧斯福皆遇刺而未殊者也而其此後之盡瘁於彼國者何如。彼國之食其賜者又何如以此例彼則彼害之博從可識矣。故曰暗殺者貽國家以不可規復之損失其獲罪國家什伯千萬於他罪而未有已也。

或曰。其人之身既足以爲國家輕重則其人亡而政局必爲之一變變而趨下者固有之矣變而向上者亦豈曰無若是則暗殺之功或亦足以稍償其罪耶應之曰。不然。凡政治現象全由社會勢力所造成其尤嶄然露頭角之一二人物不過代表此種社會勢力而爲之領袖然無論何種社會緣自然淘汰之結果其占最高位置者必其本社會之第一流人物也其第二流以下其位置亦以次遞降而本社會既失其第一流人物則第二流必繼起而承其乏使其社會而爲良社會也則失第一流之良領袖必有第二流之良領袖代興以賡續其政象而第二流之良者其賢明必不能如第一流之良者可斷言也使其社會而爲惡社會也則失第一流之惡領袖亦必有第二流之惡領袖代興以賡續其政象而第二流之惡者其汚賤必更甚於第一流之惡者又可斷言也故所暗殺者而爲良社會之良領袖耶雖不能使良政象隨而消滅然可以使之減其效力或遲其進步例如林肯遇害美國解奴及南北統一之業未嘗緣此而挫敗然使林肯不死則其建設或更有進焉未可知耳大久保利通遇害日本維新之業亦未嘗緣此而挫敗然使其不死亦或更有進焉未可知耳所暗殺者而爲惡社會之惡領袖耶。絕不能使惡政象隨而消滅。不寧惟是。而惡必且愈播。證以歷史上數大案而可知也。羅馬該撒之遇刺。謂其將變共和而爲帝政也。然該撒死而羅馬之共和豈遂能保存。徒使屋大維乘時而起耳。與其屋大維爲帝。何如該撒爲帝之能造福於羅馬也。法國革命恐怖時代。安得尼以一弱女子刺殺馬拉。天下快之。謂暴民之政將自茲熄。實則安能丹頓羅拔士比繼起。乃水益深而火益熱耳。由此觀之。良社會失其第一流領袖。而以下彼一流者繼之。則其良分量必減少。惡社會失其第一流領袖。而以下彼一流者繼之。則其惡分量必加增。事理固然。無所逃避也。夫政象變化。必以社會勢力變化爲之樞。社會勢力雖得以一二人代表之。而不得以一二人專之。甲勢力能優於乙勢力。雖不必摧鋤乙之代表。而自能使之屈伏。甲勢力不能敵乙勢力。雖摧鋤其代表。而甲之不能伸如故也。韓人安重根刺殺伊藤博文。而已墟之韓社。曷嘗能復。此勢力不植。暗殺無效之明驗也。其歐美各國無政府黨屢行兇刺。而無政府主義終不能實現。亦同此理也。我國當清之季。暗殺案屢起。吳樾之於五大臣。徐錫麟之於恩銘。汪兆銘之於載灃。熊成基之於載洵。某某之於孚琦鳳山。國人莫不敬其志。然謂非有此而清命必不能革。識者有以知其不然也。五大臣載灃載洵皆不成於殺。恩銘孚琦鳳山則螻蟻耳。不足爲輕重。且皆置勿論。其最有價値者。宜莫如良弼之役。然平心論之。當時雖不去一良弼。其力亦豈足以爲共和梗。以共和之成。歸功於良弼之死。非論世之公言矣。吾所以縷縷然舉此例證者。凡以見實力不存。雖日日暗殺。決不足以動政局。實力既存。則無須暗殺。而政局自不得不變。謂暗殺爲有益於人國。無論從何方面觀之。終不能得其解也。

暗殺之動機。出於義憤者最上。已然君子固已憐其愚。出於沽名者。亦其次也。然斲國家之元氣以成一己之名。

居心既不可問矣。若乃自挾宿怨。蓄志欲死其人。又憚法網不敢躬親。而賄嗾人以行之。則是合蛇蝎鬼蜮而爲一。不足復齒於人類。而彼之受賄嗾而代人犯科者。則操業更與倡優無異。斯益不足責矣。

國會之自殺

孟子曰。人必自侮然後人侮之。何謂自侮。非其人而居其位。時曰自侮。其在詩曰。彼其之子。不稱其服。居其位而不忠其職。時曰自侮。其在詩曰。彼君子兮不素食兮。貪祿不知止。時曰自侮。其在詩曰。受爵不讓。至於已斯亡。憚重任而不背負荷。時曰自侮。其在詩曰。誰秉國成。不自爲政。卒勞百姓。居高明之位而以流俗自況。時曰自侮。其在詩曰。彼月而微。此日而微。今此下民。亦孔之哀。嗚呼。吾觀於今日之國會。而不禁抱無涯之感也。

凡羣治所以維繫於不敝者。必其羣中有一信仰之府焉。一羣之人。視爲神聖。其對之也。必誠必敬。匪惟莫敢侵犯也。乃至莫敢懷疑。其有稍立違異者。則一羣之人咸指斥爲畔逆駭詫妖異。而其人遂不能爲羣所容。神權政治之有教會也。君主政治之有君主也。共和政治之有議會也。皆全國信仰中心之所攸集也。此信仰一破。則其政體遂不能以自存。今之言政者。莫不誦說英國政治之美。英政之美。由其議會。又盡人所能知也。英人恆言「議會權力。除使男女易性外。無事不能爲」。夫議會政治曷爲獨盛美於英。彼其議會之權力實如此其橫偉也。彼議會曷爲而權力能如此其橫偉。全國人信仰力所造成也。彼其國人之視其議會。以謂此橫偉之權力本諸天經地義。若夫其權力之所由來。與其權力之正當與否。幾無人復敢擬議。豈惟不敢擬議。抑不敢動念。苟一動念擬議。則其良知且怵然有所不安。謂是侮國家之神聖也。夫英國之議會政治所以能圓滿發育以有今日。凡賴是也。豈惟英國。其在他國之以神權爲政以君權爲政者。雖其所信仰不同。而必恃一信仰中心以繫國命也則同。歐洲中世諸國之於教會也。十八世紀前諸國之於君主也。我國數千年來之於君主也。（日本現在之於君主）其尊嚴敬憚。殆發於人人之先天的感覺。其有冒瀆。則必不能見容於社會。所謂冒瀆者。非必其顯爲侵犯也。即研究焉批評焉。亦幾無復餘地。此其政象之爲泰爲否。且勿論。要之政之所以能行。國之所以能立。恆必由是。且夫信仰之爲物也。當其既深入於人心。誠有確乎不易拔者存。及其一旦破裂。則傾墜之勢。亦莫之能禦。傾墜之後。而欲求規復。則爲事殆絕對不可能。中世之羅馬教會。能使全歐王侯蜷伏趨走於其下。視其喜怒以爲榮辱生死。非一教皇與百十神甫果有此神威也。全歐人民信仰力擁護使然也。藉令教會中人能稍知自愛。於以維持固有之信仰勿使墜。則千年前之棱威。雖至今存可也。彼惟以濫用信仰。故乃授人以懷疑之隙。始焉極少數人腹誹之。繼焉多數人輕蔑之批評之。終焉則全體攻難之反抗之。於是乎其權力遂一墜而不可復拾。其幾起於至微。而其勢極於不能禦。有如此也。君權之覆也亦然。彼其天澤等威之義。本受諸歷史。即一姓之興。其威與德之慴洽於國中者亦至深厚。民之畏而懷之也不衰。則能藉其力以摶一羣。勿使渙。英人所謂議會權力除使男女易性外無事不能爲者。曩昔君權之作用。亦若是矣。及其陵夷衰微。自召侮於百姓。百姓以其君爲可褻而玩。一擲其夙昔嚴憚之態。則其勢一落千丈强。不至剗薙以盡焉不止也。故秦之祚不終於始皇而終於二世。法之革命不起於路易十四而起於路易十六。清之遜位。不由孝欽而由孝定。苟猶有不易侮者存。則尚可以維持過去之信仰。而假其力以繫將墜之命。及信仰之中心一破。則傾頹之勢。萬牛不能挽也。嗚呼。使吾所陳諸義不能成理也則可。若猶有一二不謬於治軌。則吾對於我國會對於我共和政體。乃不禁抱無涯之慼也。

我國會非能如歐洲中世之教會。如東西各專制國之君主。有歷史上遺傳之信仰。可以定民志勿使貳也。非如英國之國會。經數百年之蛻化。積小成大。而有以孚於其民也。以數千年未或睹聞之事。而倉卒急就於期月之間。與斯選者。什九皆新進之士。微論才器若何宏遠。要之未嘗有成績往烈予國人以共見。國人視之泊如也。昔于令升痛晉德之衰。而謂其創基植本本異於三代。我國會實當之矣。就令爲之議員者。人人懷履虎涉冰之懼。抱秋霜皎日之操。矢文王日昃之勤。追伊尹自任之重。其於樹望孚衆定功保大。固非一朝一夕所能致也明矣。顧其間猶有可以半事易倍功者。正當九宇泯棼。羣生倒縣之日。含生望治。載飢載渴。粗糲之饜。可敵膏粱。臬絮之溫。不殊帛纊。蓋國中固有之信仰中心。既已失墜。羣情散落。無所棲寄。相率以捧而獻之於國會。國會之賡續此信仰。若垂裳以受禪代。闢帷以納歸客。乘勢之順。報功之易。曠代所未嘗遇也。乃自肇建以來。聲光銷歇。日甚一日。未及三月。而天下之望殆已盡去。八百員顱。攢動如蟻。洶洶擾擾。莫知所事。兩旬不能舉一議長。百日不能定一院法。法定人數之缺。日有所聞。休會逃席之舉。成爲故實。幸而開會。則村嫗鬨隣。頑童鬧學。捱攘拉雜。銷此半日之光陰。則相率鳥獸散而已。國家大計。百不一及。而惟歲費六千是聞。此猶其章明者。徐探其隱。則職非爛羊。都尉而進以貲郎。賢非五羖大夫。而不羞自鬻。凡百穢德。衆所具瞻。不待吾之指數。抑亦非吾之所更忍言也。以故最初既傳有所謂監督國會團者出現。最近則有在京各團體對於歲費問題聲罪致討之舉。而某都統以軍人資格。某都督以地方官資格。通電指斥。如嚴師之施夏楚於子弟。舉國且聞之而稱快也。若乃街談之腹誹目怒。報館之口誅筆伐。其聲洋洋盈耳。莫之禁。而亦莫之能禁也。由此言之。國民對於國會之信仰。豈復有絲毫存在。追惟肇建伊始。正乘信仰之最高潮。排日銳落。不三月而遂成今日。布算推之。更閱三月。國民之賤侮國會厭倦國會疾惡國會。其程度又將何若。而國會果憑藉何物以立於大地。此如嚴父爲一家之主器。而常須受督責於子弟師傅擁庠塾之臯座。而常須領教益於學僮。法官執三尺於堂皇。而常須仰裁判於訟衆。（議會中黨派爭議無所決乃各發通電愬於各行政官及各報館各團體此正議會泥首帖耳乞受裁判也其損威嚴墮信仰莫甚議會所以自處者如是又何懟於國人）彼子弟學僮訟衆之宜否侈然出此。且勿論。而爲之父兄師傅官長者。其何地以自容。且誰爲爲之。孰令致之。而至於此。嗚呼。此吾所以顧瞻我國會而不禁抱無涯之感也。

夫吾之言非特爲國會恫也。吾雖重視國會。而重之也固不如國家。假使蔑棄國會乃至滅絕國會而可以安國家利社稷。則吾於國會固可以無愛也。顧以吾之所信。凡國家非有一機關焉爲國民信仰之中心。則決無從捖摶其民以維持其國。而以我國今日所處之地位。苟國會而不能保其爲信仰中心之資格。則此中心者將永無道以發生。夫欲以國會爲信仰中心。其事本非可一日致也。今世諸立憲國。除英美法瑞外。殆皆未足以語於此。雖然。如彼德奧日俄等國。雖其國會之見重。遜於英美。而彼之信仰中心點。固別有所在。其君主雖委裘而治。固猶能藉歷史之餘蔭以繫其民。況其實際固饒有主政之餘地。而非盡同虛器者耶。若英若比若意等國。其信仰中心。以漸推移。新中心既已確定。猶復虛置舊中心以爲之助。故植基深厚。而無復漂搖之足爲患也。（德奧俄日等國以舊中心爲主而以新中心爲助俾其積歲月以蛻變代興英比等國則蛻變代興已爲過去之跡今以新中心爲主而仍不舍舊中心使爲助也）就中舊中心驟失。而新中心不能與之代興者。厥惟大革命時代之法國。以故中心屢變轉遷易。而政體亦隨之而動搖。擾亂亘八十年。然後蛻變粗定。今則新中心殆成立矣。其有舊中心一失。而新中心永遠不能造成者。則有如中美南美諸共和國。在理在勢皆舍國會外不容有他中心之存在。而其國會乃如糞牆朽木。更無法可以自振。是故舉國中無所謂中心點者存。

而國命惟繫於一時擁有特別勢力者之手。是以蜩唐沸羹。歷百年未底定。而前途之希望。惟以黑闇終也。我國前此憂深思遠之士。默察此新中心點之不易成立也。乃欲襲德奧日俄諸國之軌跡。使之蛻變而潛移。當新中心未成立之時。有舊者爲之維繫。綱紐不至遽絕。而舊中心之力。且常能刺激裁成其新者而助之長。稍假歲月。青黃斯接。據進化論人爲淘汰之法則。此道固無以易也。然我國之事勢。終不許爾爾。所謂舊中心者。常若自憂翦滅之不速。而旦旦然自伐之。夫既已的然盡矣。已死之灰。勿使復然。舊祀土偶。既投圊牏以藉溲溺。豈能復被綵旛更登龕座。就令更登而事之者亦安能致誠盡敬。質而言之。我國數千年信仰中心之機關。厥惟君主。而在今日斷無君主復活之餘地。（就令讓數步謂萬一復活而其爲信仰中心之資格亦已全失）故固有信仰中心已失墜。無復留影。苟使國家無信仰中心之機關。而可以自立。吾更何言。若其不然。苟非有新者以承其乏。國將不能一日以立於大地。夫欲求承乏。則舍國會外更何機關足以當之者。更質言之。則國民之信仰國會。必使之如英人之視其巴力門。如我國前此人民之視皇帝。夫然後政可以行。而國可以立。嗚呼海可枯。石可爛。而此希望何由得致者。夫必先有可信仰之主體。然後客體信仰之程度。與夫增進其程度之方法。乃有可言。今國會方日日謀自殺。彼其自身且不知命在何時。而欲國人神聖而尸祝之。云胡可致。若率此無變。其或信仰中心移於他機關。現政體隨而顛覆。斯猶爲大幸。更不爾者。以無信仰中心之人四萬萬衆。日日豬突蠕動。肉走尸行。終已不能成國。而爲蝨爲祟於此世界。則此世界上必別有人焉起而爲之中心者。嗚呼。國會誠欲自殺。誰能禁之。而假手於國會而以四萬萬人殉。茲可哀矣。吾欲議員之稍一垂聽焉。雖然。吾固知吾言之無效也。

一年來之政象與國民程度之映射

凡一國之政象則皆其國民思想品格之反影而已。在專制政體之下且有然。在自由政體之下則尤甚。在專制政體之下。其消極的反影可見也。在自由政體之下。其積極的反影可見也。國民之品格思想。非有缺點則不能造成專制政體。然在專制之下。言論行動皆受若干之制限束縛。其思想品格不能盡情暴露也。如根核伏於磐石之下。或夭閼而不獲萌茁。即萌茁矣。幾經曲折頓宕。而力已殺相已變也。亦既以自由爲政。則如撥去磐石以使句者畢出萌者盡達。疇昔伏處其下之根核。爲芝蘭耶。爲蕭艾耶。爲嘉果耶。爲荆棘耶。立暴著而無所於匿。國民之所長所短。乃盡揭以與天下共見矣。吾國廢帝制布民政亦既一年。夫固反乎數千年之舊而有此一年也。而數千年來國民性習所醞釀蓄積者。亦於此一年中盡發揮而無所廋。吾熟察一年間之政象。而推求其所以致此之由。不禁盡然而憂。怵然而懼也。

一年來政象最顯著之反映。則個人思想是已。一年以來未嘗見有國家機關之行動。未嘗見有團體之行動。所見者惟個人行動耳。蓋國家機關必爲國家之目的而動。其他公私團體皆必爲其團體之目的而動。而今之尸國家機關及爲各團體員者。皆借團體機關以爲達私目的之手段者也。其口中固日以公目的相揭櫫。其心目中亦未始不知公目的之宜尊重也。而獨至公目的與私目的衝突之際。則以公克私者百不獲一。夫各人之私目的千差萬別。其勢固末由與公目的一一相脗合。且私目的而行之於政治上。舍損國家以自利。更有何術。則其與公目的決不相容。豈待問也。既人人皆寓私於公。故國中無所謂政治。無所謂政黨。但見無數之個人朋比以自營已耳。其稍稍自好者。不忍同流合污。則潔身以去。然終已不能引決以自沈汨羅。則亦不得不謀升斗以棲餘命。其態度之積極消極雖不同。然其爲個人主義則一也。今全國人士不出此二途。故一年以來。只見有個人。不見有團體。不見有國家也。

復次則部落思想是已。我國幅員寥廓。交通不便。國家統一之觀念本已未能深入人心。前此藉帝者之力。設爲種種制度以維繫之。其制度合理與否且勿論。而國固賴以不裂。今則蕩然盡解其紐。人自爲政。地自爲域。夫人情對於全國之利害關係。不如一地方之利害關係爲密切也。欲在全國爭權利。又不如在一地方爭權利之較容易也。於是而省而府而縣而鄉。各自爲界。豆剖瓜分。至於不可紀極。而各皆以排外爲唯一之能事。遂以二千年大一統之國。幾復返於土司政治。國人徒見夫蒙藏之獨立。謂爲梗化。夫蒙藏排漢族而自爲政。不過部落思想之表現耳。而我本部各省府州縣之樹畛域而爭雞蟲者。亦何一非部落思想之表現。率此思想以極其所屆。則豈惟蒙藏非國所有。卽國中寸地非國之所能有也。何也。惟見亞細亞大陸東部有二十餘部落。各部落中又有其小部落爲數至千數百而未已。而所謂中華民國者。果安在也。而一年來之政象實嚮此軌以趨焉。可痛可懼莫此甚也。

復次則現在思想是已。西哲有言。宇宙之所以不毀。則人類之希望實筦其樞。夫希望者。將來之事也。人而惟知有現在。不知有將來。則豈惟進化永窒。卽人道或幾乎息矣。而一年來國中人士。則幾無一人能爲明日計者也。其在政府。以臨時二字自解。內外大小官吏。盡懷五日京兆之心。不求有功。但求無過。敷衍塗飾。苟以自保而已。其在氓庶。人人咸相怵以大亂之將至。汲汲顧影。不知命在何時。以我躬不閱。遑恤我後之心。爲且以喜樂且以永日之計。於是國中淫樂之事日盛。而愁慘之象亦日深。人人皆知將來之局不堪設想也。則以不設想了之。於是乎人人皆無將來。夫國中人人皆無將來。而國家猶有將來非所聞也。而不幸一年來國人之心理。乃日趨於此而末由自制也。

此三種思想。其惡影響所及。不僅在政治而已。而一年來混沌之政象。實由此等思想所醞釀孕育。故每下愈況。遷流而不知所屆。憤世之士。至有謳歌專制政治。而日尸祝克林威爾拿破侖之出世者。夫豈專制政治之果可羨。毋亦謂苟有此物。尚足以稍裁制國民惡德之一部分。使不能盡情自恣而播於衆。以爲天下笑也。雖然國民惡德而不自湔祓。則他力所能裁制者幾何。吾語及此。而不禁抱無窮之慼也。

共和黨之地位與其態度

四月十四日。共和黨理事長黎君元洪。公讌本黨參衆兩院議員於萬生園。與會者數百餘人。先由孫君武代表致祝詞。次由梁任公先生演說。題爲共和黨之地位與其態度。凡演三小時之久。在坐無不感動。今記其崖略如左。先生所演洋洋灑灑。茲篇所記。未盡其十之六七也。

記者識

(前略)頃孫君述黎理事長訓詞。謂當知共和黨之地位與共和黨之態度。啓超今即以此爲演題。

凡人必自知其所居之地位爲何等。然後有自覺心。有自覺心。然後有責任心。有責任心。然後能踐其責任以有所成就也。若此者個人有然。團體亦有然。故爲國民者。不可不洞觀世界形勢。以求知本國所處之地位爲何等。爲政黨員者。不可不洞觀國中形勢。以求知本黨所處之地位爲何等。吾儕既同爲共和黨黨員。則知共和黨之地位最爲急務矣。共和黨所以設立之故。凡以欲改良政治。此我黨員所同知也。然一年以來。國中有二大勢力。常爲政治改良之梗者。一曰官僚社會之腐敗的勢力。二曰莠民社會之亂暴的勢力。我共和黨既以改良政治爲惟一之職志。非將此兩種勢力排而去之。則目的終不可得達。雖然。彼腐敗派之勢力。乃積數百年來歷史之遺傳。在專制政體之下。當然不能免者。辛亥革命。於國中他種善良習慣。多所革去。獨此腐敗官僚之勢力。曾未能動其毫末。其根深蒂固也。既若彼。至於亂暴派之勢力。則又自革命後。以新貴族之資格。浡然而興。國中凶戾狡黠之徒。相率依草附木。攀龍附鳳。以揚其波。其炙手可熱也。又若此。質而言之。則以中國現在社會惡濁乖戾之空氣。實最適於彼兩派之發育。此如久酸之醯。宜產蛆蚋。積霉之莽。應叢蛇蝎。以嘉魚游酸醯之甕。以祥麟入霉莽之林。安見其能生存者哉。然則以適者生存優勝劣敗之理衡之。彼腐敗與亂暴兩派。在現在中國社會空氣中。實爲適者。而宜優勝。而與彼兩派立於反對之地位者。實爲不適。而宜劣敗。我共和黨人。既不願隨逐腐敗。又不願附和亂暴。以此種不識時務不合時宜之黨。在理實難得生存之餘地。遑論發達。不甯惟是。我共和黨非徒消極的不肯隨逐腐敗附和亂暴而已。更積極的欲矯正腐敗。裁抑亂暴。介於兩大之間。而毅然與之相抗。此無異奮螳臂以當車轂。捧坏土以塞孟津。不自量至於此極。自問亦良覺可笑。然我共和黨同人。猶戮力進取而不辭者。誠確見夫腐敗與亂暴兩派之勢力。一日不消滅。則政治一日不能改良。此兩派勢力多存一分。卽國家元氣多斵喪一分。馴至非陷國家於滅亡焉而不止。吾儕爲良心所責備。所驅遣。乃不得不毅然決然。奮微力以當大敵。故地位之艱鉅困衡。未有過於我共和黨者矣。今我黨兩院議員。僅得二百八九十人。在國會中不能得多數。以表面之成績而論。不能不謂爲失敗。雖然。我黨員須平心思之。我黨既無爾許金錢。懸重價以誘啗人使入黨。又不屑用手槍炸彈挾武力以迫脅人使入黨。凡國人之爲共和黨黨員者皆自踐其良心而來耳。夫以吾共和黨之性質。其與現社會空氣不適也既若彼。在理本極難生存。然一年以來居然能成立千餘處之支分部。能結集千數百萬之黨員。能出將近三百名之議員於國會。亦可見人心未嘗盡死。而公理所在固有不容泯者耶。是故我共和黨。不能爲絕對的多數黨固可稱爲黨之失敗。我共和黨僅爲比較的少數黨。亦可稱爲黨之成功何也。以吾黨所處他位本極困難。今日得有如此之黨勢。已非易易也。

就黨勢上論之。過年一年之共和黨。介於成功與失敗之間。既如前述。就黨義上論之。過去一年之共和黨。果爲成功耶。爲失敗耶。更申言之。共和黨既以統一國家改良政治爲目的。過去一年間。此目的果能達到幾分耶。共和黨之責任。果曾盡得幾分耶。嗚呼吾黨言此。有餘怍焉。蓋吾黨雖抱此志願。而成績足以饜吾黨之望者。乃什未得一二也。吾黨日夜念此。實自覺深負疚於國民。雖然。亦有不能盡爲吾黨咎者。吾黨一面既須與腐敗社會爲敵。一面又須與亂暴社會爲敵。彼兩大敵者。各皆有莫大之勢力蟠亙國中。而吾黨以極孤微之力與之奮鬥。欲同時戰勝兩敵。實爲吾力之所不能逮。於是不得不急其所急。而先戰其一。不特此也。彼腐敗派與亂暴派其性質雖若絕不相容。然彼爲個人私利計。未嘗不可以交換利益。狼狽爲奸。則國事愈不可問。故吾黨認禍國最烈之派爲第一敵。先注全力以與抗。而與第二敵轉不得不暫時稍爲假借。吾黨鑑觀各國前史。見革命之後。暴民政治最易發生。而暴民政治一發生。則國家元氣必大傷而不可恢復。況我國今處列強環伺之衝。苟秩序一破。不可收拾。則瓜分之禍。卽隨其後。爲禍寧有紀極。故本黨對於橫行驕蹇之新貴族。常思所以裁制之使不得逞。一面則臨時政府。既經國民承認設立。在法律上當然認爲國家機關。吾輩只當嚴重監督。而不必漫挾敵意以與相見。吾黨對於臨時政府之設施。無一能滿意者。雖然。以爲當此存亡絕續之交。有政府終勝於無政府。而充亂暴派之手段。非陷國家於無政府不止。吾黨爲此懼。故雖對於不滿意之政府。猶勉予維持。以俟正式政府之成立。徐圖改造焉。此我共和黨一年來之苦心。可以與天下共見者也。而或者乃造作蜚語。誣指我共和黨爲官僚派。試問現在各國務員。爲共和黨黨籍乎。爲他黨黨籍乎。前清貪官汚吏爲國人所不齒錄者。今紛紛投入共和黨乎。抑紛紛投入他黨乎。若謂黨員中有曾任官吏或現任官吏者。即可指爲官僚派。則此又豈共和黨之所獨也哉。要而言之。我共和黨中雖未嘗無官僚。然非如他黨之假官僚以自重。例如强拉現任達官以入己黨。而遂以政黨內閣夸耀鄉愚。拉得前清一親貴入黨。即開大會歡迎。引爲莫大之榮幸。或藉黨力以爲黨人謀差。謀缺。其地方屬吏有與長官不同黨者。即予撤差。公文明示理由。而恬不以爲怪。此等手段。我共和黨所不忍爲。抑亦所不屑爲也。我共和黨一年以來。未嘗有覬覦內閣椅子之事。我共和黨中堅人物。未嘗有一人憑藉黨勢。要求美職。此經過之事實。昭昭然予天下以共見者。然則孰爲官僚派。孰爲非官僚派。明眼人當能察之。吾黨過去一年間。常取維持政府之態度。此誠事實。無所容諱也。然吾黨之維持政府。絕非欲因以爲利。徒以現在大局。決不能再容破壞。而暴民政治之禍。更甚於洪水猛獸。不可不思患而預防之。故於臨時期間。暫主維持政府。俾國家猶得存在。以爲將來改良政治之地步。共和黨之苦心實在是。官僚云乎哉。官僚云乎哉。

雖然。共和黨予人以可議之隙者。則亦有焉。我共和黨以愛護平和。維持秩序之念太重。不得不先注全力以遏亂暴派之謀破壞者。而不知不識之間。或遂爲腐敗派所利用。以致代人受過。此過去失敗之跡。吾黨人所最宜猛省也。今國中有一極奇怪之現象。一揭破之。足令人啞然失笑者。現在趙內閣。固明明國民黨首領黃興君入京時所斡旋組織。黃君日號於衆。指爲國民黨政黨內閣者也。而國民黨與共和黨。世俗所指爲兩造對抗之政敵也。其是否且勿論而現今之國民黨黨員。乃日日攻擊其黨魁所手造之國民黨政黨內閣。不遺餘力。而共和黨反乃蒙政府黨之名。政府中無一人不占籍於國民黨。無一人占籍於共和黨。而政府有失。共和黨乃代之受過。豈不怪哉。豈不冤哉。夫使政府而能踐共和黨之黨義。行共和黨之政策。則共和黨雖爲純粹之政府黨。有何可諱。固不必問國務員之有共和黨黨籍焉與否也。政府既不能爾爾。而我共和黨乃爲之擔受虛名。此乃所以爲冤也。此其故由於共和黨未嘗積極的表示態度。而惟以消極的維持現狀爲態度。既維持現狀。自不得不維持現政府。於是現政府之態度。遂累及共和黨之態度。質言之。則共和黨祇有被動的態度。而無主動的態度。共和黨所以日陷於荊棘。職此之由。此在臨時政府期間。國基與黨勢皆漂搖未定。誠或有所不得已而出此。今正式國會既已成立。吾黨若猶不改此度。恐黨將無以自存。而於設黨救國之初志。亦失之遠矣。

以鄙見所及。此後共和黨之態度有宜注意者四。

一曰共和黨自身宜取强立鮮明之態度　不依附。不遷就。不模稜。常確然示一黨所信以質諸天下。對於各種政策。爲具體的計畫。遇一大問題起。則爲公明的主張。務使旗幟鮮明。壁壘森峻。使國人一望而見爲共和黨之特色。然後黨乃有所以自立也。

二曰對於政府宜取强硬監督之態度　我共和黨本無攘奪政權之野心。將來組織正式政府。吾黨應否參與其事。今殊未能決定。但無論誰氏之政府。苟能服從共和黨黨義。采用共和黨所宣布之各種具體的政策者。則吾黨以全力擁護之。否則以全力對抗之。我共和黨雖無野心。而決不甘爲野心家所利用。我共和黨願爲國家之機械。而斷不願爲個人之機械也。

三曰對於主義相近之黨宜取融合態度　今國中除本黨外。尚有三大黨焉。民主黨統一黨與本黨主義相近者也。國民黨與本黨主義稍遠者也。本黨之黨員。其兼有民主統一之黨籍者亦頗不少。此三黨之黨綱及其所懷抱之政策本無甚異同。其所以畫分三黨者。不過一偶然之事實。非有他理由也。凡政黨政治以兩大黨對峙爲正。則三黨既無必須分立之理由。自應有可以融合之機會。此我共和黨所宜抱此希望以求兩黨之同意者也。

四曰對於主義相遠之黨宜取協商態度　國民黨所主張。常有與本黨立於兩極端者。謂非主義相遠之黨焉不可也。政黨各堅持其所信。激戰而不肯相下。此原爲美德。不足深病也。雖然。當國家危急存亡之時。苟黨爭無調和之餘地。則可以陷國家於滅亡。今目前諸大問題。如憲法問題總統問題。皆非得國會三分二以上之多數。不能解決。今吾黨固不能得三分二以上。他黨亦無一焉能得三分二以上者。共和黨與民主統一兩黨合。猶不能得三分二以上。即國民黨與民主統一黨合。亦終不能得三分二以上。使共和國民兩黨。惟相對抗。而絕無協商之餘地。則在國會兩院中終無道以解決此諸大問題。兩院既無道以解決。其勢非假院外勢力以解決之焉不可也。信如是也。則中國前途。豈可復問。吾恐國內勢力不能解決。將有國外勢力以承其乏矣。故我共和黨宜舉吾黨之所信者。以至誠惻怛之意。以與國民黨相協商。國民黨中固不乏愛國識大體之人。其所持論。當不至與本黨絕對不相容。本黨於其必須堅持者。自當堅持。於其可以交讓者亦宜交讓。如是然後先國後黨之誠意可以風示天下也。

以上四端。鄙人認爲共和黨現在所當持之態度。是否有當。願諸賢有以教之。

黨之態度既定。然欲使此態度得現於實。則黨內之團結組織。最當注意焉。歐美各國之政黨。其組織之密。團結之固。運用之靈。儼然與軍隊無異。故能成師以出。爲不可勝以待敵之可勝也。我國各黨。皆甫新造。內部之棼亂不肅。咸以爲病。而我共和黨亦未能盡免者也。今更取最宜注意之諸點。爲諸賢一陳之。

第一忌黨內分黨　既彼此政見相合。乃相結而爲一黨。則不容於黨內復分黨。其理本甚明。然今細察國中各黨。殆無一能免此病。黨勢愈大。則其病此也亦愈甚。此無怪其然也。人之性質。有毗陰毗陽之異。其學識有見仁見智之殊。加以地方上感情之差池。地位上利害之矛盾。人之羣聚愈多。其萬有不齊也愈甚。故大黨中復分小派。實爲最易蹈之弊。雖然。黨中苟犯此弊。則其黨之衰亡可立而待矣。且勿徵諸遠。彼日本黨派之情狀。在坐諸賢。當略能知之。彼其國民黨。本最有歷史之民黨也。然以黨中有改革非改革兩派。互相軋轢。用是久不能發達。卒至破裂。彼其政友會。疇昔伊藤統之。占絕對多數於議會。近亦以黨中復分黨。破裂一部以去。於是兩黨皆不競。而藩閥之燄得以復張矣。美國共和黨。握政權垂四十年。近以盧斯福與塔虎特積不相能。黨中分黨。遂爲民主黨所敗矣。記曰。兄弟睦。家之肥。苟其鬩牆。則外侮必乘之。故黨內有黨。則其黨不必遇外敵而先自敗。敬告吾黨諸君子。宜常自警惕。熟察黨中是否有此弊。如其有焉。則速當思所以消弭之。如其無焉。亦當思所以預防之。其所以消弭預防之法。則宜勿責人而惟責己。若自己稍存排斥他人之心。則自然感召他人使排斥我。黨中分黨之病根。實在於此。黨員能常自省自責。則此病吾知免矣。

第二萬事須公開　立憲政治所以異於專制政治者。以彼采祕密主義。而此采公開主義也。立憲政治之運用。

全恃政黨。故必政黨自身常采公開主義。然後可以運用公開之憲政。若黨務常行於囁嚅耳語之間。則已非復政黨之作用矣。若夫對於他黨之作戰計畫外交手段。非無一部分當守祕密者。則以委諸綜攬黨務之人。與公開主義固並行不悖也。抑所謂公開者。非謂每治一事。必須一一徧求全黨員之畫諾也。政策態度。公開以定之。分科治事。公開以任之。各職員於其權限內所應治之黨務。固可以專行而無所掣肘。其所行之成績。則屆時公告之。所謂公開者。如是而已。

第三黨員勿自居於客體　凡團體之爲物。皆以團體員爲分子而構成之。舍團體員以外。更無所謂團體者存。故團體與團體員兩者不能分離。國家一種之團體也。政黨亦一種之團體也。專制國家所以不能長治久安者。其國中多數人民皆自居於客體。而惟認一人或少數人爲主體。故愛國之念無從發生。其眞與國同休戚者。不過爲主體之一人或少數人耳。其他則與國家漠不相關。或衣食於國家。謀分國家之利益。以營其私者也。此種國家萬無能臻盛强之理。惟黨亦然。黨員若不自視爲黨中之主人。而自視爲黨中之客。則其黨未有能發達者也。而不幸現時國中諸黨之黨員。大率皆犯此病。謂余不信。證以現時耳聞目見之事實。而至易睹也。各黨日以拉人入黨爲事。而被拉者拿腔作勢。要求種種條件。此如驕貴之客。以臨存一故舊。而示德色也。議員到京。各黨爭爲供張以招待。此周旋生客之禮也。招待稍不周。輒事挑剔。此亦貴客之恆態也。對於黨中。僅思享權利而不思盡義務。凡賓客之臨存人家。本惟有權利可享。而別無義務可盡也。其他類此之事項。尚更僕難數。試問今者各黨黨員。其能免此病者。果有幾人哉。夫與主人之名稱相對待者。其一曰客。其二曰奴隸。客與奴隸。雖名義上之榮辱有異。而實質上之無權力則同。國民之自居於客體者。惟務分取國家之利以自營。於是君主或政府卽盤踞國家之全利。而分其餘以餌之。則足以奔走多數人使爲之奴隸而不自覺矣。黨員之自居於客體者。惟務分取黨之利以自營。若全黨員皆爾爾耶。則黨中無一主人。其黨必散。若猶有人出而任黨事。則彼自居客體之黨員。不至變爲少數任事者之奴隸而不止也。嗚呼。諸君儻容鄙人貢其不諱之言乎。今各黨競懸重價以購議員。而議員亦待善價而沽。此與鬻身爲奴。抑又奚擇。然則自居於客者。果非淪於奴焉不止也。而一黨中以客籍黨員奴籍黨員充牣之。則黨亦復何賴。吾深願我共和黨黨員皆自知爲共和黨之主人。而非共和黨之客。則黨庶有所託命矣。

第四黨員戒自由行動　黨員若自居於客體。則必放棄責任。其爲黨病。夫旣言之矣。若黨員人人皆競起而負責任。則又有最易犯之一弊焉。則自由行動是已。自由行動者。非必其違背黨義不忠於黨也。就令恪遵黨義而甚忠於黨。然自由行動之結果。常足以陷黨於危敗之地。夫黨譬則軍隊也。黨略譬則戰略也。戰何爲而必用軍隊。以人自爲戰之不可恃而不足以抗勁敵也。旣成一軍隊以臨疆場。則必有口號以齊其步伐。有金鼓以司其進退。靡特怯者不許其獨怯也。卽勇者亦不許其獨勇。若一軍之行動不稟承於司令。而將校士卒各任意以赴敵。則需此軍隊之名目何爲者。勢亦必至自取覆亡已耳。惟黨亦然。凡政黨以議會爲戰場。以議員爲戰鬥員。以議案之計畫爲戰略。每一議案之起。當先集議員議定應付之方略。將全黨議員分派定。孰爲挑戰之師。孰爲游擊之師。孰爲中堅。孰爲前茅。孰爲後勁。勝則若何進取。敗則若何補救。計畫旣定。入議場則率以行之。使之有條不紊。無瑕可攻。此制勝之道也。院內固如是矣。卽院外之所以奔走轉輸爲預備爲應援者。亦皆循是道焉。然後能爲不可勝以待敵之可勝。故黨中不許自由行動。猶軍中之不許自由行動也。更從他方面觀之。自由行動。既所厲禁。自由不行動。亦所深戒。例如會期不列席。議案放棄表決權。或院外奔走不盡力。皆所謂梗黨命而敗黨事者也。此猶刑法上有作爲犯有不作爲犯也。若黨員之行動不行動。一皆服從黨命。則其黨庶可以與敵黨相見矣。或疑如此則黨員失其自由。豈非等於機械而喪失人格。曰等於機械則誠有之。喪失人格則非也。凡團體員一面爲其團體之主人。同時又一面爲其團體之機械。國民之對於國也有然。黨員之對於黨也亦有然。國民而不願爲國之機械。則國無與立。黨員而不願爲黨之機械。則黨無由成。然雖一面爲機械。一面仍不失爲主人。何也。當決定黨議之時。黨員皆得列席。自發表其意見。而決於多數。既決議。然後服從之。決議後固不得自由。決議時固有完滿之自由也。吾服從吾自由意志所決議者。則於吾之自由未損毫末。而何有喪失人格之爲慮也。

第五黨議勿爭小節　黨議之決定。實關一黨之命脈。而決黨議。必須由黨員自由討論。苟黨員間或有兩種以上之意見。相持不下。則黨議將不能成立。而於黨之進行。將蒙莫大之損害。且爭黨議若相持太劇。則黨員間易生惡感。其極也或招黨之分裂。此治黨事者所最宜預防也。欲免此弊。則惟當注重大體。而小節則務求交讓。此黨員自治之要訣也。夫人既相結爲一團體。則其性習感想。必有大段相同者存。其對於大問題。所見必甚相近。惟問題愈小者。則其差池亦愈多。例如當此座客久坐病渴之時。（記者案演說時坐中設茶先生即舉茶杯設譬）提議一應否飲茶之案。自不必多費討論。自能通過。其有或主張飲水者。飲啤酒者。總不能得多數之同意。故飲茶之案。必易議決。若更提一案。謂宜飲香片茶耶。宜飲龍井茶耶。宜飲普洱茶耶。則各人各有所好。其理由可以層出不窮。而辨論可以甚烈矣。此問題愈小則意見愈歧之明證也。其實此時得茶而飲。誠爲要事。是宜力持以求必得者也。茶之爲香片爲龍井爲普洱。無關宏旨。可以交讓而不必力持者也。然在不識大體之人。則往往好爭其小者而遺其大者。卽如去年一年之參議院。以吾觀其議案。皆爭香片龍井普洱之類。而於得茶之道。反遺忘焉。而黨見乃緣此愈鬧愈甚。誠可笑可憐也。試以我共和黨黨員之見地論之。例如憲法問題省制問題財政計畫問題等。凡國家犖犖數大政。吾信吾黨人所見皆略從同。當開黨議時。決無甚衝突之餘地。若次一等之政策問題。則吾不敢保其必能一致矣。等而下之。至於細碎之黨務。或黨員個人之位置。則必人各有見。絕不能從同。黨員如有軋轢。必從此等事起。實則此等事於黨之榮悴何與。而斷斷爭之何爲者。英國政黨政治所以完善發達者。彼其在朝在野之兩黨。非遇重大問題。則不爲激烈之辯爭。而常務交讓。此黨之所以能福國而不病國也。吾黨宜深知此意。其與他黨辨爭。必關於國家之大問題。然後用之。其在黨內辨爭。必關於全黨之大問題。然後用之。如是則國是與黨議皆易於成立。不至以黨爭病國。不至以個人之爭病黨矣。

啓超對於共和黨之地位及其態度。與夫內部組織團結之法。所見大略如是。敬貢之以質諸賢。（後略）

政治上之對抗力

電有正負。斷其負線。則僅一正線不能以發電也。力有吸拒。日吸地而地拒焉。地吸庶物而庶物拒焉。吸者自吸。拒者自拒。吸與拒交盡其用。而宇宙乃相與維繫於不敝。兩者有一弛。則乾坤或幾乎息矣。機器之轉運也。有發動機。有制動機。輪輪相屬。而輪各有牙以鍥之。非是則機終不能爲用矣。此原則非徒麗於物理也。卽人道亦有然。人類之所以能建設政治。政治之所以能由專制進爲立憲。皆恃此也。

强有力者恆喜濫用其力自然之勢也濫用焉而其鋒有所嬰而頓焉則知斂斂則其濫用之一部分適削減以去而軌於正矣百年以前各國之政治未有不出於專制者也而千回百折卒乃或歸於君主立憲焉或歸於民主立憲焉皆發動力與對抗力相持之結果也卽在既立憲之國其間雄才大略之君相憑權藉勢之黨派亦未始不躍躍然常懷專制之思也然其不能焉者知他方面對抗力之不可侮也苟一國中而無强健實在之對抗力以行乎政治之間則雖有憲法而不爲用是故非獨君主國有專制也卽共和國亦有之英國當克林威爾執政時法國當兩拿破崙未卽眞時墨西哥當爹亞士任總統時其國體固儼然共和也而政體實爲專制今中美南美之多數共和國事實上皆專制國也若法國當馬拉丹頓羅拔比爾迭僭迭仆時史家指爲暴民專制者更無論矣彼諸國者當時未始不有憲法也其憲法之內容與他國他時代比較亦非必有所大劣也（就中如中美南美諸國其憲法內容大抵什九摹仿美國也）而政治現象相反乃若此者蓋政治爲一種活事實而法典不過一種死條文運用死條文以演成活事實得失之林存乎其人是故國體雖從同而政體或適得其反也

凡國民無政治上之對抗力或不能明對抗力之作用者其國必多革命聞吾言者或疑焉以謂革命也者對抗力之積極的發現也人民苟非富於此力則革命安得起起矣又安得成今子乃以無對抗力爲革命之原因甚矣其誕也應之曰不然國非專制則斷不至釀成革命人民稍有政治上之對抗力則政象斷不至流於專制其間因果關係之蹟既歷歷易見矣然吾之論據猶不止此對抗力者對於發動力而得名者也故必他方面有一强大之力與之對待而不爲所屈撓乃得曰對抗（力學上吸拒之用最足明其義）若彼方面之力已就消滅而此方面之力起而與之易位則不曰對抗更申言之則凡言乎對抗力者其力必爲相對的而無對抗力者其力必爲絕對的也

政治上之力而成爲絕對的．則其政象未有不歸於專制者也．夫各國革命之業．皆成於舊朝專制力就滅之時而已．英國最被專制之毒者爲占士第一時．而革命之禍中於查理第一．法國最被專制之毒者爲路易第十四時．而革命之禍中於路易第十六．蓋彼對抗力薄之人民．常服從於強權以自卽安．當淫威正盛莫之敢攖．及乎其威已殺．魚爛自亡．如將隕之籜．無所假於疾風．如垂斃之虎．不足煩於徒搏．前代革命之業．什九皆以此因緣成功者也．及其革命後所演生之政象．則又仍視乎對抗力之發達何如．使能於革命前革命中醞釀成一種強健正當之對抗力而保持之．則緣革命之結果．第專制可以永絕．而第二次革命．可以永不發生．而不然者．以疇昔厭苦專制之人．一旦爲革命之成功者．則還襲其專制之跡以自恣．如弱媳見凌於惡姑．及其生兒娶婦．則還以己身二十年前所受之痛苦加諸其媳也．而多數被治之民．前此憔悴於舊朝專制之下而莫敢喘息者．易人以專制之．而莫敢喘息如故．如久隸奴籍之人．販鬻他主而安之若素也．若此者．無論革命後仍爲君主國體．或變爲民主國體．而於政象之革新．國運之進化．絲毫無與焉．其仍爲君主國體者．則易姓之君王專制也．其變爲民主國體者．則或少數之梟雄專制．或多數之暴民專制也．其易姓之君主專制．則中國二千餘年之史蹟是也．其少數之梟雄專制．則克林威爾之在英．爹亞士之在墨．與夫中美南美之武人迭僭皆是也．其多數之暴民專制．則法蘭西大革命後十年間是也．其形式不同．而其得專制則同．其醞釀第二次革命則同．其經一兩次革命之後．而漸能養成強健正當之對抗力者．則及其既養成焉．而革命隨而絕跡．如英法是也．亦有經屢次之革命．而終不能養成強健正當之對抗力者．則其國之歷史．以革命相始終．如中國自秦迄淸是也．如中美南美諸國自共和成立以迄今皆是也．若是者．苟其國能閉關自守．則僅內亂以塗炭其民已耳．若有大敵以臨之於外．則國必且折而入於敵。我國所以有遼金元淸之禍。而印度所以墟於英。波蘭所以縣於俄奥普。皆坐是也。此種無對抗力之國民。其起革命於國中也甚易。及其既起。而景從者必甚衆。何也。以平居無對抗力之故。聽强權者之自恣以成爲專制。專制之下。其愁苦而思亂者本十人而八九矣。徒以刦於專制淫威之方張。不獲有所逞。然而能專制者恆存乎其人。人亡而威弛焉。一弛則梟桀者乘之而起矣。梟桀起則强權之中心點隨而轉移。以久習於服從强權之人。則視强權之所趨而膜拜於其後。固其所也。不寧惟是。其莠黠者更欲攀鱗附翼。竊取强權之一部分以恣其可恣者而陵其可陵者。人人有因利乘便之心。響應安得不疾。秦末之一夫發難。耡櫌景從。漢末之三十六方同日而起。乃至歷朝鼎革之交。無不四海鼎沸。摧舊朝若拉枯朽焉。皆坐是也。而中美南美諸國每數年必起一次革命。每一革命而應者動居全國之半。亦坐是也。其失敗也則指爲猖獗脅從。其成功也則夸曰天與人歸。實則高下在心。牛羊何擇。此其證驗。豈必在遠。當拳匪之熾也。匪跡所至。家家拜大師兄。何以故。以無對抗力故。及聯軍之入也。軍威所覆。家家懸順民旗。何以故。以無對抗力故。夫以無對抗力之人民。臨之以强權。何施而不可。有强權者而爲本國人。屈服焉猶可言也。雖屈而猶冀有一日之復能申也。其奈對抗力消磨既盡。則國中將無復一强者。即有差强者。而其强決不足以與人競。臨以外襲之强權。而所謂猖獗脅從天與人歸之現象。又且立見矣。嗚呼。有憂國之責者。安可不栗然懼也。

强健正當之對抗力何自發生耶。曰必國中常有一部分上流人士。惟服從一己所信之眞理。（其果爲眞理與否且勿問但一己所信爲眞理者而從之斯亦足矣）而不肯服從强者之指命。威不可得而刦也。利不可得而誘也。既以此自厲。而復以號召其朋。朋聚衆則力彌於中而申於外。遇有拂我所信者。則起而與之抗。則所謂政治上之對抗力厥形具矣。今代各立憲國之健全政黨其所以成立發達者恃此力也夫既自知對抗力之可貴則於他人之對抗力亦必尊重之故當其在野也常對抗在朝者而不爲屈卽其在朝也亦不肯濫施强權以屈彼與我對抗之人知電之不能有正線而無負線也知輪之不能有發機而無制機也故時而自處於正線自處於發機時而自處於負線自處於制機皆自覺其有莫大之天職自信爲有所大貢獻於國家而絲毫不改其度也如此然後政治得踐常軌國有失政不必流血革命而可以得救濟之道立憲國之所以長治久安胥是道也

人與人之相處也凡善諂者必善驕治者與被治者之相互也當其爲治者而好陵人當其爲被治者而必甘見陵於人矣天下之穢德莫過於是也而國中上流人士苟習於此德則其病必中於國家而不可藥故識微者蠹然其憂之

政治上之對抗力以何因緣而萎瘁以何因緣而銷亡耶曰由於弱者之不能自振者什之二三由於强者之橫事摧鋤者什而七八夫眞政治家未有畏人之對抗者也彼本有所挾持以對抗人卽以待人之對抗我而何畏之與有惟自審遵常軌不足以與人對抗者始憚人之對抗我由憚生嫉乃不得不設法滅削人之對抗力以圖自固其所以滅削之之法不出二途一曰摧鋤窘僇之務屏其人於政治活動之範圍外卽活動焉亦使受種種妨害而不得立於平等競爭之地位其在專制國此手段公然直接行之而無憚也其在僞立憲國則往往以極陰險極祕密之手段行焉如參亞士之在墨西哥最其顯例也二曰浸潤腐蝕之以爵位金錢移易其志操傳所謂吾且柔之矣使其對抗力自然消失而無復可憚其在專制國固慣用斯技故曰天下英雄在吾轂中其在僞立憲國變其形而襲其實者亦往往而有如日本藩閥之待政黨最其顯例也其他文化幼稚自治力薄之國民

其黨派之互相對待、出種種卑劣手段以妨害敵之對抗力者。更指不勝屈。此或按諸其國情有所萬不得已。而利用人類之弱點。亦未嘗不收奇效。於以保强權而圖自存。爲道固得。而豈知各方面對抗力銷蝕既盡之後。全國政治力成爲絶對的。其結果必爲專制。而專制繼起之結果。必爲革命。究其極則何利焉。況乎人民於內政上失其對抗力。則國家於外交上又未有能保其對抗力者也。舉國皆柔懦巧媚之民。政治現象愈變而愈下。外力乘之。待亡而已。是故愛國之君子。有遠識之政治家。終不肯斲喪人民政治上之對抗力以自貽毒也。

多數政治之試驗

今日國事最可憂者安在。財政竭蹶。司農仰屋。恃債爲活。債債相續。始以啗餌。繼以監督。人扼吾吭。將洞吾腹。吾憂之。雖然非其至也。患貧爲國家所時有。並世諸雄。經茲艱窘者。徵彼史乘。靡國蔑聞。得人而理。起瘠潤枯。捷於反掌。而況我國藉天府之資。蒙可大之業。區區擔荷。固未至病且瘏也。藩屬翦棄。日蹙百里。手足剝落。已成人彘。均勢所牽。將及腹地。甌墮難完。瓜剖行至。吾憂之。雖然非其至也。連雞之勢。莫敢先動。尚可假我以數年之歲月。使徐圖振厲。卽邊徼小警。尚非無以自存也。州將驕橫。草澤蠢動。元勛徧地。擁兵自重。挾彈相薄。操觚交鬨。國基岌岌。羣情洶洶。吾憂之。雖然非其至也。內訌慘禍。各國時所不免。鼎革之交。猶爲習見。中央威信。苟樹自能戢戎心。使勿發。卽萬不得已而致有日本西南之役。美國南北之役。一經底定。而國勢或反緣而銳進。此如陰曀彌旬。雷雨一震。而萬彙反以昭豁也。官僚積弊。根深蔕固。窟穴城社。譬彼狐鼠。相踵效尤。魔之不去。墮國冥冥。如物自腐。吾憂之。雖然非其至也。凡權勢之所寄。非有監史立乎其上。紀乎其旁。則鮮不自恣。人情恆然。病非我獨。近世各國。以立憲政體爲整飭官常之塗徑。明效章章可睹。式遵往轍。固未必窮於術也。是故今日國家可憂者誠非一事。然要皆非其至焉者。何則。凡國家必有政本之地。政象之爲良爲惡。皆自茲出。政本旣淸。則從政者必得人而能盡其用。從政者旣得人。且盡其用。則無不可靖之內訌。無不可捍之外患。無不可廓淸之宿弊。無不可建樹之新猷。區區一時之艱鉅。一事之盤錯。其不足危及國命明矣。故曰雖可憂而非其至也。

所謂政本者何物耶。其在君主國。則一人之君主。其政本也。名曰獨裁政治。其在貴族國。則少數之貴族。其政本也。名曰寡人政治。其在共和立憲國。則多數之人民及其代表。其政本也。名曰多數政治。獨裁政治。他不足憂。而惟君主之昏淫爲足憂。寡人政治。他不足憂。而惟貴族之墮落爲足憂。多數政治。他不足憂。而惟人民代表之衺曲爲足憂。疇昔讀史。見夫古大臣莫大之事業。不外格君心之非。而引之當道。師保疑丞。工師瞽史。皆以爲君主夾輔補助。重規疊矩。而未有已也。竊疑國政民事。亦多端矣。其直接受成君主者有幾。而言政者惟集注精力於君主一身。毋乃病迂。及深求其故。乃知在獨裁政治之國。必有良君主。乃能有良政府。必有良政府。乃能有良政治。所謂一正君而國定。實爲不可磨滅之大原則。前哲所以斷斷謹是者。其於政本之義。蓋有所眞知灼見。非苟焉已也。豈惟我國。卽歐西列强。在疇昔政出君主之時。其政治家所務。蓋亦莫先於是耳。抑各國以何因緣。乃競排君主獨裁之政。而代之以共和立憲耶。獨裁國欲淸其政本。則惟用力於君主之一身。然而君主也者。生於深宮之中。長於阿保之手。其納於邪也易。而喻於道也難。重以廉遠堂高。使民戰栗。責難陳善。批鱗繩木。其道益不易施也。故國有誼辟。惟賴天幸。而人事所得翼進者。什無一二。夫以億兆之命。託諸一人。而此一人之賢不肖。復委心以乞靈於天幸。此其道至險也。以故得良政治之時少。得惡政府之時多。而國之亂日。亦多於治日。故夫政論家之排君主獨裁而尊共和立憲也。非必其有所深讐宿憾於君主。鑒乎以君主爲政本。而正其本之不易易也。然則以多數人民爲政本者。其正本之道果遂易易乎。曰國之得賢君主。全恃天幸。無論何國。皆不能繼續永世常獲天幸。然無論何國。皆可以隨時希冀天幸。或意外獲之。故在君主獨裁之國。其政象之或良或惡。無一定之塗軌。而惟以天事左右人事。此各國之所同也。以多數人民爲政本者。一時代一國土之人民。其程度略有一定。程度優秀者。政本自清明。政象自向上。雖欲撓壞而無所動搖。程度劣下者。政本自混濁。政象自棼亂。雖欲弋取而無所徼倖。程度優秀之國民。其個人非無劣下者。而一以入於多數中。則無如多數何。不足以爲病也。程度劣下之國民。其個人非無優秀者。而一以入於多數中。則亦無如多數何。不足以爲喜也。程度劣下之國民。而政本非自多數出者。徼天之福。幸而遭值個人之優秀者。居君相之位。則國家可以意外獲無上之尊榮。程度劣下之國民。而政本復出於多數。則惟有坐聽國家流轉於惡道。永世不能自拔已耳。是故獨裁政治。其善惡爲不定性。而此善惡不定之原則。無論何時何國。皆適用焉。多數政治。其善惡爲比較的固定性。然或固定而畸於善。或固定而畸於惡。則恆視其國民程度以爲鵠。而甲國與乙國。甲時代與乙時代。不能相襲也。英美等國。雖萬更其政局。而政象終無由以流於惡。中美南美諸國。雖萬更其政局。而政象終無由以趨於善。論世者不深求其故。或以爲是有幸有不幸也。或以爲外界所環轃而因應者有殊致也。或以爲法制有善不善有備不備也。以吾政本之說衡之。乃知其所以致此者。實有大原。而必至之符。其應如響。明夫此。而得失之林。乃可與語矣。

吾嘗歷覽古今諸國。見夫行多數政治而能善其治者。其不可缺之要素有二。

第一　國中須有中堅之階級。所謂階級者。非必如印度之喀私德。如埃及之毗盧。嚴辨等威。溝絕而不相通也。

要之。必有少數優異名貴之輩。常爲多數國民所敬仰所矜式。然後其言足以爲重於天下。而有力之輿論出焉。夫有力之輿論。實多數政治成立之大原也。問者曰。既名曰多數政治。而乃謂必恃少數以爲中堅。名實先不相應。斯義云何。能立應之曰。不然。理論上之多數政治。謂以多數而宰制少數也。事實上之多數政治。實仍以少數宰制多數。夫絕對的理論上之多數政治。非可不可之問題。乃能不能之問題也。彼號稱多數政治之國。其多數勢力之發動。豈非在議會耶。豈非在政黨耶。其形式之現於外者。則多數之結集也。多數之表決也。夷考其實。則無論何國之議會。何國之政黨。其主持而指揮之者。爲多數人耶。爲少數人耶。不待問而知其必爲少數人也。已矣。而在有中堅階級之國。則以此少數之中堅階級爲根幹。乃孳衍枝葉。以成多數。斯發育有序。盛美可期。而不然者。則或並多數之形式而不能成。即暫成矣。而不能繼續。而其末由致盛美。更無論也。試視多數政治成效卓著之國。其在古代。有若希臘之雅典。有若羅馬。後世言共和政治者。罔不推爲祖之所自出。實則主持國是者。極少數之特別階級而已。即其所謂公民。亦不過全體人民中一極小部分耳。（羅馬貴族平民之爭。歷史上最有名。實則當時所謂平民。不過羅馬全國民百分之一二。此外尚有奴隸及新入籍者。不得與於公民之列。蓋公民已成一特別階級矣。其貴族則又特別中之特別也。）降及近世。英國爲多數政治之極軌。而其憲政成立之主動力。全由貴族。此稍有史學常識者所同知也。百年以來。政在兩黨。而其有名之政治家。出於名門者什而八九。（英國最有名之雜誌曰「評論之評論」者。去年六月份有一文。列舉近一百五十餘年來英國政治家百人。其出於名門者九十二人云。蓋英國雖反抗貴族政治之人。其本人亦往往出身貴族。即如兩年來改造貴族院之問題。其倡議及決行者。皆貴族院自身之議員也。）其他歐洲諸國。模擬英國。而能無隕越者。其社會之有中堅。則亦猶英也。至如美國。以絕對的平等主義爲標幟。特別階級。懸爲國禁。宜若與歐洲諸國共通原則相反。然按諸實際。彼自建國以前。清教徒之由歐陸移殖者。自昔固久已爲重於茲新邑。獨立之際。出萬死一生以奠丕基者。又屬此輩。建國後百餘年。其盡瘁國事垂芳譽者。什九皆東部名閥也。準此以談。則故家喬木。彼美國亦曷嘗無之。驟聞吾言者。其或以吾有夢想貴族政體謳歌寡人政體。以思與近世之政治潮流相反抗。吾雖至愚。何至爾爾。吾所謂中堅階級者。非必門第族姓之謂。要之國中必須有少數優秀名貴之輩。成爲無形之一團體。其在社會上公認爲有一種特別資格。而其人又眞與國家同休戚者也。以之董率多數國民。夫然後信從者衆。而一舉手一投足皆足以爲輕重。夫治道無古今中外。一而已。以智治愚。以賢治不肖。則其世治。反是則其世亂。無論何時何國。皆賢智者少而愚不肖者多。此事實之無可逃避也。是故理想上最圓滿之多數政治。其實際必歸宿於少數主政。然緣是而指其所謂多數者爲虛僞得乎。曰不得也。主持者少數而信從者多數。謂之多數。名實副也。其在無中堅階級之國。國中無一人能爲多數之所崇信者。國中亦無一人肯崇信他人者。國中無一人焉其言論眞足以爲輕重於政治。雖然。無論若何無價値之人。皆振振焉欲發言。無論若何無價値之言。必有若干人附和之。而其言恆足生若干影響於政治。若而國者。其國中自稱爲輿論者恆甚多。而足以代表絕對多數心理之輿論決無有也。其國中自稱爲政黨者恆甚多。而足以代表絕對多數勢力之政黨決無有也。故羣言淆亂。小黨分裂。實爲此種國家自然之象。必至之符。夫多數政治之爲物。必也每一問題發生。而國中言論畫分可否二派。此二派中。必有一派爲絕對占多數者。國家於是從而舉廢之。不寧惟是。凡各種政治問題。必有聯帶之關係。以甲事爲可者。則乙丙等事。必聯帶而可之。以甲事爲否者。則乙丙等事。必聯帶而否之。夫然後施政有系統而不至互相衝突也。故曰多數者非泛焉而已。尤必有兩界說以實之。一曰絕對。二曰有系。苟非爾者。則多數政治之精神。末由貫也。而在無中堅階級之國。則此兩界說者。終古無道以實現。蓋以小黨分裂故。而絕對的多數終不可期。以羣言淆亂故。而有系的多數終不得見。若而國者。若猶必欲假多數之形式以行政治。其求得之之法。惟有三途。一曰餌誘。以金錢或其他之利益操縱分立之各派。其私昵者豢養之。其中立者歆動之。其反對者買收之。此得多數之一術也。二曰威偪對於異己之黨。以全力抑壓撲滅之。務使之不能存在。即存矣。而亦不能活動。此又得多數之一術也。三曰煽惑。遇一問題足以刺激多數人之感情者。則攫而利用之。使人馳突於一極端。不復能見全局之利害。而因以盲從己意。此又得多數之一術也。此三術者。無論在朝黨在野黨。皆可以行之。而時有奇效。此三術者。在有中堅階級之國。決不能售。若貿然行之。則非惟不能得多數。而反以失多數。其在無中堅階級之國。則行此三術。乃最適於生存而常優勝者也。然用此諸術以弋取多數。是得目爲多數政治已乎。夫以餌誘而得多數者。市道之結集耳。以威偪而得多數者。表面雖多數。而裏面乃多數之反也。以煽惑而得多數者。如中酒然。酒力一過。則懨憊有逾於恆度。故此種虛僞之多數政治。祇足以供一二野心家一時之利用。而於國家絲毫何補者。僅無補猶可忍也。一二野心家成功之結果。能使國中道德之元氣。生計之基本。消磨剝蝕以盡。而國復何以立於天地。然則若而國者。苟無野心家出現。或覬野心家之將出現也。而亟亟防制之摧抑之。如是而理想的多數政治。遂可以成立乎。曰是又安能。有一大野心家。猶能遏制無數之小野心家。使不得逞。而民之直接受其荼毒者。猶有限制。若並此而無之。則必至全國中無足比數之人。咸張牙舞爪以思攫權利。而蜩唐沸羹。終靡有定耳。由前之說。斯産神奸。由後之說。斯福小醜。政象而至於福及小醜。則眞乃以愚治智。以不肖治賢。聚羣愚羣不肖以爲政。而多數政治之禍。乃烈於洪水猛獸矣。由此言之。無中堅階級之國。而欲效顰多數政治。果無一而可。謂余不信。則我國今日。正其試驗中也。

歐洲政治革進之原因

我國曷爲而革命。曷爲而共和。豈非欲改良其政治耶。我國民曷爲而忽思改良其政治。豈非受歐洲各國之觀感。知我政治之不如人而欲取人以爲善耶。顧各國之欲改良其政治者亦多矣。然而有改焉而良者。有改焉而終不良者。夫所謂良政治之軌範。只有此數也。其跡粲然而非限人以相師也。然鼎鼎百年間其能稍具規模者僅十數國。其緝熙而日光明者僅數國。其他則匪惟學焉不至。且失其故步以自卽於滅亡者比比然也。豈天道有所私。而運命之足以左右人國耶。夫婆娑之樹。其蔭千畝。發榮之本。實由根幹。滔滔大江。朝宗於海。盈科而進。實恃有原。徒誦羨他人之美。而不察其所以致此之由。以論世固失當。以資治抑乖術。覆轍相續。恆必由茲。先哲有言。爲政在人。又曰法令者治之具。而非制治清濁之原。在過信法治主義者。以謂人存政舉。人亡政息。惟專制之治則然。政出民衆。弊斯立免。殊不思一人人也。衆人亦人也。恃一人以爲政者。其一人適於爲政則政舉。反是則政息。恃衆人以爲政者。其衆人適於爲政則政舉。反是則政息。事有固然。理無二致。吾黨夙鼓吹革政。而又常以人民程度未至爲懼。急進之士。以爲訴病。謂是侮吾民也。數年以來。政名屢易。政象滋棼。論世者探本窮源。亦漸知人民程度之高下與政治現象之良窳。其因果蓋相覆矣。然所謂人民程度者。其界說抑又當有辨。聞之一國所以能立於大地而日進無疆者。非恃其國民之智識也。而恃其品性。以智識論。則羅馬共和肇造時代之人民。簡愿樸僿。聞見隘陋。以視帝政末葉之人民。其開明程度不逮百一。然前此能以一都市鞭笞天下。後此乃舉千年統一之成業。魚爛而瓦解之。印度人之於哲學文學科學美術宗教。其優勝於英人之點甚多。而二萬萬之印人。遂爲區區極少數英人之奴隸。腓力特列時代之普人。以傫野不齒於大陸。而數葉以後。能使文物爛然之奧法。匍伏其下也。日本今日人智之進步。視彼明治初元。奚翅十倍。然以前此之冥行擿埴。顧能廢封建而統一。革專制而立憲。至今日而憲政危機之聲。反洋洋於國中也。由此觀之。論政而歸本於人民程度。固是矣。論人民程度而以智力爲標準。其去治本則猶遠也。吾嘗考歐洲諸國政治進化之軌跡。確信爲政在人之義。爲中外古今所莫能易。彼諸國政象所以獲有今日。實諸國國民之品性能自造之。而其品性所以能淬厲完美者。又自有其原。竊述數事。以備言治道者鑑法焉。

歐洲自中世以降。剖爲封建者數百年。於是其社會中有貴族之一階級。貴族本社會之障害物也。後此各國革命。其所革半即在此。此其非郅治之世所宜有。不煩言辯也。雖然。害之所在。而利亦往往與之相緣。凡一國之所以與立者。必以少數之上流社會爲之中堅。而此少數人品性之高下。即爲一國榮悴所關。歐洲之貴族。雖驕奢淫泆。恆所不免。然皆以武士起家。故其人大率重名譽而輕生命。尚任俠而賤財利。抗骨鯁而惡諂佞。信然諾而恥欺詐。尊法紀而厭褻曲。既別自爲一階級。互相觀摩激勸。薰染成風。其父兄之敎不肅而成。其子弟之學不勞而能。代代相襲。以隤家聲爲大羞。故其精神恆歷數百年不絕。故家喬木。常爲重於國中。其與國休戚之念。亦較齊民爲切。至其修學獲常識。又較易。其明習政事之機會。又較多也。國有外難。則執干戈以爲捍城。暴君非理之壓制。則聯而抗之。使不得逞也。故英吉利匈牙利之立憲政治。其作始之也。自貴族。其他諸國。遵斯軌者亦泰半焉。其地方自治之習慣。半由采邑養成。英國百年來有盛譽之政治家。其產自貴族者什而八九。德國當代政界軍界學界之巨子。强半皆貴族也。而此兩國政象之美。實冠宇內焉。夫非謂貴族之必果有益於人國也。然國中必有一部分之人常矯然自重翹然自樹立以蘄爲齊民矜式其與國家利害極密切而不肯坐視也則國家賴之矣其在我國古代謂之「士君子」一春秋稱人人有士君子之行以是爲郅治之極軌焉今世教育家言以養成人格爲第一義而歐洲向來之貴族類皆能兢兢於人格者也英國阿士弗金布利治兩大學其學科無以遠駕於他國而獨以養成 Gentlemen 爲職志 Gentlemen 之義惟我國所謂士君子者足以當之其以此爲敎即欲使前此貴族之人格觀念普及於社會所謂人人有士君子之行也準此以談歐洲之有此種特別階級非直不爲進化之梗乃反爲進化之媒此其政治革進成功之一原因也

歐洲宗敎改革之歷史爲血腥所充牣戰事亙百餘年騷動徧十數國死於斯難者不知其幾百萬輩也皮相者流睹彼悲壯慘烈之蹟輒謂歐人執拗殘忍其天性也其宗敎亦徒激越人民之感情而不軌於正道夫其偏至之病固不容爲諱也然緣此之故能磨練人民嚴正之精神使發育以施諸有政其影響於後此之進化者實至偉且大凡人之治一事而欲善其事摶一羣而欲毋渙其羣也必須有確守所信不爲威刼不爲利誘之精神必須有百折不回愈接愈厲之元氣此其道責諸少數學道自得之君子且非易易而矧以望諸一般之羣衆者歐人之倡宗敎改革也直指本心上與天通而又恆藉帝力以自振拔其義可以盡人共喻其道可以盡人共由夫吾心既有所階以與天通則知自貴而無或暴棄矣上帝臨汝而可藉其力以掖我不逮則隨所往而得大無畏矣此如將禪宗陽明之學擷其粹精演爲通俗傳以他力普入人心以當時北歐獉狉初啓之民族受此感化如琢璞以成器愈磨礱而愈著光晶於以養成偉大國民之資格以競勝於方來就中英法兩國倡道最盛受益亦最宏無形之中能貫注國民以自覺自立不屈不撓之豪氣故每遇强禦輒生正當之反抗力其從事於政治改

革之運動，斷吭絕脰而不悔也。雖國土爲外敵蹂躪，多歷年所，而前途之希望，不肯輕擲，雖沈淪於人世萬不能堪之否運，猶復壹意孤行以待轉機，而興會不緣之而消沮也。由此觀之，彼其國民所素養者，其深厚爲何如哉。揆厥所由，則宗敎之力，實醞釀之於前，而鞭策之於後，宗敎改革血腥之史蹟，實後此平和自由政治之代價也。夫吾非謂惟景敎爲有益於人國，而故鋪張其美以相歆也，誠見夫一國之所以立，必有其全國共同最高之信仰，於以控摶國民而鼓鑄之，然後其民乃得有力以自進於高明之地也。歐人有焉，此其政治革進成功之又一原因也。

歐人夙有所謂市府政治者，自希臘羅馬之際，而既然矣。羅馬帝政全盛時，斯跡中絕，逮十字軍興以後，歐南之威尼士、佛羅棱志、那亞諸市，勃興未幾，而歐北有漢薩同盟市，其數自四遞增至八十五。尋其發達之跡，蓋後此美國殖民地所以能聯爲州，諸州之所以能聯爲合衆國者，其精神皆本於是，而歐洲諸國自治習慣完全成熟，以樹將來憲政不拔之基者，亦此精神爲之也。東方之爲治也，恃在上者之施仁政而已，上失其道，則民在塗炭，而末由自拔。及其不堪命，乃蠭起而革之，革之則易戴一人焉，以蘄其施仁政，所蘄不遂，則塗炭如故也。是故數千年歷史，與革命相終始，革命百十次，而於政治之改良，一無與焉。歐人不然，被治者對於治者之壓制，其抵抗之也常以要求其自衞也，常恃信約，故其所欲之政，既獲之則無或失也，所惡之政，既去之則不容復也。非至萬不得已之際，不輕用武力，而權利保障，得寸得尺，恆寶持勿使墜。故其國中非無內亂，然內亂之代價，必求有樂利之報酬，以隨其後。彼中所謂自由市府，其成立之跡，大率由是，而後此之立憲政治，則擴充之以施及全國者也。故今日歐人稱有公民權者，猶曰市民，此市民觀念所由生，實緣人人認一市之利害，卽爲一己身家之利害。

故愛護其市也甚至破壞所最憚也而壓抑又最所不能受人人尊重市之權利而自覺對於其市有應負之義務夫國家之爲物至龐大也多數人民觀之不易親切有味而市府實爲之階國家與市府雖大小不同然其爲公共團體則一也公共團體觀念養之極完其執務操之極熟乃擴充其小者以致諸大者此其政治革進成功之又一原因也

有此三因其國民所以能從政而善治者大本則既立矣猶或有所未普及也則經一度之開明專制以補之若英之克林威爾時代普之腓力特列時代俄之大彼得時代荷蘭之阿連治時代法之拿破崙時代奧匈之周瑟夫時代皆史家所稱開明專制也當代諸名國殆未有不經過此時代而能徑行完全粹美之憲政者也此何故歟今世治國如治軍然必整齊嚴肅於內乃可以競勝於外其種種應有之智識應有之能力非設法賦與於人民使之略均等焉則不足以詢謀而有功也非養成其尊重法律嚴守秩序之風則法治之效終不可得見若此者在未經訓練之國民固不能自由之而自致之此如欲得佳子弟必賴嚴師欲得精兵必求猛將摶國民而一之使之同向於預定之軌道以進行此國家之天職也國家分設數種獨立機關以行此天職謂之立憲以一人或一機關專行此天職謂之專制其所行而果屬於國家之天職者謂之開明專制所行非屬於國家之天職而別爲一部分人之私計者謂之野蠻專制野蠻專制有國者所大患而開明專制有國者所最貴也昔希臘大哲阿里士多德論列各種政體謂各有其利病而其理想的政治乃在得一大賢以作之君總攬萬幾全國受成我國孔墨之論政其所想望者亦在是恆言謂政治無絕對之美吾謂苟能得請於上帝使常降賢聖之元首以行開明專制雖謂之爲絕對之美焉可也然茲事固不可冀苟非其人則傅虎以翼故今世政治之軌壹以立憲爲

歸也。然以未經一度開明專制之國。而驟語於立憲。此如與未列伍之卒譚兵。集不學操縵之人使之顧曲。勢必步武淩亂。節奏脫落。欲求成章。其道無由。歐洲諸國得天之佑。篤生奇傑。憑藉大權。龔行天職。舉本質已良之國民而更陶鑄之以益納諸軌物。此其政治革進成功之又一原因也。

還觀我國則何如。就第一事論之。我國今日固未嘗無所謂上流社會者。其所謂上流社會。在國中固亦常占中堅之地位。然其人格之卑汚下賤。則舉國亦無出此輩之右。蓋在中國今日之社會。非巧佞邪曲險詐狠戾不足以自存。其稍稍自好之士。已入於劣敗之數。其能嶄然現頭角者。皆其最工於迎合惡社會而揚其波者也。故名則上流社會。而實則下流莫此爲甚。以最下流之人。而當一國之中堅。國人共矜式焉。則天下事可知也。求所謂故家喬木與國同休戚之一階級。渺然不可得。其自稱盡瘁國事者。皆賴國家以自營養者也。此其與歐洲情實相反者一矣。就第二事論之。自前清二百餘年間。講學風絕。夸毗成習。敎義之足以維繫人心者。旣至微薄。比年以來。浮佻少年。剽竊彼都粗淺偏至之說。又零拾而不得其要領。轉相簸扇。蔑棄道原。全國信仰之中心。搖動失墜。小人無復忌憚。中人則彷徨歧路。莫知所適。自愛之君子。則嗒然若喪。而相率遯於厭世也。而國民光明俊偉强毅邁往之氣。曾不可見。此其與歐洲情實相反者二矣。就第三事論之。吾國齊民。公共觀念至薄弱。曾不知團體之利害。卽己身之利害。故於歐人所謂自治之條理。未嘗夢睹。不必其對於國家有然也。卽對於鄉市亦有然。自始未嘗解要求正當之權利而確保之也。强禦在前。惟有服從。未聞反抗。其有反抗者。則欲自爲强禦。取於他人而代之耳。此其與歐洲情實相反者三矣。就第四事論之。自前清之季。闒冗盈廷。泄沓充位。政府威信。墜地以卽於亡。民狎其上而莫之檢也。相與放縱惰敖。侵軼詐虞。綱弛紐絕。藩抉坊壞。夫以幼稚之民。承放任之敝。積散情之氣。丁危難之時。計惟有嚴施轡勒。始範驅馳。盡納鑪錘。乃堪磨琢。而乃蒙馬虎皮。披鶡隼翼。啖名徒累。落實自蒙。旣築室以道謀。旋操觚而肘掣。舞文則盡人而能。持正則一籌莫展。此其與歐洲情實相反者四矣。夫十年以來。憂國之士以政治革命號於天下。淸命旣訖。天下喁喁想慕。謂新政象將自茲睹焉。徐究其實。所革者除淸命外。則革道德之命耳。革禮俗之命耳。革小民生計之命耳。革賢者自存之命耳。革郡縣相維之命耳。革藩屬面內之命耳。甚則革數千年國家所以與立之大命耳。若夫仁人志士所欲革之惡政治。則何有焉。則何有焉。夫此固不能專爲一二人罪也。國中含生之輩。悉當負疚焉。然當此千艱萬險之時。苟由今之道而不變。則國將不能以一朝自存於天壤。夫知病卽藥。見亡斯存。熟觀歐洲之所以如彼。我國之所以如此。則得失之林。亦略可睹矣。夫雖有至道。不能易人而以相師。吾非謂吾國人必須一一踐歐洲之跡也。彼其跡又其歷史地位所演成。而非我所能踐也。顧吾猶喋喋樂稱道之者。凡以見立國之必有本。而擇術之當知愼。詩曰。他山之石。可以攻玉。我國人而能知彼。則亦豈不可反求諸在我耶。

說幼稚

聞之達士之論政也。謂人民程度幼稚之國。決不能行憲政而穫佳實。夫人民程度。如何而爲幼稚。如何而非幼稚耶。幼稚之義如其名。欲知幼稚國民之性質。則觀穉子之性質而可見矣。吾嘗就感想所及。察稚子所以與成人異者若干事。剌舉之以資借鏡焉。

稚子特質之最顯著者。則易動於感情是已。稚子忽咷忽笑。一日間可以數易其度。然皆爲感情作用所衝動。非必有可悲者而始咷。有可喜者而始笑也。雖使稚子踴躍以赴一事。喻以理。驅以勢。爲效至微末也。惟投其感情而略挑撥之。則一童攘臂。羣童附和。跳擲相從而無所反顧。前有陷阱。旁生荊棘。非所見也。當其結隊讙謡。而或有人從而危之。則捋鬚唾面之辱。殆所不免。此種感情作用。大抵獲良結果者什僅一二。獲惡結果者什恆八九。然寧俟惡果之既至。相與狼狽懊喪而已。當其進行中而欲抑之。所不能也。凡國民之活動。以感情爲惟一之動機者。即程度幼稚最確之表徵也。例如抵制外貨也。拒外債也。征討某地也。於國中而排斥某種族。抨擊某黨派也。毫不計利害之所屆。而惟一鬨而聚。一鬨而散。此稚氣之明效也。

綜合比較的研究力。與抽象的推理力。稚子所最缺乏也。凡與童孺語一事物。欲使其了解。計惟有羅列實物於眼前。一一指點之。次則示以標本圖像。要之。惟具體的事物。乃能索解。而抽象的事理。決難領會。若夫一事物與他事物之聯絡。及其因果關係。則尤非稚子之腦力所能及也。故稚子不解推理之作用。其或偶從事於推理。則亦惟皮相之見。取其偶類似者而妄認其關係耳。例如見夫透明質之冰塊。含於口中而能溶化也。他日見透明質之玻璃塊。亦含於口中而欲化之。稚子之推理。大率類是也。是故與稚子語者。若遵嚴正之論理法式。窮原竟委以求眞是。則聽者惟恐臥。惟以簡單無條理之語語之。則懽喜聽受。別擇力者。稚子所絕無有也。雜陳諸義。使之廣聽而自由下判斷。則惟有滋其惑耳。故武斷之論。與童心最相應。而周徧之知。非豎兒所能入。故必程度成熟之國民。然後政治問題乃得列於衆論。在程度幼稚之國。則自始無所謂政治問題者。何也。政治問題。無一不爲抽象的。必經種類之綜合比較。始能評判其得失。此決非幼稚之民所喜。亦非幼稚之民所能也。是故當其從事破壞也。與言政治革命。則千百人不得一喻。與言種族革命。則不轉瞬而響應徧天下。蓋立憲與專制之別。及其利害。其事爲抽象的。千言不明。倒滿洲。革皇帝。其事爲具體的。一語便了也。當其從事建設也。汲汲于正朔服色旂幟官名等事。而政治上計畫。無一人過問。亦由彼則具體而簡單。此則抽象而複雜也。

且喜破壞者。稚子之常性也。卽於其所愛玩之物。偶有拂逆。卽遷怒而破壞之。不稍顧惜。彼其破壞。純然無意識。專爲破壞而破壞。不已不寧。惟是聚羣兒於一室。苟有一人欲爲一稍有秩序之娛戲。餘人必鬨而咻之。使不能成而後已。諺謂之攪局。問其曷爲必如是。彼輩固不自知也。質言之。無意識而已。凡國民之好攪局而以破壞爲惟一之欲望者。皆稚子之類也。

稚子之行動。最無規則。每日食飲。可以至無量次數。游戲亦無度。非有他力以調護之。則彼未有能自節制者也。蓋人之能守規則者。必賴有克己之功以爲之根柢。然克己者成人進德之業。非可望於童孺也。故國民之多數不能自律於規則。卽其程度幼稚之表徵也。

稚子性最易遷。喜新厭故。其恆態也。凡新奇之事物。爲彼所未得或未嘗經歷者。必欲一得之一歷之。然後快。及其既得既歷。則厭倦之心。卽隨而生。此事物幾經艱辛曲折而始到手。則既忘之矣。而棄之如遺。不復顧。諺有之。新構溷牏。一日十趨。新帽入手。明日拋路。童心實然。不足異也。國民之有童心者亦然。資政院初開。磨舌抵掌以赴之。不數月而闃其無人矣。參議院繼開。又磨舌抵掌以赴之。不數月而亦闃其無人矣。自餘凡百。罔不類是。故程度幼稚之民。其所舉動。無一非滑稽。無一非兒戲也。

稚子最富於模仿性。然模仿者。惟在皮毛而已。稚子最不願以稚自居。而常喜獲廁于成人之列。故于成人之談吐舉動。恆好摹仿。然愈摹仿而稺氣愈隨而流露。徒以資成人之笑噱耳。夫動容周旋。皆根于所養。無其所養而妄效之。決不可得致。雖然。此理非稚子所能喻也。國民之幼稚者亦然。見他國有此事物。則必囂囂焉思效之。而不知一事物之成立。皆有其本原。不養之于本原。則此事物終不可得而致也。

稚子最好虛榮。好文飾。襲綵衣。施雜佩。則侈然驕其儕輩。長者一語之奬。一物之賜。則沾沾自喜。其失之則羞憤若無所容。彼其胸中洞洞無物。無所以自重於內。故惟思飾耀於外也。程度幼稚之國民。惟以爭門面為第一義。侈然號於世曰。吾立憲國民也。吾共和國民也。不問其立憲共和之內容何如。一若揭櫫此徽號。以高視闊步於宇宙間。則人卽莫敢余侮。其箇人之自視也亦然。雖以爛羊頭之關內侯。雖以不値一醉之大將軍告身。而豔羨之競爭之。一得一失。若不勝其榮辱也者。此穉態之常軌也。

童孺最多幻想。而於幻象與眞象。殆不甚能辨別。夢中之事。認以爲眞。童子所恆有也。胸中虛搆一境。卽其所搆。指爲事實。心潮一經。爲事遂畢。故從事於兒童敎育者。常以虛渺荒誕之神話爲導。利用此種心理也。幼稚之國民亦然。惟誕語爲易投其好。而其民亦皆喜自誕以誕人。革命之後。斗米三錢。共和一布。列强畏避。剪楮可以當金。穴點丁可以擣黃龍。凡茲戲言。祇供目笑。而道者娓娓。聞者津津。非必其有意自欺。蓋搆造未完之心理。實應如是也。

稚子最善忘。其所甚憎者。俄然可以易而爲愛。其所甚愛者。俄然可以易而爲憎。不寧惟是。最初本懸一目的以赴一事。及既赴其事。偶爲他力所牽。則將本來之目的全然忘却。甚則向於相反之目的以前進者。比比然也。幼稚之國民亦然。故一貫之主張。不足以動輿論。而誤認手段爲目的。乃所常見也。

坐是之故。童子最易欺。夫不必成人然後能欺之也。羣童中有一二黠者。則自能以欺其餘。謂聚多數之兒童。卽能生明而察僞此謬見也幼稚國民亦然其力必不足以監督政府夫國民程度幼穉者政府程度亦必隨而幼穉此無待辨也然國民譬則羣童政府則必童中之較黠者也彼自能有術以逃監督自能有術以使監督我者反爲我所利用此種政府苟置之立憲先進國使與彼成熟强立之國民相對待誠不可以一朝居然以幼穉遇幼穉則既綽綽有餘裕也

稚子恆好急效而無忍耐力待飯不至噭然而號投核盆池遽責果實十年百年之計童話中所懸爲厲禁也故童子希望甚多而失望亦最易幼稚之民亦復如是可以樂成難與慮始見小欲速之論常勝計深慮遠之言莫進也

稚子之最可羡者則無憂是已衎衎而食盱盱而夢一室以外非所見聞一日以後非所感覺彼非不憂誠無憂也故或長者繞室旁皇而羣雛扶牀戲擲幼稚之民亦然國之危亂也非所知甚則國之已亡也非所知夫是字之曰無懷氏之民詩曰夭夭沃沃樂子之無知故聚此輩而欲與急國難無異集羣兒以謀家計也

褊狹自私又稚子之通性也幼而鬬達時或有聞然千百中不易一睹矣其在常兒則以褊心爲恆態稍激卽怒毫不容忍而自私之心亦最盛手持一物親愛見索未易讓也讓則必蘄有所以易蓋凡人之立於世也皆有小我有大我其所見愈遠者其大我之範圍亦愈廣稚子則惟知有具體的小我而抽象的大我絕非所喻故稚子之心理實極端箇人主義之標準也故幼稚之國民舍箇人主義外更無他物也以故稚子最不能羣聚三童於一室歷一二時許而不聞喧嘩抶擊啼泣之聲者殆無有也彼此皆易動於感情也彼此皆無意識也彼此皆無忍耐性也彼此皆不守規則也而又彼此皆褊狹自私也不有他力綰之而望其自爲羣焉以從事於共同活動

此必不可得之數也。故鬩而已矣。散而已矣。望幼稚之民以結團體。其癡妄亦此類也。

稚子之動於感情也若甚勇厲。而其實乃甚恇怯。凡人之得大無畏者。必其能於事物之眞相有所洞察。知其有不足畏者存。或知其雖畏而不可避也。則無寧勿畏。故大勇必以大智爲本。稚子之腦識。殊未足以辨別事理綜合比較的研究。無緣得施。故恐懼之心。最易中之。而一發無以爲禦。故遇魊魊而疑鬼。睹蠕蠕而憚蛇。童孺之常態也。國民之幼稚者亦然。其客氣極易動。當其動也。不可嚮邇。雖然。此猶初生之犢不畏虎耳。及其氣之既瀉。則未談虎而色先變矣。

以故童稺以倚賴爲其根性。生三年庶乃免於父母之懷。而出入顧復。直至弱冠而未已也。其就傅受敎。則爲日逾永焉。故童稺者。以倚賴保育爲其特有之權利者也。童稺而不獲保育。則無告之棄兒也。其不率保育。則自暴之頑童也。是故凡富於倚賴根性者。必爲幼稚之民。然既屬幼稚之民。則倚賴根性。非其惡德而其美德也。

責任心者。童稚所最缺乏也。凡責任必以己對於他而始發生。然稚子心理乃極端箇人主義之標本。惟知有己。不知有他也。且稚子既以倚賴爲根性。其責任自有人代負之。而非彼所能自負也。故古今中外之立法家。對於未成年之人。一切不加以公私之責任。幼稚之國民亦然。其對於國不知有責任。若有强加以責任。猶之無效也。

近世之倡進化論者。謂一社會自發生以至成長訖於衰亡。其所經之階段。與人之一生酷相似。故原人譬則嬰兒。半開之族譬則童稚。文明正盛者如壯夫。文明中落者如老大。此殆成定論。莫能易矣。然則欲覘一國文野程度。計惟取其民族通性之發現於外者。視其與童稚類耶。與壯夫類耶。與老人類耶。則其國現在所處之地位略可察矣。然則我國現在國民程度究何如。吾不必言。吾乞我國民自察之。

幼稚之性。其缺點之繁多。固若是矣。然而有最大之優點二焉。一曰易教導。二曰易部勒。幼稚之所以能進爲成人。恃此二美德也。故愛童稚者宜利用此二美。而玉成之。童稚之自愛者。必葆此二美而莫敢越也。其在幼稚之國民。則亦假途此二美以漸進於高明。其具維何。吾字之曰保育政策。世或稱爲開明專制。保育的開明專制。實幼稚國民惟一之要求也。當世諸國。未有不經此階級而能成立能盛大者也。此種政策之是否適用。則當以國民程度是否幼稚爲先決問題。而幼稚非幼稚之標準。不能專憑主觀以下武斷。其客觀種種實相自有不可誣者。本幼稚而自詭於非幼稚。是益以其幼稚之本相暴於天下而已。此吾說幼稚之篇所爲作也。

抑吾尤有一言。易教導易部勒之二美德。國家宜利用之以長其民。斯固然矣。國家而不自用之。則且有他人起而代用之者。螟蛉有子。果蠃負之。教誨爾子。式穀似之。英之於印度。日之於朝鮮。固亦利用其易教導易部勒之美德。而懸一型以範之也。故童孺之地位最可羨。而童孺之地位亦最可危。此又吾說幼稚之篇所爲作也。

革命相續之原理及其惡果

自民國建號以來。僅十餘月。而以二次革命聞者。幾於無省無之。其甚者則三四次。如湘如蜀乃至七八次。如鄂最近則江西之叛尤其章明較著者也。論者或以爲當局失政。宜有以召之。或謂彼好亂之輩。其狼子野心。實有以異於人。斯二說者。固各明一義。雖然。非其至也。歷觀中外史乘。其國而自始未嘗革命。斯亦已耳。既經一度革命。則二度三度之相尋相續。殆爲理勢之無可逃避。我國歷代鼎革之交。羣雄擾攘。四海鼎沸。迭興迭仆。恆閱數十年而始定。然猶得曰專制私天下。宜獎攘奪。非所以論於共和之始也。夫言革命言共和者。必以法蘭西爲祖之所自出。然法國自大革命以後。革命之波相隨屬者亙八十年。政體凡三四易。其最初之十餘年間則丹頓馬拉羅拔比爾拿破崙迭擅神器陷其國於恐怖時代者逾一紀。後此中美南美十餘國踵其轍。而各皆相敓相屠以國家供羣雄之孤注。至今猶不知所屆也。最近則墨西哥兩歲之間。三易其元首矣。其後此踵襲而興者。孰審所極。葡萄牙今猶未也。而泯棼陰噎之象徧國中。稍有識者。知其儳然不可終日也。即以根器最厚之民如英國者。彼其十七世紀之革命。逮克林威爾沒世而結一翻其局。由此言之。革命復產革命。殆成爲歷史上普徧之原則。凡以革命立國者。未或能避也。（就中惟美國似屬例外。然美國乃獨立而非革命。前此英國之統治權本不能完全行於美境。美之獨立。實取其固有之自治權擴充之鞏固之耳。）夫天下事有果必有因。革命何以必復產革命。此其故可得而言也。

其一。當革命前。必前朝秕政如毛。舉國共所厭苦。有能起而與爲難者。民望之如望歲也。故革命成爲一種美德。名譽歸之。及既成功。而羣衆心理所趨。益以謳歌革命爲第二之天性。躁進之徒。以此自階。其天眞未鑿者。則幾認革命爲人生最高之天職。謂天生血性男子。只以供革命之用。無論何時聞有革命事起。趨之若不及。苟有人焉以一語侵及革命二字之神聖者。即仇之若不共戴天。此種謬見深中於人心。則以極危險之革命。認爲日用飲食之事。亦固其所。

其二。經一度革命之後。社會地位爲之一變。閭閻之胄。夷爲隸甿。甕牖之夫。奮爲將相者。比比然也。夫人情孰不樂富貴而惡賤貧。覩夫冒一時之險。而可以易無窮之樂也。則相率以豔而效之。所謂大丈夫不當如是耶。所謂生不五鼎食。死即五鼎烹耳。此種心理。最足以刺戟椎埋徇利之輩。而使之一往不反顧。其從事革命。猶商賈之逐利也。三年以前。上海有以投機於橡皮公司而博奇贏者。不數月間。全市人輟百業以趨之。蕩產殺身而不悔。

革命之滋味足以誘人蓋此類也

其三經一度革命之後國民生計所損無算農輟於野工輟於肆商輟於廛十人之中失業八九迫於飢寒則鋌而走險民之恆情也作亂固以九死博一生不爾則惟有待死故毋寧希冀於九一也夫前此必以失業之民多然後能嘯聚以革命革命之後失業者又必倍蓰於前故嘯聚益易而再革三革以至無已也

其四僅聚耡櫌棘矜槁項黃馘之民其集事也猶不易易顧革命之後退伍兵必充牣於國中此事勢所當然也當前此革命進行中嘯聚裹脅惟恐不多恨不得舉全國之民編入革命軍中一旦事定無以爲養勢必出於遣散而此輩一度列軍籍更無從復其故業舍椎埋剽掠外更何所事故適以爲二次革命之資也

其五昔法人蒲羅兒謂每當革命後民生極凋瘵之時而其都會人士之奢淫必愈甚法國當恐怖時代而巴黎歌管游樂之盛遠過往時吾昔頗疑其言不衷於理今觀我國乃始信之蓋一度革命成功前此窶人賤畯一躍而居顯要者無量無數麕集都會生平未嘗享一日之奉暴爾發迹事事模仿舊貴變本加厲夥頤涉之爲王沈沈者則淫侈之驟增也固宜民已窮矣而復朘削之以奉新貴族誅求到骨何以堪命受禍最烈者尤在前此素封之家架罪構陷屠戮籍沒視爲固然怨毒所積反動斯起革命之恆必相續此又其一因也

其六人之慾望無窮盡也常以己現在所處之地位爲未足而歆羨乎其上而有所恃有所挾者則更甚疇昔讀史見歷代開創之主夷戮功臣未嘗不恨其涼薄雖然功臣之自取屠戮又豈能爲辯夫挾功而驕之人誠有何道可以滿其慾壑者其意常曰彼巍然臨吾上者非藉吾力安有今日居恆旣怏怏不自適稍加裁抑觖望滋甚觖望至不可復忍其舊屬復有觖望者從而慫慂則叱咤而起耳故二次革命之主動者恆必爲初次革命有功

之人無中外一也。昔法國當路易十一世時。培利公爵與孔特加洛侯爵同叛。傳檄國中曰。吾爲國家扶義而起也。路易降詔曰。二子之叛。誠朕不德有以致之。使朕而徇彼等大貴族增俸之請。彼寧復爲國扶義耶。嗚呼。國有鉅子而執國命者無路易之智。其欲免於革命之相尋難矣。

其七。夫革命必有所藉口。使政府施政而能善美。無授人以可攻之隙。則煽動自較難爲力。然革命後驟難改良政治。殆亦成爲歷史上之一原則。蓋擾攘之後。百事不遑。威信未孚。施行多礙。故一代之興。其致太平也。動在易世之後。當其草創伊始。民志未定。政治之不滿人意。事有固善。故新革命後二三年間。雖以失政爲煽動再革之資料。固無往而不能得也。（附言）吾此文本泛論常理。從歷史上歸納而得其共通之原則耳。卽如此段。絕非爲現政府辯護。現政府更不得借吾言以解嘲。蓋現政府之成立。本與前代君主力征經營而得之者有異。一年以來。實有改良政治之餘地。而政府曾不自勉。吾不能一毫爲彼寬責備也。夫革命前後。正人民望治最殷。求治最亟之時也。當其鼓吹革命也。鮮不張皇其詞以聳民聽。謂舊朝一去。則黃金世界立將湧現。民也何知。執券索償。夫安得不失望。失望則煽動者之資矣。

其八。革命後之驟難改良政治。在專制國之易姓。則既然矣。而在易專制爲共和。則其難尤甚。蓋爲政有本。曰正紀綱。紀綱立然後令出必行。而政策之得失。乃有可言。君主國有其固有之紀綱。民主國又別有其固有之紀綱。以數千年立君之國。全恃君主一人之尊嚴。爲凡百紀綱所從出。搖身一變。便成共和。（襲小說西游記語形容最肖。讀者勿笑其俚）嚮昔所資爲上下相維之具者。舉深藏不敢復用。抑勢亦不可復用。而新紀綱無道以驟立。强立焉而不足以爲威重。夫此更何復一政之能施者。以漢高之英武。苟長此羣臣飲酒爭功。醉或妄呼。拔劍擊柱。如初卽位定陶時。試問漢之爲漢。復何如者。革命之後。人人皆手創共和。家家皆有功民國。設官萬億。不足供酬勛。白晝殺人。可以要肆赦有賞無罰有陟無黜以此而求善治豈直蒸沙求飯之喻已哉執國命者而有英邁負重之氣猶可以漸樹威信整齊嚴肅其一部分而不然者疲奔命於敷衍既已日不暇給紀綱永無能立之時政且無有遑論於良夫承革命之後以從政雄才猶以爲難庸才則更何論雄才不世出故醞釀再革命三革命者什而八九也

其九共和國之尤易倡革命者雖自私之鄙夫常得託名國家以脅人雖極野心者常得宣言吾非欲居其位也只須煽動響應不必其果服屬於我一革去其所欲革之目的物則復得以統一共和等名義箝他人之口而制其命而不復勞征伐此眞革命家之資也雖然初次革命之資抑亦再次三次之資也

其十聞之有无妄之福者必有无妄之禍成功太易而穫實豐於其所期淺人喜焉而深識者方以爲弔個人有然國家亦有然不煩一矢不血一刃筆墨歌舞於報章使諜兒戲於尊俎遂乃夢中革命搖身共和過來者狃於蒲騷未試者見獵心喜初生一犢奚猛虎之足懾狎潮之兒謂溟渤其可揭夫艱險之革命猶足以生二次革命而況於簡易酣樂之革命也哉夫既已簡易酣樂則無惑乎革命成爲一種職業除士農工商之外而別闢一新生涯（水滸傳張橫道老爺一向在這潯陽江上做道安分守己的生理强盜之成爲一職業久矣）舉國靡然從之固其所耳

由此言之革命之必產革命實事所必至理有固然推究終始既有因果之可尋廣蒐史乘復見前車之相踵今吾國人見二次革命之出現而始相與驚詫寧非可憫然則此種現象果爲國之福耶爲國之禍耶此在稍有常識者宜不必復作是問顧吾見夫今日國中彷徨於此疑問中者猶多也故吾不得憚詞費也吾以爲假使革命而可以止革命則革命何必非國家之福革命而適以產革命則其禍福復何待審計者今倡革命者孰不曰吾今茲一革以後必可以不復再革也夫當初次革命時亦孰不曰一革後可無復再革也而今則何如者今革而

不成斯勿論矣。假其能成。吾知非久必且有三次革命之機會發生。而彼時昌言革命者。其持之有故言之成理如今日。其以爲一革後可無再革亦如今日。而其結果如何則非至事後言之。則罕有能信者。今欲徵因知果。則且勿問所革之客體作何狀。而先問能革之主體作何狀。試問前所列舉之十種事理再度革命之後。其惡現象果緣此稍滅乎。抑緣此賡續增益乎。前列十種。有其三四。禍既未艾。而況於俱備者。循此遞演。必將三革四革之期日愈拍愈急。大革小革之範圍愈推愈廣。地載中國之土。祇以供革命之廣場。天生中國之人。祇以作革命之器械。試思斯國果作何狀。而斯民又作何狀者。古詩曰。公無渡河。公竟渡河。墮河而死。將奈公何。而俗諺檃括其旨曰。不到黃河心不死。斯言雖俚。蓋稱善譬。昔吾儕嘗有以語清之君臣矣。曰君其毋爾爾。君如長爾爾者。君且無幸。夫彼君臣非惟不余聽。而且余罪也。吾儕言之十數年。其聵如充耳也亦十數年。彼猶未到黃河也。吾儕明明見其疾趨赴河。愈趨愈迫。爲之惻隱焦急不可任。而彼之疾趨如故也。中興道消。窮於辛亥。及乎臨河足三分垂在外。或庶猛醒。然既已一落千丈強矣。今之未到黃河心未死者。吾所見蓋兩種人焉。其一則興高采烈以革命爲職業者。其他則革命家所指目而思革之者。茲兩種人者。或左或右。或推或挽。以挾我中國嚮前橫之大河而狂走焉。而跳擲焉。患其不卽至也。而日日各思所以增其速力。嗚呼。今爲程亦不遠矣。多爾袞入關。斯周延儒李自成吳三桂之大功成。伊藤開府。則金玉均李完用李容九之大事畢。滿洲人不斷送滿洲至盡。滿洲人之天職未盡也。中國人不斷送中國至盡。中國人天職未盡也。欲滿洲人信吾非妄言。非至今日安能。欲中國人信吾非妄言。嗚呼。吾何望此。吾何望此。

今請以一言正告彼被革命者曰。疇昔製造革命者。非革命黨也。滿洲政府也。滿洲政府自革不足惜。而中國受其毒至今未艾。公等雖欲自爲滿洲。奈中國何。公等如不欲自爲滿洲。則宜有所以處之。更請以一言告彼革命者曰。公等爲革命而革命耶。抑別有所爲而革命耶。吾知公等必復於我曰吾爲欲改良政治而革命也。則吾更引諺以相告語曰。種瓜得瓜。種豆得豆。革命只能產出革命。決不能產出改良政治。改良政治自有其塗轍。據國家正當之機關。以時消息其權限。使自專者無所得逞。舍此以外。皆斷潢絕港。行之未有能至者也。國人猶不信吾言乎。則請徧繙古今中外歷史。曾有一國焉緣革命而產出改良政治之結果者乎。試有以語我來。雖然。吾言之何益。誰其聽之者。莫或聽之。而猶不忍不言。吾盡吾言責而已。

讀中華民國大總統選舉法

自大總統選舉法公布後。中外報紙。紛紛評論。歐美日本學者。見其與當世各共和國之選舉法。無一相同。竊竊然相與詫怪。吾以爲此大惑也。吾聞法律者事勢之產物。未聞能以法律產出事勢者也。與事勢不相應之法律。雖強爲形式的規定。而不久必緣事勢所要求所驅迫。從而廢之變之。即未廢未變。亦決不能發生效力。寖成殭石而已。不必徵諸遠。但觀民國元年臨時參議院所制定之臨時約法而可見也。推原當時立法者之意。其求適應於當時事勢之要求者半。其憑主觀的理想。欲恃法律條文以矯遏事勢者亦半。當時鈎心鬥角。以爭辯於一條一句一字之間。以爲將來一切政象。皆爲此區區數十條之所支配。曾幾何時。事勢漸變。該約法雖儼然尚存。然其中一大部分與事勢不相應者。既成爲殭石。未幾且爲事勢所要求所驅迫。棄置而更新之矣。是故離事勢而言法律。迂儒之談也。恃法律以拘制事勢。尤妄人之見也。昔希臘鴻哲柏拉圖論君主貴族共和三種政體。各有正則變則而政象大別爲六善惡迭相循環而此三種政體之孰爲眞善孰爲不善竟莫得而指其理想的政治則謂苟能常擇國中之最賢者委以統治全權則治績自蒸蒸日上若進而叩其操何術以得此則除是上帝降鑒於下選其最賢者而諄諄命以大位耳然國家者人類所構成也人類既非上帝欲求一永遠普遍完全無憾之擇賢方法竟不可得故現今各國元首繼承之法無一從同然同是法也在此國行之而治遷一國焉行之而亂在此時代行之而治易一時代焉行之而亂蓋無論何法皆足以致治無論何法皆足以致亂惟事勢之所應而已而事勢之變遷又往往出立法者之意外故絕對的良法竟不可得而指也以言夫共和制則北美合衆國之與南美中美諸國其憲法不甚相遠也然合衆國則若此其他諸國則若彼以言夫君主制我國數千年皆以早定儲貳爲致治之大本反是者常召亂亡而前清以立儲爲大戒亦能享祚至數百年（前清凡在位之帝皆將所欲立之子書其名密藏於正大光明殿此次大總統選舉法即師其意也）立法之良至今誦之雖然究曷嘗能止前清之亡者及其末年帝統三絕則正大光明殿之寶匣中並欲求一可書之名而不得他更何論矣準此以談從可知凡古今中外所謂良法律者不過與其國某時代之事勢適相應而遂收其効若離事勢以言法理而嘵嘵然曰法如何而善如何而不善無論其所謂善者無絕對的標準也即絕對善矣然僅箸之竹帛而不能行則亦死法而已夫明於此義則可與論今度之大總統選舉法矣

今度之大總統選舉法與美國憲法所規定選舉總統諸條可謂立於極端反對之地位美國憲法美國事勢所產出也其所以能適用而收良果者有二要端一由彼國中有兩大政黨各皆健全發達二由彼國軍隊勢力甚薄弱且與政界絕不相蒙苟非有此種事勢則美國憲法決不能善其用也我國今度所頒之大總統選舉法亦

我國現時事勢所產出也。其最顯著之事勢。爲立法時所據以作前提者亦有二端。一曰我國現在國中無所謂政黨。即有之而其能力殊不足以舉政治。故美國當改選大總統時常由各黨推薦候補者其人數亦二三。而選舉機關則專對於此二三人以投票。中國政黨既不堪任此。故只得由現大總統任此煩勞。二曰我國現在恃軍隊以維持國本。而非全國軍隊素所敬愛之人。不能節制軍隊。故嬗代之際。不得不由其所最愛者指定其所次敬愛者。以定分而息爭。此皆中國現時事勢之所要求也。既有兩種極端相反之事勢。自不能不有兩種極端相反之法文。行美法於我國必將召亂。亦猶行我法於美國必將召亂也。是故孰爲善孰爲不善。無比較之可言也。若就本國中而爲時代之比較乎。在今日時代。其顯著之事勢確已如此。能適應今日之事勢者。則今日之良法也。不適應於今日之事勢者。則非今日之良法也。雖然。本法之適用當在十年以後。苟十年後而中國事勢一如今日。則此法可謂十年後之良法也。苟中國事勢永久皆如今日。則此法可謂永久之良法也。夫本法之關鍵。果何在耶。大總統之任期及其滿期連任之程序。雖極重要。然猶是人人心目中所同喻。非甚難解決之問題也。本法所期之最大效果。乃在十一十二條所規定現大總統有事故時。其所推薦之三人者任選舉一人繼其職。而全國軍隊乃至其他各方面人物之有政治上勢力者。皆能戢戢就範。一如其舊。如是然後本法之精神得以貫澈矣。夫如是則本法豈惟今日之良法而已。雖謂十年以後之良法。謂爲永久之良法。誰曰不宜。

進步黨擬中華民國憲法草案

（章次說明）本草案分十一章。與時賢所擬章次無大差別。內惟第三章之國民特會。第七章之國家顧問院。第八章之法律。其理由頗須詮釋。各於每章下附以說明。不別立地方制度一章者。認地方制度以法律定之而已足。不必以入憲法也。

第一章　總綱

第一條　中華民國永遠定爲統一共和國。其主權以本憲法所定之各機關行之。

(說明一)共和上加統一兩字者。示別於聯邦制也。

(說明二)臨時約法第二條。采主權在民說。與國家性質不相容。無論何種國體。主權皆在國家。久成定說。無俟喋引。國體之異。則在行使國家主權之機關。有單複專共之異耳。本憲法所規定各機關。卽所以代表共和之實也。

(說明三)臨時約法第四條。規定以參議院等機關行使民國之統治權。所謂統治權者。與該約法第二條所謂主權。是否同物。殊不明瞭。今不采用。使名號歸一。觀念不淆。

第二條　中華民國領土。非經國民特會之議決。不得變更之。其區畫之變更。必以法律。

(說明一)各國先例。或以領土規定於憲法中。或否。其規定者。或列舉。或概括。今采概括規定主義。因固有之領土。久爲本國及外國所公認。列舉從前行政區畫之名稱。一病罣漏。二病繁衍。三病空漠。四則區畫若有變更時。憲文立須修改。更病煩擾。故但概括規定而已足也。

(說明二)變更領土爲國家最重大之事。故須經國民特會之議決。國民特會之作用及其組織。詳見第三章。

（說明三）現在行政區畫沿襲舊制。不久當有變更。且或賡續屢變。茲事影響於國家生存發達甚大。將來必爲政爭焦點。故以憲法規定其變更之程度。

第二章　人民

第三條　凡依律所定。屬於中華民國國籍者。爲中華人民。

第四條　中華人民。不論種族宗教之異同。在法律前悉爲平等。

第五條　中華人民依法律所定。有納租稅之義務。

第六條　中華人民依法律所定。有服兵役之義務。

第七條　中華人民依法令所定。有從事一切公職之權利及義務。

（說明）各國先例多指從事公職爲權利之一種。然公職有許辭免者。有不許辭免者。蓋常含有權義之兩面。故本條規定如此。

第八條　中華人民依法令所定。有請願之權。

第九條　中華人民之訴訟。必須由法定之法官裁判之。

第十條　中華人民非干法者。不受逮捕監禁審訊科罰等處分。

第十一條　中華人民居住之安全。非依法律所定。無論何人。不得侵之。

第十二條　中華人民通信之秘密。非依法律所定。無論何人。不得侵之。

第十三條　中華人民於法律範圍內有集會及結社之自由。

第十四條　中華人民。於法律範圍內有言論著述及印行之自由。

第十五條　中華民國。以孔子教爲風化大本。但一切宗教不害公安者。人民得自由信奉。

（說明）以憲法規定國教。普魯士意大利丹麥瑞典那威智利等國有其先例。信教自由之規定。列國皆所從同。我國之尊孔教。久成事實。許信教之自由。亦久成事實。兩皆事實。則此條之規定。本屬駢枝。惟本憲法既從各國通例。將各種自由權悉爲列舉。信教一項。不容獨遺。然比年以來國人多誤解信教自由之義。反成爲毀教自由。孔教屢蒙污衊。國人固有之信仰中堅。日以搖動削弱。其影響及於國本者非尠。故以爲既將許信教自由之事實。列入憲法。同時亦宜將崇仰孔教之事實。一併列入也。

第十六條　中華人民於法律範圍內。有選擇居住及職業之自由。

第十七條　中華人民之所有權。無論何人。不得侵之。

但爲公益起見。得依法律所定便宜處分。

第十八條　本章所載人民權利義務。苟與陸海軍法令及其紀律不相觸背者。得適用於軍人。

第三章　國民特會

（說明一）凡國家必有最高機關。最高機關者。超乎立法行政司法三機關之上。而總攬主權者也。其在君憲國此機關宜由君主掌之其在共和國此機關宜由國民全體掌之國民全體意思之表示其方法有二一曰國民全體直接投票美瑞等國是也二曰特設一代表機關法國是也今采用第二法置此機關名曰國民特會

（說明二）此機關或擬稱爲國民議會嫌其名義與國會相混或稱爲臨時國民議會嫌其名不雅馴且義不周洽故定爲今名

第十九條　凡遇左方所列時期則開國民特會

一　修正憲法時

二　選舉總統時

三　變更領土時

四　彈劾執政時

第二十條　國民特會以國會兩院議員組織之

（說明一）國民特會之組織純倣法國卽以國會兩院議員爲特會議員或疑似此不過國會變相何必多立名目此說不然就法理上論之國民特會與國會畫然爲兩機關一總攬主權之全部一行使主權之一部性質各異不容混淆若疑於兩種異性之機關不宜以同一人員組織之則類此之例各國多有德國聯邦參議院一方面爲立法機關一方面爲聯邦行政首長英國貴族院一方面爲立法機關一方面爲最高法院雖人員同一不爲病也就事實上論之國民特會與國會分子雖同然國會分爲兩院各自表決國民

特會合於一堂。共同表決。決字之結果。決非漫無差別。此如化學公例以兩種同質同量之物。分置兩器與合置一器。其化分之結果。必不從同也。法國立法之意。蓋根於是。今采之。

(說明二)或擬國民特會之組織。除國會兩院議員外。更加以最高地方議會臨時選舉一部分議員者。但我國爲統一國家。與聯邦異撰。國民特會之性質。將以代表國民全體。非以代表各地方。且參議員既由地方議會複選而成。若臨時再加複選。未免以重規疊矩爲病。故不采之。

(說明三)或有僅於選舉總統時。由國會兩院議員組織選舉會者。此與本文所規定。本無抵牾。但嫌其範圍太狹。名目太歧。夫選舉總統。所以別設機關者。豈不以此爲最高主權所寄。故特爲鄭重也。然修正憲法等事。同一律。既臨時別設選舉會。則亦宜臨時別設修正憲法會等。毋乃徒淆觀聽。故今總設一機關。而將其應行職權列舉之也。

(說明四)法國國民議會之職權。限於選舉總統與修正憲法之兩事。今復加以變更領土彈劾執政兩事者。變更領土爲國家之大事。其鄭重應與前兩事等。宜經最高主權機關決定之。此爲第一理由。或謂變更領土當用法律之形式行之。惟法律例須經三讀會。且一院議決。乃移咨他院。爲事極遲緩。積極的變更領土時。或緣會時機稍縱卽逝。消極的變更領土。大抵當國家危急存亡千鈞一髮之時。兩者皆貴神速。故不如以其權歸諸國民特會。一次表決也。此爲第二理由。

(說明五)所謂彈劾執政者。執政兼指大總統與國務員言之。或擬彈劾大總統與彈劾國務員各別規定。然彈劾實爲立憲國中非常大事。彈劾之結果。審判卽隨其後。參觀第四章第三十四三十五條第九章第八十三條正文之規定及三十六條之說明總統與國務員得受彈劾之條件雖宜不同。至其彈劾之機關及其程序。則可以從同也。或又擬以彈劾執政權專屬諸衆議院。其意蓋以責任內閣制。政府僅能對一院負責任也。不知彈劾與不信任投票有別。不信任投票屬於政治問題。專由一院行之宜也。彈劾則屬於法律問題。非遇總統有大逆行爲時。遇國務員有違憲違法行爲時決不濫用。故無專屬一院之必要。而其事尤當出以愼重。故委權於國民特會最爲得當也。

第二十一條　國民特會議事。須總員三分二以上列席。其表決須列席員三分二以上同意。

(說明)國民特會職權四事。皆國政之最重大者。其議決程序。自當視尋常法案特加嚴重。故規定如右。但或擬定爲須四分三以上列席。或列席員四分三以上同意。則恐以太嚴故反致議案不能成立。故各定爲三分二以上。最中庸矣。

第二十二條　國民特會議長副議長臨時選舉之。

(說明)法國國民議會以上院議長爲議長。下院議長爲副長。但本憲法所規定之國民特會認爲與國會性質全別之機關。故臨時別選議長。較爲合理。

第四章　國會

第二十三條　中華民國國會。合參議院衆議院之兩院而成。

第二十四條　兩院各以公選之議員組織之。

組織及公選方法。以法律定之。

(說明)或擬將兩院組織法及選舉法之一部。規定於憲法中。惟國情隨時變遷。而組織法及選舉法須爲具體的規定。移時輒多窒礙。緣此而牽及修正憲法問題。則程序失諸艱鉅。故委諸法律最宜。

第二十五條　兩院議員任期。以法律定之。

第二十六條　無論何人。不得同時兼爲兩院議員。

第二十七條　國會以五個月爲會期。但必須展期時。得由兩院或大總統提議協定之。

第二十八條　國會以每年二月第二來復之第一日開會。

(說明一)共和國之先例。率皆以國會開會期規定於憲法中。屆期由議員自行集會。不必待總統牒集。蓋國會與總統彼此地位對等。苟議員之行動。而必待命於總統。懼損國會威嚴也。且中國幅員寥廓。邊省距京師爲程或八九十日。苟牒集期太促。遠省莫致。若三四月前卽行牒集。亦以過早爲病。故不如在憲法中嚴定其期也。

(說明二)所以定二月者。國會開會期與會計年度開始期。關係極鉅。就我國財政生計上情形觀之。會計年度當以七月一日開始。國會開五箇月而閉會。則緊相銜接也。定第二來復之第一日者。第一來復或跨前月耳。

第二十九條　遇兩院議員各過半數之請求。或政府認爲必要時。得由大總統牒集臨時會。

臨時會之會期。由兩院協定。

（說明）臨時會所以必由總統牒集者，其一，開會之動機，苟發自總統，非牒集何由使議員聞知。其二，卽發自過半數之議員，亦必牒集乃能使散處者各依期以赴也。今采法制定爲此條。

第三十條　國會之開會閉會及停會，兩院同時行之。一院解散時，他院同時閉會。

（說明）國會得解散兩院，或一院得牒命停會，其理由別於第五章第五十條第五十一條下說明之。

第三十一條　國會議事，兩院各別行之。

第三十二條　國會議事之決定，以兩院之一致成之。但屬於一院之專權者，不在此限。國會一院否決之案，同一會期中不得再提出。

第三十三條　兩院議事，各以總議員三分一以上列席，列席員過半數之同意決之，可否同數，取決於議長。

（說明）列席法定人數不取過半數者，慮以人數不足延誤要案，且防制少數黨之消極行動也。

第三十四條　國會認大總統有大逆行爲時，得以兩院各五十人以上之動議，開國民特會彈劾之。

第三十五條　國會認國務員有違憲法行爲時，得動議開國民特會彈劾之。

第三十六條　衆議院認國務員施政失當時，得以不信任之意，牒達大總統。

不信任投票，須衆議院總議員過半數列席，乃得行之。

（說明一）臨時約法只有彈劾之規定，而無不信任之規定。且彈劾之程序極繁難，此權殆同虛設。政府失政，幾無復救濟之途。夫彈劾與不信任，其性質全異，故其程序亦不宜混同。彈劾之動機在法律問題，其結果繼以審判，在各立憲國史乘中，認爲不祥之事，行者甚希，特憲法中不可不設此條耳，故不妨特加嚴重。

以其權屬諸國民特會。而國會各院僅得動議也。不信任之動機。在政治問題。其結果僅政府更迭而止。各國政爭蓋常行之故其程序不宜太繁重。以院中普通議事之法略加鄭重行之可也。所以限於衆議院者。因政府只能對於衆議院負責任也。

(說明二)或謂不信任政府爲一種政治現象。無須規定於憲法中。此說誠有理。但欲使本草案第六十六條發生確實之效力。則加以本條之規定爲益匪細。且本章所列兩院職權。殆皆同等。苟非以此條明定不信任權之所專屬。恐兩院或起政爭。政府無所適從。政局紛拏。甚非國家之福也。

第三十七條　兩院各得建議於大總統。或國務院。但不被采納者。同一會期中。不得再建議。

(說明)或有以本條所規定爲贅疣者。其理由一謂國會本有權制定各法案。何必間接建議於政府。二謂既行責任內閣制。則政府與院中多數黨爲一體。豈待建議以求采擇。不知建議事項。原非僅限於法律。其屬於施政方針者。所在多有。卽法律亦多有以政府制定提出較爲便利者。國會建議。其綱要促政府之提案爲事最順。此建議權所不可缺者一也。完全之多數黨內閣。固爲立憲政治之正軌。但其能見諸實事與否。則恆觀政黨之狀態以爲衡。若未能遽臻。則安得不藉建議爲國會與政府交換政見之具。此建議權不可缺者二也。

第三十八條　兩院各得提出質問書於國務院各部。或請求國務員或政府委員列席質問之。文書質問須經表決後。以全院名義行之。

(說明)本條第二項。本可以無須規定。今云云者。因前臨時參議院之慣例。得以議員箇人名義連署提出質問書。今參衆兩院。沿而不改。故特著此文以矯之也。各立憲國。以質問爲國會監督政府一種有力之武器。不用則已。用則必期於發生效力。今以議員箇人名義行之。勢不能認爲院議。政府置不答覆。院中不能問其責任。且事實上此種質問紛綸不可究詰。同一問題。而兩種相反之質問往往同時並見。政府答辯。何所適從。議員或誤認有此權足以爲重。而不知以院中極重要之權。而緣箇人濫用之故。反喪效力。是適以輕國會也。故今特著此文以矯之。

第三十九條　兩院各得受理請願。

第四十條　兩院議員在院內發表之意見。於院外不負責任。但自以其意見公表於院外者。不在此限。

第四十一條　兩院議員在會期內。非經各本院議長之允許。不得逮捕或監禁之。但現行犯及犯內亂外患罪者。不在此限。

第四十二條　兩院事務官之任免。及其分限。與普通官吏同。

（說明）此條本無須規定。因最近議定之院法。爲特別之規定。實足以破壞議院行政。故以此矯之。

第五章　總統

第四十三條　中華人民具備左列條件者。得被選爲大總統。副總統。

一　享有完全公權。

二　年齡滿三十五歲以上。

三　住居國內十年以上。

（說明）或以副總統並無職務。議不設置。然細察中國今日之國情。此職終不可少。一。大總統有故時。其繼承者。苟無副總統。則必以委國務總揆。總揆攝職時。或不足以資鎮服。二。以副總統為養成次任大總統資望之階梯。據現在國中情形。良非得已。故從美制。仍設斯職。

第四十四條　大總統。副總統。由國民特會選舉之。

大總統任滿時。於一個月前開國民特會。行新大總統之選舉。

第四十五條　大總統。副總統。任期各五年。

（說明）得連任與否。不必以憲法條文規定之。從美例也。滿任之總統。能否使之連任。能否使之不連任。此全屬於事實問題。欲以法文强制事實。爲勢殆不可能。卽能亦不勝其弊。故不如不規定。屆時猶有善於適用之餘地也。

第四十六條　大總統爲國元首。對於外國及舉行典禮時。代表國家。

第四十七條　大總統得提出議案於國會。並臨國會陳述意見。

第四十八條　大總統公布法律。並命執行。

第四十九條　大總統得牒集臨時國會。

第五十條　大總統經國家顧問院之同意。得解散國會兩院或一院。但自解散之日起。須於一個月內。行總選舉。於五個月內。牒集新國會。

(說明一)論解散國會者多主張僅解散下院考解散權不能及於上院其制實沿自英國然英國上院議員純爲貴族就令可以解散其議員資格固不因此而消滅而新召集者既猶是前此之議員則何取乎解散然英制得用創造貴族之方法以減殺上院之反對則亦與解散無異甚且視解散爲更有效若我國參議院其性質與英上院異創造貴族之手段既不能用假使有政府於此爲下院絕對多數黨所組織而上院黨派之形勢適與下院成反比例則政府與上院之衝突上院與下院之衝突更有何法以救濟者或謂如法國之制使政府僅對於下院負責任而財政案之議決權又幾專屬下院則上院與政府關於政治問題其衝突之機會甚少可以無須解散此誠一理雖然以吾黨所見我國參衆兩院之分子根本上本無特異之點必減殺上院職權使絕少容喙政治之餘地按諸理論已覺難通況政治問題以外其立法問題亦常足使上院與政府起衝突若無解散權何由救濟比利時憲法許元首同時解散兩院且許各別行之比人常自誇其憲法爲模範憲法蓋誠幾閱經驗而得之此即其一端也故今采之

(說明二)解散權限於一院之說其不圓滿既已若彼矣或者更擬解散衆議院須得參議院同意其迂回抑更甚焉設遇兩院黨派狀態相同時政府持一政策確有所以自信而兩院皆反對之政府欲訴諸民意則必須解散衆院而參院之同意則安可得是有解散權等於無也夫苟採總統政治如美國則絕對的無解散權理論上誠爲圓滿今既采責任內閣政治如英如法解散權之必要已爲衆所公認既認爲必要則宜思所以貫澈之法國第三次共和憲法本因陋就簡不足效也況法之上院其分子尚有與下院特異之點而我尤非其比耶

（說明三）夫議憲之人而於解散權思嚴加制限者。豈非懼總統之濫用耶。曾不思既以責任內閣爲職志。則用此權者名爲總統。實則內閣也。更質言之。則名爲總統。實則政黨也。政黨以己黨所持政策訴諸民意。觀其從違以決進退云爾。使政黨的責任內閣眞能成立。則總統殊無濫用此權之餘地。吾黨所希望在得强善之政府。欲政府善而且强。而不使有解散權。或有之而不能貫澈。是猶欲北行而南其轅也。更從他方面觀之。假使國會與政府衝突。而無圓滿之解散權以爲救濟。其結果究如何者。或則迫政府出於違憲之途。蔑視國會之決議。或則使政府不得不用卑劣手段。用金錢及其他之酬報以誘惑議員使從己耳。兩者有一於此。其不祥莫大焉。故圓滿之解散權。一方面足以策厲政府之責任。一方面足以尊保議員之氣節。所關非細故也。夫解散權之濫用。雖曰可畏。猶不失爲堂堂正正之舉。潛用之程度終有限制。若以不能解散之故而濫用他權。則足以腐蝕國會之空氣。其貽禍國家。乃無極耳。

（說明四）臨時約法。一方面既不許有解散權。一方面又無不信任投票之規定。而彈劾權之行使又極艱。是使政府與國會徒互相掣肘。而莫可誰何。立法之拙莫過於是。本草案一方面用極簡易之程序使國會得行不信任權。一方面復用極簡易之程序使政府得行解散權。兩者相劑。庶政治之運用可以圓融無礙。此立法之微意也。

（說明五）經國家顧問院之同意。所以防濫用之一道也。國家顧問院之組織及其作用。於第七章別說明之。

第五十一條　大總統得停止兩院之會議。但同一會期內停會以一次爲限。其期間不得逾十五日。

(說明)停會所以促國會之反省。法國以此權予總統。令采之。大抵凡行責任內閣制之國。在野黨之對於政府黨。以質問為斥候戰。以否決財政案及不信任投票為最後決戰。政府黨之對於在野黨。以停會為斥候戰。以解散為最後決戰。此四種手段兩兩相當。皆政黨政治之交戰條規也。必憲法之規定各得其平。然後光明正大之政戰。乃得見也。

第五十二條　大總統為執行法律或依法律之委任。得制定命令。

第五十三條　大總統為維持公安。捍禦災患。當國會閉會時。經國家顧問院之同意。以不違反憲法為限。得使國務員連帶負責制定與法律同效力之教令。此種教令不論繼續執行與否。至次期國會開會十日內須提出兩院求承諾。

(說明)普魯士日本。皆以發緊急命令之權予元首。法國則否。然法國遇非常變故。政府可逕發命令而自任違憲之責。於次期議會。說明不得已之故。未解除責任。斯亦一種憲法外之緊急命令也。雖然。此制實不足取。夫苟謂此種命令為非當。則宜厲禁勿使發。亦既知其不可少。乃不以憲法明許之。而令執政負違憲之罪。非所以保憲法之尊嚴也。至發布緊急命令之條件。惟普國限制最嚴。足防流弊。今采其意。製為本條。

第五十四條　大總統定官制官規及任免官吏。但憲法及其他法律有特別規定者。各依其規定。

(說明一)例如任命國務總理。須經國家顧問院同意。任命審計院長。須經國會兩院同意。任命法官。必依法定資格。且不能擅行左遷。此皆憲法法律有特別規定者也。

(說明二)各國先例。有官制須經國會議決者。實屬無謂。若重要之官制如地方制度等。本當以法律之形式規定之。至各官廳之組織。其權宜專委諸行政官。若如去年臨時政府各部官制。每部皆須交院議。徒費時日。增掣肘耳。若欲以防政府設官之濫。則一官廳之成立。必須經費。而經費例須經院承認。國會所以裁節政府者。不患無道也。

第五十五條　大總統爲陸海軍大元帥。率陸海軍。

第五十六條　大總統宣告戒嚴。

戒嚴之要件及效力。以法律定之。

第五十七條　大總統經國家顧問院之同意。宣戰媾和。

第五十八條　大總統締結條約。但條約之關於立法事項。及增加國庫負擔者。非經國會承認。不生效力。

變更領土之條約。須經國民特會議決。

（說明）外交恆尊祕密貴神速。苟締約而必經國會議決。則聞知者衆。漏言難免。緣此或功敗垂成。或患生意外。且國際交涉。有須當機立斷者。國會兩院議決程序甚繁。事機一去。噬臍無及。故締約之事。宜以全權委總統。雖然。其有無須祕密迅速。而又與內政有關者。則當決諸國會。以示慎重。此本條立法之意也。

第五十九條　大總統接受外國大使公使。

第六十條　大總統制定勳位勳章。及其他榮典。並授與之。但不得附以特權。

第六十一條　大總統宣告特赦減刑復權。

特赦減刑之宣告。當於其罪名判定後行之。

（說明）各國有許元首以大赦權者。大赦之弊。先哲言之綦詳。故今不采。特赦之作用。有時可借以曲全人物。有時可借以聯絡邦交。故許行之。雖然此權固應在總統。然非罪名既定之後。則不許行使。昔英國董比伯受國會彈劾。英王赦之。國會不許。乃更制一例。謂凡屬國務訴訟。罪名未定之前。赦令無效。及威廉三世時。又規定國王赦令不能持以拒公訴。英國此法。其於整飭官方極有力。今採焉。

第六十二條　大總統不負政治及刑事上之責任。但大逆罪不在此限。

第六十三條　大總統於任期內死亡免職。副總統繼其任。或有故亙久不能執行職務。由國會牒請副總統攝其職。

副總統繼任時。限一月內開國民特會別選副總統。

第六十四條　副總統得兼領各項公職。

第六章　國務員

第六十五條　國務總理及各部總長。均稱爲國務員。

第六十六條　國務員贊襄總統。對於衆議院擔負責任。

大總統所發關於國務之文書。須經國務員一人以上之副署。

第六十七條　國務員及政府委員。得到國會兩院陳述意見。

第七章　國家顧問院

(說明)法國舊有參事院。日本有樞密顧問院。皆爲憲法上之機關。德國各邦。美國各州。亦多設置類此之機關。其作用蓋以限制行政權之一部分。且使國會閉會中其職權之一部分可以賡續行之。意至美也。智利憲法於此機關之組織最爲周備。今略倣其制。

第六十八條　國家顧問院。以國會兩院各選舉四人。大總統薦任五人之顧問員組織之。

(說明)智利顧問院。以十一人組織之。國會兩院各選三人。大總統薦任五人。今定爲十三人。兩院所舉共八人。大總統所薦五人。國會所舉占絕對多數。重民意也。必參以總統所薦者。謀立法部與行政部之圓融也。

第六十九條　大總統執行左列各職權。須經國家顧問院之同意。

一　任命國務總理。

二　解散國會。

三　發布緊急敎令及財政上緊急處分。

四　宣戰媾和。

五　提議改正憲法。

(說明一)任命國務員。先經國會之同意。此制與責任內閣之精神。不能相容。故惟無責任內閣如美國者行之。他國則否。卽在美國。亦備而不用也。臨時約法時代。總理總長。一一須各求同意於參議院。在立法者之意。以爲用此制度。可以防總統之專擅。而良政府隨而出現。據一年來所經驗。並未嘗緣此得良政府。而反不勝其敝。論者亦漸知其無謂。而猶不能盡豁其故。見於是有同意權之行使。限於衆議院。同意權之範圍。限於國務總理之說。以視臨時約法。其束縛馳驟之程度。蓋稍殺矣。然既決欲進我國於責任內閣。而偏留此背馳之制。何為也者。總統用人不當。總理施政無狀。則國會所以監督而排斥之者。豈患無術。質問也。否決法律也。否決豫算也。不信任投票也。彈劾也。皆國會裁制政府之武器也。使國會而稍有實力。稍有常識。善用此種種武器。總統總理。曷由自恣。苟實力與常識俱缺。僅一同意權。所能裁制者亦復幾何。且若當國會閉會時而總理出缺。何以待之。召集臨時會。動經數月。數月無政府。何以為國。事實上必至不待同意而任命。是强迫總統使違憲也。故吾黨對於同意權。期期以為不可。雖然任命總揆。國之大事。有一機關以備諮詢。亦足益昭愼重。則國家顧問院為最宜也。

(說明二)解散權與責任內閣相麗。其不可無。前已言之。然解散一院。而求他院之同意。為事滋多窒礙。故今亦以同意權屬諸顧問院也。

第七十條　憲法有疑義。由國家顧問院解釋之。

憲法上之權限爭議。由國家顧問院裁判之。

(說明)凡法律之文。皆含彈力性。有容種種解釋之餘地。憲法疑義之解釋權。有屬諸元首者。有屬諸最高法院者。揆以我國國情。兩皆未妥。故以屬顧問院最宜。權限爭議者。如國會與政府權限。兩院相互之權限。普通法廷與平政院之權限等。爭議常所不免。裁判機關。亦以顧問院最宜。

第七十一條　顧問員不得兼為兩院議員或國務員。

第七十二條　顧問員之任期與總統同。

第八章　法律

(說明)各國憲法之編次。其關於法律之規定。多散見於國會章。蓋以國會爲立法機關也。實則國會職權。不僅在立法。而法律成立之程序。又非國會所得專。今倣日本憲法特置會計章之例。別爲法律一章。

第七十三條　凡法律須經國會議定。

第七十四條　大總統及兩院各得提出法律案。但經一院否決者。不得於同一會期內再行提出。同一法律案。不得同時提出於兩院。財政法律案衆議院有先議權。

第七十五條　國會議定之法律案。大總統須於牒達後一個月以內公布之。但經國會牒請迅布者。須於七日以內公布之。

第七十六條　大總統於國會議定之法律案認爲不當者。得於前條所定期限內牒移國會。求其覆議。覆議時兩院非各有列席議員三分二以上之同意。不得爲維持原案之議決。覆議議定之法律案。不得再求覆議。

第七十七條　既定之法律。非依立法之程敍。不得廢止或改正之。但與新定法律相抵觸者。雖無明文廢止或改正。皆依新定法律變更之。

特別法律非有明文廢止或改正。不受普通法律之變更。

第七十八條　現行法規以與憲法不相抵觸者爲限。保有其效力。

第九章　司法

第七十九條　法院以中華民國之名行司法權。

法院之組織以法律定之。

第八十條　法官以具有法律所定之資格者任之。

法官非受刑事處分及其他法律所定懲戒處分。不得停職。

第八十一條　行政訴訟。於平政院裁判之。

平政院之組織及其官吏之任免。依法律所定。

第八十二條　屬於特別裁判所之管轄者。別以法律定之。

（說明）如軍人干犯軍紀。應由軍事會議裁判之類。

第八十三條　總統及國務員受彈劾時。於國務裁判院裁判之。

國務裁判院臨時。由最高法院及平政院聯名選出九名之法官組織之。

其選舉法官及裁判方法。別以法律定之。

第十章　會計

第八十四條　凡新課租稅及變更稅率以法律定之。

現行租稅非經法律更改者照舊徵收。

第八十五條　凡舉國債及締結增加國庫負擔之契約必經國會議決。

第八十六條　國家歲出歲入每年由政府製成預算提交國會議決。

預算不成立時政府依前年度之預算施行。

會計年度開始而預算尚未議定時亦同。

(說明一)美制預算由國會編製不勝其敝今規定由政府編製之。

(說明二)第二項採日本憲法第七十一條之意所以救濟財務行政之窮也或曰預算不成立即不啻國會不信任政府政府當於此時辭職曰不然預算不成立之原因甚多苟因不信任政府之故而故使之不成立則政府誠宜辭職若所爭議不決僅在一二小節則未至於不信任政府政府固無辭職之必要也於斯時也財務行政不可無所依據日本之制最善矣。

(說明三)第三項所規定非指預算否決時而指預算討論未終結時也英法比等國於此時許由政府製假定預算經國會承認施行今爲便利起見仍以暫行前年度預算爲宜。

第八十七條　凡屬於憲法上法律上既定之歲出非得政府之同意國會不得廢減之。

第八十八條　國會不能爲增加歲出之提案。

(說明)本條所規定實發議於英相格蘭斯頓而近世學者咸贊之蓋國會若得提案增加歲出爲弊滋多。

第一破財政計畫之統一第二使收支難於適合第三使歲出易陷濫費第四議員每私於其黨派及地方予以此權易激動黨爭潮流且助長地方思想之發達坐此諸弊故不能不立限制也

第八十九條　爲備預算之不足及預算外必要之支出得於預算案內設預備費

第九十條　爲舉辦特別事業得於預算案內預定年限設繼續費

繼續費依預算所定之額於年限內繼續支出之

第九十一條　爲保持公安捍禦災變倘有急需而値不能牒集國會之時大總統經國家顧問院之同意得令國務員連帶負責爲臨時財政處分

此種處分至次期國會開會十日內須提出兩院求承諾

（說明）此條與第五十三條同一旨趣皆所以救憲政之窮求行政之敏捷也

第九十二條　參議院於衆議院議決之預算案非查有違法之收支不得修正或否決之

（說明）此制濫觴英國各國多仿效此非徒出於偶然之習慣也蓋預算案之否決則政府交迭恆隨其後責任內閣義當爾也政府若對兩院皆負責任則兩姑之間難爲婦政象之糾棼將不可理故本草案第六十六條規定國務員專對於衆議院負責任此條卽根據彼條而足成其議也

第九十三條　國家歲入歲出之決算每年由審計院檢查之

審計院之組織以法律定之

第九十四條　決算經審計院檢查確定後大總統連同檢查報告提出於國會

第十一章　附則

第九十五條　大總統及國會兩院皆得提議改正憲法。但大總統提議。須經國家顧問院之同意。提議經國會兩院議定。即開國民特會議決之。

進步黨政務部特設憲法問題討論會通告書

制定憲法。爲國民第一大業。頃參衆兩院。已選出起草委員。本黨對於憲法各種主張。亟宜泐爲黨議。以求多數國民之贊同。夫旣曰黨議。必其經全黨黨員之討論。決於多數而始成立。而非黨中少數個人之意見所敢專擅。明也。惟是憲法問題極複雜。欲聚多數人以討論於一堂。恐限於晷刻。不能各盡其職。且本黨黨員徧海內外。其在京師者。不及千之一。討論而僅限於京師。殊不足以收集思廣益之效。故今擬特設此會。用通信討論之法。徵集全黨黨員多數之意見。然後由政務部指派專員。裒集衆說。泐成一有系統的草案。加以說明。再經特別會通過之。認爲黨議。今特將討論範圍及其重要問題。與夫本黨應守之宗旨。開具左方。憲法良否。爲國家盛衰安危所繫。討論之責。匹夫與有。況吾黨素自任以天下之重者哉。凡我同人。各宜勉茲天職。毋或怠棄。咸抒偉謨。爰翊大業。豈惟本黨之榮。抑亦國家之慶也。

第一　討論範圍

旣名爲憲法討論會。則範圍自當限於憲法。惟是議院法。選舉法。會計法。國務裁判法。審計院法等。其與憲法之

關係至密學者往往指爲憲法之一部故本會所討論宜並及之

第二　應討論之問題

憲法上之問題千端萬緒但其中有衆所公認毫無爭點者擬省略之今舉重要問題如左

一　應否特設專條規定領土

二　應否以明文規定主權所在

三　人民之權利義務應爲列舉的規定抑爲概括的規定若列舉規定則其項目如何

四　於立法行政司法三機關之上應否設置最高之總攬機關若須設置則（甲）應規定何種事項屬於此機關之權限（乙）此機關之組織法應若何

（注意）所謂最高之總攬機關者例如法國之國民議會屬於此機關之權限例如制定憲法改正憲法變更領土等此機關之組織法例如或混合兩院或混合而加以他分子定

五　地方權限應否規定於憲法若須規定則（甲）其權限應爲列舉的抑爲概括的（乙）地方之範圍應爲全部的抑爲一部的

（注意）以地方權限規定於憲法者例如奧大利及英屬之加拿大

（又）所謂全部的者謂所規定適用於全領土也所謂一部的者例如蒙古西藏等

六　大總統權限應取列舉主義抑取概括主義

七　國會權限應取列舉主義抑取概括主義

（注意）此兩機關之權限不能雙方皆取列舉主義因列舉必有罣漏雙方列舉則不及列舉者不知應保留於何機關也

八 衆議院應否有財政案先議權。參議院對於衆議院議決之財政案。其權限何如。

九 參議院是否應有特別之職權。若有之。其種類何若。

（注意）參議院特別職權例如英國之兼行最高法院權美國之同意任官權等。

十 締結條約應否必經國會畫諾。如應必經。則(甲)指一般條約。抑限於特種條約。(乙)須經兩院。抑限於一院。(丙)若限於一院。則權屬何院。

十一 彈劾權是否兩院得並行。抑僅限於衆議院。若兩院並行。是否各自行之。抑混合兩院協議行之。

十二 彈劾動議及表決有效之法定人數應以何爲標準。

十三 國會是否可以解散。

十四 解散是否限於衆議院。抑兩院皆得解散。

十五 解散權是否得以政府單獨意思行之。抑應參以他機關之同意。

（注意）所謂他機關者例如法國解散下院須經上院同意又如諸君主國有必經樞密院之諮詢始能解散者

十六 解散回數是否應以憲法規定之。

十七 大總統能否命國會停會。

十八 國會開會應由大總統召集。抑可以自由集會。抑應以憲法規定每年開會時日。

十九 國會集會期限長短應否以憲法規定。閉會及延長會期是否由兩院自主。

二十 選舉大總統之機關及其手續若何。

二十一　大總統任期年限如何。連任應否立限制。

二十二　副總統應否設置。

二十三　憲法上總統諮詢機關應否設置。

（注意）例如君主國之有樞密顧問此種機關在共和國誠若不倫然若政府有廣闊之命令權則此機關應否設置實有研究之價值

二十四　法律案應用總統交議名義。抑用政府提出名義。

（注意）此與責任內閣制頗有關係

二十五　國會議決之法律案。大總統能否有不裁可權或交議權。若有之。則此權行使是否有限制。

二十六　大總統能否頒發緊急敎令以代法律。

二十七　大總統及各行政機關能否頒發獨立命令。

二十八　任命大吏應否經國會同意。若須經同意。則（甲）是否限於中央政府國務員。抑並及其他如公使等。（乙）國務員須個別同意。抑限於總理。（丙）同意權是否兩院並得行之。抑僅限於一院。（丁）若限於一院。當屬何院。

二十九　官制官規。是否須由國會議定。

三十　國務裁判院應否設置。若應設置。則其組織法如何。

（注意）國務裁判院者國務員受彈劾以此爲最後之制裁也

三十一　審計院之權限如何。

三十二　平政院之權限何如。
三十三　會計年度開始期當定何月。
三十四　預算應由國會編製抑由政府編製。
三十五　預算不成立時救濟之法如何。
三十六　大總統能否頒發緊急敎令爲預算外之支出。
三十七　勳章及其他榮典應否設置若設置時大總統授與應否經他機關之同意。
三十八　大總統行大赦特赦權應否經他機關之同意。
三十九　憲法之最高解釋權屬於何機關。
（注意）憲法有疑義或起立法行政兩部之爭議必賴有最高解釋權在君主國多屬於君主在共和國有以屬諸最高法院者有議別置機關者
四十　改正憲法之手續如何。
以上四十條剌舉其重要者此外凡我黨員認爲應討論之問題仍望自由加入以求完密。
第三　討論根據之宗旨
前列諸問題本以求黨員自由討論自由發表意見但本黨原有黨義三大綱爲我黨員所共同遵守今當討論此國家根本大法自應以黨義之精神爲根據庶幾能成一有系統的法案以博多數國民之宗尚今紬繹黨義擬爲宗旨三條。
一　絕對的排斥聯邦主義以保國家之統一。

二　於立法行政兩部權限不畸輕畸重。以杜一機關專制之弊。
三　不存對人立法之心。以補偏救弊。免誤國家百年大計。
我黨員當討論諸問題時。能常率此精神以行之。自能不入歧途。而得一貫之主張。於以構成完美之黨議。則黨之幸也。

第四　討論會之組織

一　本會設於本黨本部之政務部。以部長爲會長。
二　本會設特任審查員二十人。特任起草員四人。由會長指任。
三　凡本黨黨員。皆爲討論會員。公同擔任討論義務。
四　凡討論者。照依前列各項問題。每題自抒己見。能逐條討論最善。摘要者亦聽。
五　於前列各項問題外。更提他項問題者聽。
六　凡所主張。須敍理由。
七　敍理由許用外國文字。
八　在京黨員限一個月。內各支分部黨員限兩個月內。將討論之結果。隨時寄交政務部。
九　各員討論之結果。擷其菁華。刊登黨報。以喚起全國輿論。
十　討論之結果。由審查員會同審查。認爲合於黨綱者。則采擇裒集之。移交起草員。
十一　起草員綜合討論之結果。采擇之。編爲有系統的憲法草案。

十二　所編憲法草案經特別會通過後。認爲黨議。移交兩院中之本黨起草委員使提出之。將來兩院正式開議憲法。本黨所屬議員根據黨議以爲可否。

進步黨調查政費意見書

頃以國家瀕於破產。故舉國皇皇然冀大借款之成立。如飢兒之索乳也。大借款亦既成矣。而除還舊債外。其所資以維持行政費者。僅至九月而止。今則六月嚮盡矣。其距九月。不過百日耳。百日之過。如駒度隙。計自國會開會迄今。不旣百日耶。國會所爲何事。政府所爲何事。轉瞬九月即屆。而破產之禍。立即復見。舍再募新債外。更有何法。徵諭恃債度日。不足以爲政。不足以成國也。即復含垢冒險以乞靈於新債。而得之又豈易易。試觀此二千五百萬鎊之債。一年來所經波折爲何如者。債愈重。財政基礎愈紊。信用愈墜。則募集愈難。五尺之童。所能逆覩也。此次借款合同。爲有史以來所未嘗睹聞之奇恥大辱。其用途一一嚴定。列爲甲乙丙丁戊己六號附件。悉受銀行團監督。其中尤予我以不堪者。莫如戊號附件之行政費。將各部所管分爲四十九款。一一開列費目。其末更附一條云「以上各節每月之詳細預算用途單。應交銀行所指定之代表人一份」。質而言之。則他國之預算。例須由政府提交議會者。我國之預算。乃由政府提交銀行團也。銀行團乘我之危。提出此嚴重條件以相蹙。凡在含生。固宜憤懣。雖然。由他方面觀之。以財貸人者。孰不欲置其母財於安全之地。夫舉債非必不祥也。舉債而浪費之。斯不祥耳。今世有國者。孰不舉債。其債累之重。倍蓰於我者。不知幾何國也。其債之仰給於他國市場者。亦什而八九也。而未聞他國債主。敢提出稍苛酷之條件。以相要挾。非惟不敢。亦不必也。蓋信其所舉之債。決無浪費而債權之安全可確保也我國自前清之季債已山積而對外債權之信用尚較優於日本故欲以稍有利之條件募大宗之外債為事尚非甚難也信用一落千丈則自民國成立以來也信用曷為驟落則以浪費為民國政治之特色也其最足令外人劌心怵目者則比款一百萬鎊不一月而罄之而其用途之足以宣示於人者乃什不得二三也而此外一年以來中央及各省所借急債尚四千餘萬元此專就外債一面言也更從他面觀之試問行政官吏既有此四五千萬元以供揮霍果緣此以減輕人民租稅之負擔否耶則安有此事人民負擔惟見其視前清加重而已前清宣統豫算號稱二萬七千萬兩舉國已知其不實今民國官吏所取於民者其必不下於每歲二萬七千萬兩至易見也民國成立一年有半矣人民所貢獻最少應不下四萬五千萬兩折算約七萬八千萬元內外合以四五千萬元之外債為八萬萬二三千萬元而一年有半銷耗無餘雖徧國皆金穴何以堪此當去年議大借款銀行團提出監督用途條件而我政府力拒之當時各國當局者或亦擬遷就矣而英國外相格黎氏宣言謂監督用途正所以愛護中國謂非如是則浪費無從防而中國破產之禍無從免也吾黨聞此未嘗不痛心疾首而又歎其言之洞中癥結間執吾口而末由反駁吾安敢憤恨吾惟有慚愧耳夫此次大借款合同第二款第十四款及各號附件所規定其原因豈不在此耶此次合同其難堪既若是矣轉瞬一百日後又須議借國庫負擔緣此次借款之結果新加應償之利息千二三百萬元海關鹽稅鐵路收入抵當已盡欲得新債其條件之苛酷於今次者云胡可量而勢又在不得不借其不至率四萬萬人以鬻身為奴不止也夫以該合同第二款第十四款及其附件所以監督用途者亦云至矣使緣此而遂可以杜絕浪費則吾國民雖蒙此大辱或未始非福惡石勝於美疢忍而受之以俟將來可也雖然吾黨孰鑑過去現在之事實而知此區區合

同條文。決不足以防浪費。而格黎氏所論。猶知其一未知其二也。蓋外人所能稽核者。限於借款之用途。而政府所收入。不僅在借款、借款以外。尚有前淸相沿之經常收入二萬七千餘萬兩與夫收入舞弊不列於前淸豫算者。此項巨款散在中央及各地方官吏之手。供其揮霍。故於正當之政費則動用借款。（如合同戊號附件所列舉之四十九款借款）其不正當之浪費則取給於相沿經常收入之款。以是塗飾外人之耳目。而外人亦末如之何也。疇昔吏胥之對於長官。疆臣之對於部臣。皆慣用此技以舞文。今則用以對外矣。然試問此技可得久用乎。吾黨敢斷言曰。我中央及地方各機關。若長此浪費不已。到下次再議借款之時。外人所提之條件。其不至舉我國全部之歲入而監督其用途不止也。萬一不幸而言中。則國家固不可問。而今之恃國家浪費爲生活者。到彼時亦豈復能一染指。大樹枯萎。而蛀木之蟲。亦與之俱斃已耳。今時論之言理財者。非曰整頓金融。卽曰振興實業。本黨未始不認此爲當務之急也。然以爲此乃屬於生計政策之範圍。不當攙入財政政策以並論。本黨所主張之生計政策。舍此固無他謬巧。然以爲財政政策不立。則國家破產卽在一年數月間。而生計政策更何所附麗者。是故本黨首務樹立本黨之財政政策。討論至當。以期實行。有積極的發展國家之財政政策。有消極的維持國家之財政政策。積極的政策所以圖强於將來。消極的政策所以救亡於現在。非先救亡。不足以言圖强。故本黨將來之財政方針。雖以積極爲期。而今日之財政方針。必以消極自守。今得宣言本黨對於財政之意見如下。

第一　守嚴格的量入爲出主義。就現在之歲入以求保歲出之均衡。

第二　爲達前項目的起見。絕對不許用外債以充行政費。

第三　爲達前兩項目的起見。以全力征伐浪費。調查其種類而設法剿絕之。

按照此次借款合同第十款有云「中國政府如有金款存在歐洲或日本亦可用以付還此次到期之本利」計中國若欲回復信用近之求免債權者目前之壓迫遠之留將來生計借款之餘地借款以整頓金融振興實業謂之生計借款皆非設法實行此第十款之條件不可日本之所以維持國計皆恃此也日人謂之在外正貨其存於英倫銀行者常二萬萬餘有缺則募外債以補充之本黨所主張據此次合同除甲乙丙三號附件爲到期外債無庸置議外其丁號之裁遣軍隊費戊號之四月至九月行政費已號之整頓鹽務費或則尚有可以節減之餘地或則開辦尚需時日務令所借之款不遽全數動用以一部分存於歐洲如日本所謂在外正貨者就中戊號之行政費五千五百二十五萬餘圓務以經常租稅所入充之而不動用借款但能得此數以充在外正貨則信用回復已過半此不徒樹財政之基礎而已改革幣制問題目前便須解決將來無論爲采金本位制爲采虛金本位制皆須賴有在外正貨乃能維持於不敝即爲生計政策計亦以此爲第一義也夫欲實行此政策其必從不用外債充行政費下手欲不用外債充行政費其必從征伐浪費下手矣

本黨之倡此論聞者或以爲無責任之言夫無責任之言在個人之放言高論者容或有之政黨豈宜出此本黨知自愛決不爾爾也今（第一）試問此所謂五千五百餘萬元之行政費者果絕無節省之餘地乎臨時政府初成立時各部行政經費合計不過月四百萬元誠或未免太觳薄然閱時不及半歲而驟增至月千二百餘萬元究竟其必須增之理由安在其增而必須三倍者理由又安在謂絕無浪費其誰信之（第二）一年以來各省所入絲毫未解中央中央政費不能不仰給外債者實緣於此然試問各省果嘗豁免租稅將前清時代人民之負擔悉弛之乎抑照常徵收且有加乎今所收既不解中央而各省亦無不告匱其所徵收耗之何處非各省大小

官僚及自治機關層層浪費致之耶。果能實行征伐浪費主義。但使克還前淸舊觀。亦何至專仰外債以充政費者。(第三)中央所入。果除外債外更無他款乎。他勿具論。卽如合同戊號附件交通部所管條下注云。「路航電郵各費應歸特別預算應可相抵」。試問此項僅可相抵而已乎。據耳目所共見。則京漢鐵路每年餘利六七百萬元。京奉七八百萬元。京張三四百萬元。皆相抵而有餘者。旣未嘗增築新路。而又不以充正當之行政費。而必涓滴仰給於外債。此又何說也。(第四)丁號附件裁遣軍隊費二千餘萬兩。此當去年初議借款時。卽估算此數。中間蹉跎經一年而借約不成。而各省已遣散之軍隊。抑亦過半矣。今是否尙須此數。此數發往各省。能否不移作別種浪費。凡此四端。不過舉例。要之以吾黨所信。誠能征伐浪費。則必能以前淸相沿之歲入支應歲出而保均衡。決可以不仰外債以充行政費。而留出借款一部分以充在外正貨。此事理之顯而易見者。特患官吏議員偉人政客各自醉飽於浪費之滋味。而征伐無效耳。本黨旣標征伐浪費之主義。以自效於國家。恐空言不足以奏效也。故當先從調查浪費著手。今略擬調查凡例。願與吾黨諸君子共從事。以備將調查結果編爲專案公諸世焉。

一　浪費之意義。

甲　絕對不必舉辦之事而舉辦者。其所費認爲浪費。　例如某處建紀念塔某處塑某人銅像之類。

乙　相對的可以緩辦而必急辦者。其所費亦認爲浪費。　例如議擴張海軍議造飛機之類。

丙　明知必無結果之事而倡辦者。其所費亦認爲浪費。　例如募國民捐號稱征蒙征藏之類。

丁　可以委諸民辦之事業而必攬歸官辦。在行消極的財政策時代。可認爲浪費。　例如各種官辦實業之類。

戊　事之可以無須爾許巨費而能了者。其額外所費。皆爲浪費。　例如保持治安僅需三十師而已足者。設五十師則二十師所費成爲浪費。又如裁遣軍隊。僅數百萬已能辦到者。預算二千萬。則有千餘萬成爲浪費。

己　奉公職之人無職可奉。或不稱職而在職者。其所受俸給皆爲浪費。俸溢其勞。亦爲浪費。　例如中央及各省無數之顧問等。屬於第一種。各行政官署之冗員。屬於第二第三種。各議員過優之俸給。亦屬於第三種。

略以此意義爲標準。而分途分類調查之。

二　調查之種類。　據前列標準。其浪費之種類至繁賾。難以悉舉。略舉重要者爲例。凡任調查者。得就實地所見增其種類。

一　國會議員俸給。當以若干爲最少額。逾此額者當認爲浪費。

二　省議會府縣議會議員等亦同。

三　總統府都督府之顧問。及以他種名義領俸給者。無職可奉。則認爲浪費。

四　中央各部各局各廳（或部內之局廳或獨立之局廳）可以無須設置者。其該部該局廳所費。認爲浪費。

五　外省各司各局廳亦同。（下至各州縣無謂之官署皆調查列舉之）

六　中央各部。某部部員。應以若干人爲最少額。逾此額之冗員。認爲浪費。

七　外省各司各局廳乃至州縣官署亦同。
八　某部某種官吏俸給應以若干爲最少額逾此額者認爲浪費。
九　外省各級官吏亦同。
十　在外使館領事館應以若干員吏爲最少額俸給以若干爲最少額逾此者認爲浪費。
十一　中央及各省有不必辦之事或可以緩辦之事其現辦者認爲浪費。
十二　某省養兵以若干爲最少額逾此者認爲浪費。
十三　裁兵所需以若干爲最少額逾此者認爲浪費。

三　調查之擔任及報告。

凡本黨黨員在京者各就其所知各部分之浪費逐項調查之凡現任部官者宜特詳於其部各員皆宜特詳於其本省。

本調查案發交各支部時各支部宜設臨時調查員將該省之浪費項目詳細調查。

本調查案由支部發交各分部時各分部宜設臨時調查員將該州縣之浪費項目詳細調查

凡非本黨黨員而表同情於本黨征伐浪費主義者能就所聞見以調查資料供給本黨本黨歡迎之。

凡調查報告以臚舉項目爲貴。

凡調查報告不拘格式能略述沿革及說明認爲浪費之理由尤妙。

凡在京黨員於十五日內將調查所得報告於本黨政務部。

凡各支分部黨員。於兩個月內。將調查所得。報告於本部。

四　調查資料之整理及發表。

本黨擬設一臨時政費調查會。由政務部部長副部長領之。專任審議此次調查之結果。

各處調查資料彙齊時。經該會審議認爲正確者。則分項編爲一系統的成案。名曰進步黨節減政費案。

該案編成後。開特別會議決之。議決通過。則認爲黨議。將來本黨執政。則據此爲編製豫算案稿本之一部。本黨在野。政府之采我黨議以立豫算者。贊成之。其豫算之違我黨議者。反對之。

國際立法條約集序

法起於何耶。當法之未立也。强陵弱。衆暴寡。智欺愚。勇賊怯。權力無所集重。故不足以相伏而相維也。雖然。於彼其時。而人與人相處之間。國中一羣聚一階級與他羣聚他階級相處之間。猶必有種種公例之規律。或箸之竹帛。或習安而信守之。各定其權力之界。然後得以耦俱而寧息也。是則法之濫觴也。及國家既建。定一尊以制憲典。權力關係變爲權利關係。而法之形具焉。國際法者。國與國相互間公例之規律。其性質略與國家未建前社會習安信守之公律相類。其效力不能如國內法之强固而溥徧也。故畢士麥亦有言。天下安有公法。惟黑鐵與赤血耳。此言乎國際法之不可恃。惟强者爲能利用也。雖然。既已國於大地。則於萬國公例之規律。更安得昧昧。夫既弱而不競矣。而又並公律之稍稍足資保障者而不識其用。是益自取削亡之道也。我國自海通以來。對外失敗。覆轍相尋。推原其故。則由當局乖於外交術者居其半。由當局闇於外交學者亦居其半。夫操術巧拙。限於天才。積於閱歷。誠非可强而致也。至於學則夫人皆得勉焉。而學又爲術之原。無學之術。其不能競勝於今之世。抑又明矣。夫外交學雖非一端。而國際法實其根幹也。我國國際法學之著述本已寥寥。即有一二譯本。又皆陳舊不適於用。夫今世學問日新月異。稍封故見。即已後時。凡百科學皆然。況於國際法學。最近數年間之發達。爲前此所未有。自荷京兩次保和會。公定種種規律。於是前此以慣習先例爲基礎之國際法。今則裒然成文。釐然其有著明之系統矣。然則居今日而治此學。非有最新最完之鴻著。其何以導津逮而達世用。吾友寶山張君。非直以學顯也。其學又非徒限於國際法也。顧深慨夫吾國對外失敗之跡。深探其本。思有所以匡之。乃著斯書以餉國人。雖區區小册。然精粹嚴整。實我國前此著述界所未嘗見也。抑吾聞之。國家之所以競於外者。非直卿尹百僚所有事而已。而在共和國之國民。其參與外交之範圍亦加廣。使國民而缺乏外交學之常識。其直接間接以誤國家大計者。又豈知所屆。然則張君斯書。又豈惟外交當局所宜服膺云爾。

飲冰室文集之三十一

敬告政黨及政黨員

在專治政體之下決無容政黨發生之餘地政體既歸宿於立憲則無論其國體爲君主爲共和皆非藉政黨不能運用而政黨亦不待勸而自能句出萌達我國一年來各政黨踵武興起實自然演生之結果莫之爲而爲莫之致而至者也聞之非眞立憲之國不能有眞政黨然非有眞政黨之國亦不能眞立憲二者互相爲因互相爲果苟其國所謂政黨者徒虛懸此名以自欺而相炫耳而於政黨之原則之禁例一切不遵守則有政黨一如無政黨也甚則有政黨反不如無政黨也而流弊所極必還歸於專制其還歸於專制所經之塗徑有二一曰消極的助成專制者其國於政黨之外更有他種特別勢力政黨既不樹自立遂爲此特別勢力籠蓋而操縱之政黨變爲特別勢力之一機械而已如是則於政黨以外發生專制政象二曰積極的倒行專制者或濫用多數黨之權力壓制少數黨使不得爲正當之政治活動甚則以少數黨而出卑劣手段蹂躪國憲蹙多數黨使不能自存如是則在政黨自身發生專制政象此兩種政象在泰西史乘不乏成例而其結果未有不陷國家於危殆者蓋專制本已非良政象然開明專制猶時或適應於時代之要求而使國家徼意外之福若夫鬼蜮專制與野蠻專制則惟有醞釀刺激革命斲國家之元氣以速其亡已耳夫以政黨而消極的助成專制則未有不爲鬼蜮專制者也以政黨而積極的倒行專制則未有不爲野蠻專制者也信如是也則有政

黨反不如無政黨之爲愈也。故夫國家而有政黨固可喜也。而未敢遽以爲喜也。亦視其政黨果爲眞政黨與否焉耳。夫政黨者。政黨員所搆成也。有眞政黨員斯有眞政黨。吾國政黨之前途可喜耶。可悲耶。吾不敢言。而善業惡業。皆惟政黨員自造之。竊計吾國政黨員其深明政黨之意義及作用而緝熙光明者固不乏人。而其附和於若明若昧之間者諒亦不少。且或雖能明其意義及作用。而爲感情所刺蕩事故所拘牽。則逆施而軼常軌。亦人情之所時有也。然天下事作始也簡將畢也鉅。以立憲政治所託命之政黨而萬一誤其用。則洪水猛獸之烈禍豈足云喩。吾爲此懼。敢竭愚戇以一效忠告焉。傳曰。美疢不如惡石。愛國愛黨之君子。倘願聞諸。

舊歷上元著者識

上篇　政黨與朋黨之別

疇昔吾國賢士大夫語及黨之一字。則蹙額掩耳如不欲聽。今雖改序易觀矣。然硜硜自守之老宿。猶抱此思想弗變。由吾儕視之。幾疑其梗僿不可以理喩。雖然。試一按史乘陳跡。每當一姓之季。何莫非以黨爭取滅亡者。覽古憂世之士。談虎色變。亦何足怪。夫校已往之史實。黨之禍人國也既若彼。稽當世之國故黨之益人國也又若此。黨之本質。究爲善耶。爲惡耶。曰斯當責之於名實也已。孟子言性善。荀子言性惡。各皆持之有故言之成理。曷爲兩相反之說而可以並存。則以孟子之所謂性與荀子之所謂性非同物也。夫我國歷史上之所謂黨。與今世歐美立憲國之所謂黨非同物也。一爲朋黨。一爲政黨。其名雖相類。而其實乃絕不相蒙。今國人競言政黨矣。而人人心目中之政黨。與夫事實上表現之政黨。其果與今世歐美立憲國之所謂黨者同物耶。抑仍不免與吾國歷史上之所謂黨者同物耶。由前之說。則吾將以有黨故爲吾國慶。由後之說。則吾且以有黨故爲吾國弔。蓋國有政黨。其國遂能昌與否。尚未可知。國有朋黨。然而不亂亡者。未之前聞也。今欲明政黨與朋黨之別。得先述政黨之起原與政黨之觀念。剖析而對勘之。

國家曷爲有賴有政黨耶。政黨以何因緣而發生耶。國家之有政治。凡以求國利民福。此盡人能言也。然而國利民福。恆爲相對的而非絕對的。其數量至難判定。其所涉之方面。往往相衝突。有百利無一害之政策。於往古來今。未之或聞。施一政而使全國無一夫不被其澤。此夸言耳。是故無論若何善政。祇能代表國利民福之一部分。同時必有其所不能代表之一部分。則彼部分之福利。遂不免爲此部分所犧牲。此事理之無如何者也。所謂政治方針者。比較其犧牲之大小。以量度其結果之大小。抉擇於輕重緩急。而嚮於一正鵠以進行。雖絕大之政治家。其技未或加於此也。雖然。犧牲與結果之比較。恆存乎各人之主觀。而有異同。好雨好風。見仁見智。爲事既不能相强。而國中民衆既有階級地位職業之不齊。其福利之與己身關係較切者。恆不願蒙政策之犧牲。此又人之常情也。於是乎國民之對於政治。緣夫主觀之殊異與利益之衝突。而意見總不能一致。其在專制之國。民衆雖有意見。末由發表。雖發表亦末由有效。則相與隱忍。卽安而已。在立憲之國。民衆既有發表意見之餘地。且有能使其意見發生效力之機關。則人人欲貫徹已所懷之意見。以施諸有政。此恆態也。其作始也。殆如墨子所謂一人一義。十人十義。莫相攝也。既而見乎一人或少數人之意見之言論。不足以爲重於天下。而左右政治之方針也。於是求友求助之念。自不得不生。人人皆互欲求友求助。於是必有其主觀略相同。利害略相接者。胥謀協進。而黨之形漸具焉。夫曰略相同。略相接。則未必其全能脗合也。始焉各黨員蓋未嘗不欲以個人之利害或一階級一地方之利害爲職志。無如此種利害決無由得多數之一致。終不能成一大勢力以動政界。識者知其然也。於是棄小異而取大同。舉凡小利害小意見悉刊落之。而惟標概括之主義以相號召。其問題非涉及於國家全體者不以爲揭櫫也。其與彼意見利害不相容之敵黨。所以爲號召揭櫫者亦復如是。是故始焉人各有見。未始有黨也。繼焉逐結結合。而無量數之小黨出焉。終焉則大結合以成爲兩黨對峙之形。凡政黨政治發達之國。未有不爲兩大黨者也。黨愈大則其黨義黨策所涉之範圍愈大。蓋非是則無以爲結合之具也。吾國夙以植黨營私。四字相屬成語。庸詎知在政黨政治發達之國。營私者決不能成黨。而黨又絕不足以供營私之用。夫既謂之私。則必吾之所獨。而非衆之所同也。吾營吾私。人亦營其私。私與私衝突。而安能與共。即彼此以私利益交換而相狼狽焉。則亦只能得少數。且爲時必至暫耳。故在小黨林立離合無常之國。其政黨或可資營私之具。然以嚴格論之。此種黨派實不足稱爲政黨。此種政治實不足稱爲政黨政治。眞行政黨政治之國。其黨未有不純粹眞實以國利民福爲職志者。其黨員未有不純粹眞實以盡瘁於國利民福者。蓋非是則黨先已不能存立也。而或者疑兩黨各持相反之主義。而各自謂國利民福。甲黨所謂國利民福者是。則乙黨必非。乙黨所謂國利民福者眞。則甲黨必僞。殊不知國利民福之性質。本爲相對的。而非絕對的。甲黨之主義。代表其一部分。同時乙黨之主義。亦得代表其一部分。故眞解政黨之意義者。一面既愛護已黨。一面仍尊重敵黨，凡以此也。既代表一部分之國利民福以相結集。則懸所認一部分之福利以爲鵠。以繩政界隨時發生之大問題。合於鵠者贊之。不合於鵠者否之。經數次大問題之後。黨義漸變爲具象的。以屢此討論及協同活動之結果。黨員與黨之關係。漸變爲結晶的。此黨之所以能光大而永續也。政黨之作用。必在競爭政權。然其競爭政權之動機。必爲公而非爲私。何也。無論何黨之主義。皆僅能代表國利民福之一部分而不能代表其全部分。既僅代表一部分。則其所不能代表之一部分必見犧牲矣。國力只有此數。先注全力以發達一部分。而他部分暫從緩置。良非得已。然緩置既久。則他部分或且失其發達之本能。而國家將以偏枯跛盩爲病。故在野黨常齦齦與政府黨爭。政府黨既以甲部分之福利爲職志。雖明知乙部分之福利不可以久犧牲也。而中道改絃。嫌於易操。且其事亦或多所不習。故訴諸全國之輿論。觀其左右袒。若右在野黨者多。知人心傾嚮於乙部分之福利。而甲部分之福利已成亢龍矣。則奉身而退。委諸敵黨之設施。以匡我不逮。故其爭政權爲公也。其棄政權亦爲公也。非必其黨人皆生焉。而公爾忘私。而黨之本質實使之不得不如是也。是故甲黨進而甲部分之國利民福興焉。甲黨退乙黨進而乙部分之國利民福興焉。若蹞步以行。左足右足更迭代進。進而不已。乃致千里。政黨政治之可貴。凡以此也。西哲謂政治無絕對之美。吾常謂苟能得請於上帝。常降賢聖以作之君。使行開明專制。此絕對之美也。終已不可致。則能得眞政黨以行完全之政黨政治。抑其次也。何也。政治之職掌。不外求國利民福。而眞政黨則未有不以國利民福之職志而能存立者也。

然則眞政黨之觀念。略可察矣。政黨者。人類之任意的繼續的相對的結合團體。以公共利害爲基礎。有一貫之意見。用光明之手段。爲協同之活動。以求占優勢於政界者也。分析說明之如下。

(一)政黨者。結合之團體也。　黨積人而成。此易見也。然必須爲有意識之結合。而非無意識之集合。故錫以團體之名。團體者何。一種無形之人格也。凡團體雖積分子而成。然自爲一體。以超然於各分子之上。自有其意思焉。自有其行爲焉。爲之分子者。常須屈其個體之意思行爲。以服從之。此團體之通性也。而政黨實團體之

一種能如是則爲政黨不如是則非政黨

(二)政黨者任意結合之團體也　政黨標一主義以號召國民國民各詢諸其良心以爲贊否故入黨脫黨純然自由不受國權之制裁不蒙他力之干涉若恃威力以强人入黨其非政黨明也

(三)政黨者繼續結合之團體也　政黨之分子雖新陳代謝政黨自身亦或屢變其形而其結合之目的爲國利民福故常期諸永久若以一時一事之目的而結合者非政黨也(例如以革一姓之命而結合者雖含有政治上意味然不爲政黨)

(四)政黨者相對結合的團體也　政黨在英文Party譯言部分示相對之意故凡言政黨言外卽見有兩黨以上同時存在若濫用權力以蹙害他黨使不能自存者非政黨也

(五)政黨者爲協同活動者也　協同活動云者爲達同一之目的而多數人協力以爲種種之言行也故僅思想一致而未表示於活動不足爲政黨其黨員僅挂名黨籍而多數不從事於活動或各自活動而不協應亦不足爲政黨

(六)政黨者有一貫之意見者也　政黨所標主義及政綱雖皆用抽象簡括之文句然一黨自應有一黨之精神由此精神演出以應付各問題其意見自成一貫若首鼠兩端前後矛盾則精魄喪而不足復稱爲政黨矣

(七)政黨之意見以公共利害爲基礎　凡政黨所主張必須關於國家全體之利害其箇人之利害一階級一地方之利害而假黨力以爭之者非政黨也

(八)政黨用光明之手段以求占優勢於政界　政黨之設凡欲占優勢於政界以行一黨之主義故凡從事於政黨者必期組織政黨內閣其主張不黨內閣者是與政黨本意反也雖然所求者不過占優勢而已而非謂

取異已者之勢而摧鋤之使無餘也又欲占優勢必出於競爭然競爭恆用光明穩健之手段故用詭道陰謀以求勝敵者決非政黨

政黨之起原及其觀念大略如是然則政黨與非政黨之别從可識矣非政黨者何則朋黨是已政黨者以國家之目的而結合者也朋黨者以個人之目的而結合者也個人目的曷爲能結合舉國人不知有所謂國家目的者則箇人目的時亦足以爲植黨之媒此徵諸專制君主國而最易見也專制君主國國家之目的非人民所得過問管之者惟一君主耳故其臣民惟庇於君主之下以求達其私目的其欲得政權也凡欲衣食於國家以遂其私也故君主威權稍旁落而朋黨卽因緣以興朋黨之特徵有五一曰以人爲結合之中心不以主義爲結合之中心二曰不許敵黨存在三曰以陰險狠戾之手段相競爭四曰黨內復有黨五曰其烏合也易其鳥獸散也亦易故國家而有朋黨者非特霾曀其政界亦且漓散其民德而黨之壽命亦必不永大抵與國俱亡或先自亡而國隨之何也彼合多數箇人之私目的決無由成爲一公目的無公目的則決無以爲繼續結合之具其安能久也然雖不久而其痡毒國家已不可紀極矣夫朋黨非惟專制君主國有之也卽寡人政治之貴族國與多數政治之共和國亦往往有焉何也個人目的人類之所同也但使多數人民於個人目的之外而復知有所謂國家目的者則當其爲他種活動時不妨以個人目的相結合而當其爲政治活動時則必以國家目的相結合夫如是然後政黨可得見矣而不然者人人心目中無所謂國家目的者存其視政治亦祇爲謀私利之一種職業乘便趨勢以圖自逞而已不給則互狠狽以謀之則朋黨安得而不興也夫執政爲最優之權力而營私又人類之通性故朋黨之發生爲道最易其所以不能發生者惟恃兩種勢力以制裁之其一則明天子在上無偏無黨

惟賢是用。故結託盤據者不得逞焉。其二則社會多數人皆知己身與國家共休戚。又略有判辨政治得失之常識。人民之自由意見。又得確實保障。則雖有野心家。苟非眞盡瘁於國利民福而持之有故言之成理者。則不足以爲號召。不能有所憑藉以執國命。斯齷齪詐虞之術無所施矣。由前之說。則其國無黨而國治。由後之說。則其國有黨而國治。要之則所謂朋黨者無所容足也。若夫其人民國家觀念旣薄。又乏政治常識。其自由意見復無完全保障。而其國體則爲共和。無一尊以立乎其上。此則朋黨蓬茁最適之場也。若而國者。雖無政黨之名。偏榜於國中。而識者斷不以有政黨許之。若中美南美諸共和國是也。若大革命時之法國亦是也。今我國所謂政黨。其果爲政黨耶。抑實爲朋黨耶。吾不能無疑。

下篇　中國政黨政治之前途

中國今日旣爲共和國體。立憲政體。則將來政府之組織。無論采總統制。采內閣制。而要不能不以政黨爲政治原動力之一要素。此稍有識者所同知也。故政黨之前途與國家之前途。實相依爲命。吾與國中諸黨關係皆甚薄。末由測其深淺。固不敢妄有所論斷。雖然。諸黨及其黨員之態度。有襮著於外爲衆所具瞻者。以之與諸先進國之政黨相校。而心竊有所謂危。此諒非吾一人之私言也。凡識時憂國之士。尙皆共此惴惴。吾欲取多數人心中所欲言者。彙括一宣之。求黨人之內省而日新云爾。

吾首欲問者。則各黨以何標準而納黨員。各黨員以何動機而入黨也。昔人有言。君擇臣。臣亦擇君。黨與黨員之關係亦若是矣。政黨之爲物。雖廣納衆流。然有價値之政黨。其收黨員決不肯過濫。政治家雖非憑藉一黨不能活動然既託於一黨。則如婦人之適其所夫。故有價值之人物。恆翔而後集而不欲輕身。夫盡人可入之黨。必其無主義之黨也。盡黨可入之人。必其無主義之人也。合無數無主義之人。以成一無主義之黨。欲以冒政黨之名得乎。而今之治黨事者。惟思頓大紘以網多士。不問其人於黨義有無會契。惟使之入吾彀。不得則加之以威偪之以利誘。而爲之黨員者。亦罕復問黨義是否爲吾所心悅誠服。黨之舉措是否踐行黨義。貿然入之。以爲酬應而已。則黨何貴有此黨員。而黨員亦何貴有此黨。此吾所懷疑者一也。

復次。選舉爲政黨活動之第一壯劇。各黨皆於此示現精神。以孚信於國民焉。諸先進國之政黨。每爲總選舉之將屆。必舉本國會會期中諸重要問題。宣示具體的意見。號爲本黨政綱。頒之國中。尤必廣開政談演說會。自通都大市以迄荒村。日夜不休。述吾黨政綱之美。及其所以主張之理由。懇懇以告諸選民。敵黨主張之謬。則淸辭闢之。敵黨之對於吾黨也亦然。選民若坐堂皇而聽兩造之訟也。既盡其辭。乃憑其良心所判之是非。以爲左右袒。故選舉制。多數之黨。必其得多數人民之信仰者也。夫如是。乃據之以建設善强之政府。此當前有形之效也。不甯惟是。政黨以運動演說之故。常用極通俗之語。灌輸政治常識於多數人民腦海中。引起其政治興味。而養其愛國家尊公益之心。此永久無形之效也。政黨之所以有造於國者。此其最宏大者也。乃今者建國第一次選舉。而未聞有一黨發表政綱。建旗幟以卜人民之祈嚮。又未聞有一選舉區焉開政黨演說之會。此實普天下立憲國所無之現象。普天下政黨所未睹之前例也。號稱政黨。並茲事而不爲。則更有何事當爲者。此吾所懷疑者二也。

復次。政黨者。以政治爲職志者也。政治現象日有變化。政治問題日有發生。政黨之所以應之者。不可不夙爲整備。故各黨之本部以政務之分科主任爲最重。其組織儼然一小政府也。蓋政黨之地位。不外在朝在野二途。當其在野也固不可不爲在朝之準備。卽長此在野。而監督政府之責任亦綦重。監督之業似易而實非易。非有相當之學識經驗。一發言輒與情實矛盾。徒爲當局者所玩弄而已。竊謂我國政黨。苟欲與腐敗官僚宣戰。一新政象。則從實際上分科研究政務。最爲要義。今各黨莫或從事焉。卽有此機關。亦同虛設。此吾所懷疑者三也。

復次。選舉者。國民行使公權唯一之機會也。眞自由之國。未有不視選舉爲神聖者。有眞選舉。然後有眞民意。夫國會何以能代表國民。以議員爲國民所信任故。何以知其爲所信任。以國民以自由意志公選故。是故其黨得多數議員於國會者。卽認爲得多數信任於國民。所謂議院政治。所謂多數政治。所謂政黨政治。其根據皆在是耳。而不然者。議員自議員。國民自國民。其間並無眞實之聯絡關係。則數百之議員與數萬萬之國民相較。孰爲多數。而孰爲少數者。擁區區之議員。而以多數自詡。不亦誣乎。然以吾所聞。今次選舉之實情。其假手於金錢及威力之干涉者。什而八九。其意豈不曰吾爲擴張黨勢計。出此手段。非得已也。雖然黨勢與黨義孰重。無論何黨。其所爲設黨之意。豈非欲藉以舉民視民聽之實。謂共和立憲之政。舍此末由表現也。然以有黨之故。而選民之自由意志。乃反被束縛斲喪。則自由之敵。非他。乃政黨也。爲欲得自由政治而設政黨。以有政黨故而自由政治乃不可復見。似此猶以冒政黨之名得乎。此吾所懷疑者四也。

復次。政黨者。以有他黨對待而始獲名者也。使中國僅有一黨。則亦不必復謂之黨矣。是故凡健全之政黨。一方面固愛護本黨。一方面又未嘗不尊重他黨。此猶以人格自重者。未有不知重他人之人格也。若夫朋黨則不爾。凡不黨於己者務殲之使不能生存。何以故。朋黨以自己之利益爲本位。故其不黨於我者。必其與我之利益相衝突者也故非撲滅之不能卽安政黨以國家之利益爲本位而國家之利益常爲相對的其與吾黨所謂利益相衝突者未必其遂與國家利益相衝突故一面雖力持己黨所主張一面仍有容他黨別持其所主張之餘地也故政黨惟堂堂正正自發揮其所主張以與他黨所主張相論戰求同情於國民以爲制勝之具耳而對於他黨無所用其嫉妒無所用其妨害其甲黨黨員對於乙黨黨員語政見則攘臂激爭道故舊則握手歡好故非惟不以私害公也亦不以公害私曷爲而能若是耶蓋政黨員亦個人耳當其以個人資格立於世上時則各有其所向之私目的當其以政黨員資格立於世上時則別有其所向之公目的此兩目的絕不相蒙故公私永不能相害也嘗謂政黨之爭其猶奕乎奕者未嘗不求勝也然其對局時自有其公認之信條有其互守之庸法若緣奪車而致相毆必不齒於奕界矣苟一局之負而與對奕之人成寇讎非喪心病狂者決不如是也然今日我國政黨若惟以殲滅他黨爲惟一之能事狠鷙卑劣之手段無所不至黨對於黨也有然黨員對於黨員也有然似此之政黨其福國耶其禍國耶此吾所懷疑者五也

復次政黨者以全國之利害爲職志者也故非獨不有箇人利害之見存也並不容有地方利害之見存政黨而帶地方黨派之臭味其能健全者寡矣地方黨派之解釋有二其一則甲地方與乙地方緣利害關係暌違衝突之故各相反目對抗爲黨推而施諸政黨而政黨遂有冠以地名者如奧大利諸黨是也其二則同一地方之人士平昔以薄物細故積不相能各樹私援互爭意氣及政黨既立此諸人士者不問黨義政見之何如惟某甲既隸某黨籍者則與甲不相容之某乙必隸他黨籍以與之抗於是乎政黨之分野不以主義而以地方人士之意見夫地方人士之意見本無道以齊一也其意見又無從關係於國家大政也於是乎政黨之分野終不可確指

惟借以供各地方人士軋轢之具而已。若此之黨。且勿論其禍福於國家者何若。然似此而能賡續光大。蓋未之前聞。我國政黨。恆坐斯弊。此吾所懷疑者六也。

復此。政黨以競爭為作用。此無容深諱也。然競爭惟用以對外。不用以對內。競於內則未有復能競於外者也。美國共和黨。柄政四十年。今次選舉總統。以盧斯福與塔虎特內競。遂一敗塗地。其民主黨自治亦非無內競之兆也。而白里安首避賢路。以任調護。指名試驗投票至四十七次。卒從衆議。合全力以推威爾遜。竟以取勝。此近例之最章明較著者也。日本政友國民兩黨皆起內競。遂使積盛之藩閥勢力不墜。亦其顯證也。竊觀吾國今次選舉之情狀。與其謂之黨與黨爭也。毋寧謂之人與人爭。人與人爭之結果。遇敵黨之人則固與爭。遇本黨之人則亦與爭。金錢之運用。威力之恫喝。不擇而施也。於是乎非以黨員供黨之用。而反以黨供黨員之用。各黨選舉之結果。勝敗往往反其所期。皆坐是也。夫豈惟選舉而已。若至黨勢優勝。而與政權接近之時。苟循此不變。則內競之烈。且將倍蓰什伯。而黨之所存者幸矣。今吾國政黨。此等現象。幾同一邱之貉。此吾所懷疑者七也。

夫黨員之入黨也。實緣自認為對於國家有一種政治上之義務。欲完此義務。所恃惟黨。故入黨之後。直接負義務於黨。即間接負義務於國。至於權利則無有也。故黨員之對於黨。如子之事父母。事父母以孝為本分。不能挾孝以責償於父母。黨員以忠於黨為本分。不能挾忠以責償於黨。有責償之心。固已不得謂之忠孝矣。乃今之入黨者。或見夫各黨之競相羅致。謂其將借我以為重也。一旦加入。投一票。贊一議。則侈然示德色。而責望本黨以種種之報酬。稍有不應。動生觖望。甚則悍然相稽。謂子不我思。豈無他人。苟一黨中而此等黨員居多。其不應之耶。則毆魚爵以資淵叢。其應之耶。則如養驕子。縱之不知其所極。且黨中亦安得爾許權利以徧為償者。黨如久處逆境將紛紛下堂求去。黨如驟得志則盡刮國家膏髓。不足以資黨人之營養也。若是乎則黨員徒爲黨累。而黨徒爲國累耳。夫黨人而視黨爲權利所自出。夷黨於市道也。豈爲市道而已。乃將自處於倡蕩。而玩黨如狂童。人卽不自愛何至是耶。而不幸我國之政客類此者時有所聞。此吾所懷疑者八也。

夫爲一己之權利而內競於黨中。此惟至不肖者或忍出此耳。稍自愛之黨員。應不爾爾。然無權利之心遂足免於內競乎。是又未然。凡黨員非有服從黨義之德量。則黨不可得而昌也。黨綱所標。不過抽象擧大體耳。而政治現象千端萬緒。一問題發生。則非獨黨與黨所以應之者。各異其態度也。卽一黨中所屬黨員其意見亦安能一致。黨員中之最優秀者其獨立研究之精神愈盛。其堅持所信之節操愈强。舍己從人。君子以爲難矣。雖然既已標幟一黨矣。則必有敵黨以與我對待。如兩軍相見於疆場。交綏不能休也。苟械式駁而不純。步伐棼而不整。人自爲戰。何以禦敵。其僘也必至在議場中徒見有黨中各個人之主張。而不見有一黨之主張。若是則黨員雖衆。猶之無黨也。故眞愛黨者。每遇一問題列於黨義之時。不惜、上下其議論。務欲以己之意見使成爲黨之意見。及夫審議之結果。己之意見能遂爲黨所采用。斯最善矣。若不幸而黨議與吾意相反。但使吾一日未脫黨。吾必惟黨義是從。黨之所以能鞏結而競勝。胥賴是也。然茲事言之雖易。踐之實難。非服從多數之習慣養之於夙。則臨事罕有能虛下者。我國黨員果有此習慣乎。此吾所懷疑者九也。

以上九端。略擧要點。其他應慮之弊。更僕難盡。故國中多數人之心理。於我國政黨政治之前途。恆惴惴焉不敢置信。卽前此狂熱於政黨者。從事漸久。則希望亦漸灰。謂以我國人之道心之政習。雖標政黨之名。終不能脫朋黨之實。則懼以利國之具。變爲覆國之媒。吾雖强辯。而不能謂所懼之爲過也。雖然今之中國。既已爲共和國體。

立憲政體。雖有聖賢。雖有臯桀。亦豈能蔑棄政黨。而獨爲治者。謂今日之政黨不足與語。而共漠置之。是益以助朋黨之發育。而速國之亡已耳。太史公曰。上者因之。其次利導之。其次敎誨之。其次整齊之。夫因今日政黨觀念之萌茁而利導焉。以從事於敎誨整齊。此政治家之責也。使各黨皆能得少數健全之黨員以爲中堅。而因以薰染陶鑄多數黨員。使軌於達道。又安見先進國之迹。必爲我所不能踐也。吾非敢貿然抱樂觀以論政黨。顧吾以爲徒抱悲觀。則不如勿論。夫使政黨以外。而有可以不悲觀之途。則竟置政黨於勿論可也。終已無之。則萃羣策以改造政黨。其或視他業爲易有濟也。

上總統書 財政問題

啓超自奉職以來。目覩財政艱窘情形。憂心如擣。徒以官守攸分。未敢越俎建議。且懼以書生空論。動蒙非笑。是用默然不敢有瀆。今見外債交涉。既受侮之孔多。稅課考成。又然眉之難救。時時懍破產之憂。處處同仰屋之感。不改此度。何以圖存。雖在草茅。猶當竭獻一得。冀作涓埃之效。況啓超之忝竊高位與聞大政者哉。啓超數年來所主張。謂欲立財政之根本計畫。須將貨幣政策銀行政策公債政策冶爲一爐。而其下手之方。則在獎厲內債。而毋恃外債。內債若行。非惟財政收挹注之功。而全國金融從茲活動。其造福於國民生計者。且無量。啓超心營目注。懷此有年。而世俗之論。動則謂我國前此屢募內債。悉皆失敗。今欲繼起。寧異於前。不知天下之物。惟有價値者。始能流通。惟有效用者。始有價値。西人之稱公債。謂之有價證劵。惟其有價。故人民趨之若鶩。而國家亦得藉以爲理財之妙用。中國內債所以不能發達。以其無價也。中國內債易爲無價。以人民不知利用公債。而政府復不導以利用之途也。夫他國之民。前此亦非能知利用公債也、而國家政策之力。實足以導之。昔美國當南北戰爭之後。紙幣跌價至二成以下。百業彫敝欠軍餉以千萬計。卒能漸償外資蔚爲富國。以格蘭德能導民使利用內債而已。日本維新之初。國庫如洗。後經廢藩置縣之大業。重以西南戰爭。政費無出濫發紙幣。財政基礎危如累卵。其所以獲有今日。以松方正義能導民使用內債而已。俄國處瘠寒之地受專制之毒。二十年前。財政紊亂。瀕於破產。其所以危而復安者。以槐脫能導民使利用內債而已。啓超嘗詳考其導民利用之法。千端萬緒。或用直接或用間接。但使以國家法令行之。皆可旋至而立有效。而其法有爲中國將來始能采用者。有爲中國目前即能采用者。今請略舉數事。以供我大總統采擇。苟能實行。則一萬萬元之內債。決非難致。而目前財政之險象。亦可以昭蘇矣。

第一　請令凡掌司出納之官吏。皆須納保證金而其保證金得以公債代之。

各國司出納之吏使納保證金於國庫。日本所納則自三百元以上千五百元以下。而皆許以公債代之。夫在該官吏納此區區。殊不以爲苛。而公債用途即以大闢。我國京外各官署各稅釐局及鐵路電郵等大小各局所其司出納之吏最少應在三萬人以上。若每人平均繳納保證金五百元。而許以公債爲代。即此一項。而所需公債。立刻須一千五百萬元以外矣。

第二　請令凡販鹽售賣者納公債作保許賒稅價若干月。

日本鹽專賣法附屬之販鹽條例第十四條規定以公債作保。許賒若干月。查現在日本公債之用於此途者。每年約四千餘萬元。將來我國若行鹽專賣法。固可全仿其制。即行就場徵稅法。亦可以變通之而師其意。我國現在鹽稅所入每年約八千萬元。此法若行。則公債之用於此途者。每年最少亦應在三千萬元以上。公債已須四千萬元以外。

第三　請速頒定國民銀行條例令人民欲辦此種銀行者得用公債作保發行兌換券。美國南北戰爭後消納九萬萬元之公債日本廢藩置縣時。消納一萬六千萬元之公債皆以國民銀行爲之尾閭。其效至捷。其利至宏。章章在人耳目。啓超頃已斟酌各國成規。取善防弊。擬成國民銀行條例草案容俟繕呈鈞核。竊謂此制若行人民必樂於遵設。但使投資設立該銀行者。每省平均資本二百萬元。則全國所需

第四　令中國銀行所發兌換券須以公債爲保證準備。各國中央銀行皆定有保證準備額。使兌換券得操縱融通之妙。保證準備額之大小。當斟酌國情以定之。而日本之臺灣銀行。初時定爲五百萬。今已增至一千萬矣。若以人口比例。將來中國最少應定至四萬萬以外。今不必爲驟爲鋪張。暫定一萬萬元。其穩固之程度。當爲天下所共信。而中國銀行猶不必盡用其力也。今後一年之內。僅利用此保證準備至五千萬元。則謹慎可謂極矣。而保證準備例須以有價證券充之。中國現在之有價證券。舍公債外。更有何物。故中國銀行所需公債。立刻應在五千萬元以外也。

以上四端。不過犖犖大者。其他利用公債之途。尚有多端。未能具述。然即此四項。已需公債一萬三四千萬元。苟此四項法令既頒。期於必行。則凡從事於彼四項事業者。皆非得公債不可。其必爭欲購受公債。而不待驅迫勸誘也明矣。政府則斟酌人民需要公債之分量。而次第謹慎供給之。例如預計本年應需公債一萬三四千萬元。則第一批僅發五千萬元。初時民未知其用。購者尚少。價或低落。數月以後。必爭購而價漸騰。俟其騰時。則續發

第二批五千萬。此後皆以此為比例。務使市面公債常求過於供。則公債價格自能騰至原價以上。而人民之樂用之也亦日甚。外人覩此。亦不復能乘我之危而肆要挾。卽更欲利用外資。亦可以極良之條件得之。行之二三年。則募內債三四萬萬元。決非難事。而庶政緣此克舉。財政基礎從此永固矣。竊謂今日救國大計無逾於此。謹撮舉鄙見大略密陳。若蒙嘉許。當更面陳詳細辦法也。

擬大總統令 整頓司法

蓋聞政平訟理。郅治之極規。刑罰不中。亂危所由作。故司理一職。最貴明愼。古今中外。有同然矣。國家深惟勤恤民隱。首在執訊之平情。而收回法權。尤賴機關之盡善。是用酌古準今。更訂新律。析區分級。編制法廷。經畫數年。規模粗建。然而成效未著。疑議轉繁。或法規與禮俗相盭。反獎奸宄。或程序與事實不調。徒增苛擾。重以草創之初。舖張太速。經費未通盤籌畫。已成力小謀大之嫌。人才未寬限養成。不免下駟濫竽之誚。坐是或庭數不敷分配。積案日多。或法官不得賢良。循聲莫播。甚則律師交相狼狽。舞文甚於吏胥。鄉鄰多所瞻徇。執訊大乖平恕。豪猾每干網而巧逃。良懦或戴盆而莫愬。本大總統外觀世運。內審國情。謂司法獨立之大義。旣始終必當堅持。而法曹現在之弊端。尤頃刻不容坐視。該總長其督厲所屬。咸與維新。庶以全法治於有終。定民志於未渙。豈惟法界之幸。抑亦國家之庥也。此令。

令京外各級審檢廳

古之言治者．以政平訟理爲治道之極軌．蓋國家凡百施政．其利害直接及於人民者．莫如訟獄．訟獄不得其平．則民不復覺國家之可恃．人人有自危之心．而國遂不可以終日．故孔子憂之曰．刑罰不中．則民無所措手足．古今中外凡有國者．莫不於此兢兢焉．泰西諸國．懲采侯軍吏干涉聽訟之敝．乃以司法獨立．著諸憲典．其於法官也．愼其登庸嚴其考績．隆其保障．故任斯職者．咸倍益束身自愛．湔濯淬厲．忠於所守．而民乃受其利．我國鑑彼成規．力圖法治．數年以來．法院編制．粗成系統．中外想望．觀聽一新．而稽其成績得失之數．正復參半．以本總長所聞．某某等處成效漸著．民固誦改絃之受嘉．某某等處寃抑時聞．民反覺舊貫之猶愈．夫國之所以與立者在法．而法之所以與行者．豈不在人．苟不得人．無論若何良法．而弊未有不隨其後者也．我國法院．卒卒草創．日不暇給．中更喪亂．益傷彫敝．所養之才．既不足．其擇而用之也又不精．今之承乏法官者．其中明體達用．絜己奉公之士．誠不乏人．而庸駑濫竽．衮曲尸位．亦所在多有．據人民所控愬．與道路所傳述．有文義未通．判詞難索解者．有不解法理．引用條文悖戾原意者．有全不顧本國慣習．漫摭拾碎片學說．比附條理．致違多數心理．滋民疑惑者．有積案經年不予判決者．有任意移轉管轄．使當事人疲於奔命者．有設法遏抑上訴．致含寃莫申者．其檢察官有畏避豪强．坐視罪犯匿不舉發者．有徇庇故縱者．有架誣敲詐者．其書記官等有於出狀時勒所規費者．有濫改供詞者．自廳長以迄各推檢．有日與律師往來徵逐．毫不引嫌者．有受律師脅迫．不敢自由裁斷者．甚至有與兩造律師朋比陰行苞苴．使當事人飲恨無可陳訴者．凡茲種種墮譽敗檢之舉．或由本部受諸呼籲．或由本總長得諸訪聞．雖蜚謗未容輕信．而蒼蠅點白．自愛者能勿引懲．雖一人非可概餘．而狠羊敗羣．司牧者固宜翦棄．本總長竊惟國家特設司法機關之本意．原有鑒於前此審判之腐敗．寃抑之繁多．乃思易轍改絃．增民樂利．

自法院之編制既定。而天下屬耳目焉。謂前此疾苦。今後其知免也。若改制之後。而疾苦一如疇昔。國家將何辭以謝吾民者。甚則改制之後。而疾苦反加疇昔。國家更將何辭以謝吾民者。疇昔親民之官。厥惟州縣。國家之治亂。繫於州縣之賢否者什而七八。夫州縣與人民之休戚。其相關曷爲如彼其切。以折獄爲州縣最重要之職權也。自州縣折獄之權既移於法官。而法官親民之實。乃過於州縣。得一良法官。而千百萬之民蒙其庥。得一不肖法官。而千百萬之民食其禍。法官皆良民。自能惟國是愛。法官皆不肖。民且將與國爲仇。準此以談。國之安危存亡。非吾儕司理者之責而誰責哉。本總長半生播越。未諳服官。際此時局百艱。勉膺重寄。恆深虞於隕越。故每謹於規隨。獨念國命所關。勞怨焉避。深願與我法曹賢俊。共覈名實。爰挽頹流。除法院未成立各地方別有委任另行監督外。其已成立不裁撤之諸法院。誓注全力。圖恢良規。爲此通令各廳審檢長推檢官及書記官等。咸喻此意。益自濯磨。思所以爲司法界樹立將來之楷模。思所以爲司法界恢復過去之名譽。其有自審嘗蹈前舉諸弊者。務宜迅自湔拔。以全令名。毋以法官反褻法網。或自揣學力未充。製錦滋懼。不如引退。以俟晚成。免遭別裁。翻玷休問。其各廳長對於該廳各員。高等廳長對於所轄地方初級各廳長。其指導監督之責。尤重且鉅。自奉到此次訓令後。除遵照部中別頒甄別格式。將所轄屬各員成績切實塡注彙報外。仍限於一個月內。將各員密加考察。查有犯前舉諸弊者。立予檢劾。毋得稍事瞻徇。其有瞻徇或失察者。他日部中發覺。各該長官應受相當之處分。其有挾嫌誣衊者。罰亦如之。其現在各員經各該長官認爲可以勝任者。及將來任命各員由各該長官呈請者。皆須具切實考語。對於所加考語。負連帶責任。他日如察有不實。按照情節輕重。各該長官應受相當之處分。查法官地位之保障。雖根據約法之專條。而法官資格之完成。尙須待法律之布認。本總長對於現任法官之分限。誠不忍輕爲動搖。而對於民國法廷之威信。又安敢怠於擁護。去其螟螣。毋害我田。葆此鷄鳴。以待風雨。各該廳諸員其咸悉此意。毋惑毋忽。此令。

令高等審檢廳長

國家之有法律。在使民知之而由之也。故周官每當歲正。有司必率民讀法。羅馬立十二銅表於公囿。民乃大驩。前淸之季。法令猥雜。民莫殫究。而吏得上下其手。寃濫之繁。怨讟之作。恆必由茲。而一二良有司猶時或勤張文告。肫肫諭曉。畫而不犯。民利賴焉。夫欲進國民於法治。非使法律觀念普及於羣衆。不能有功也。而導愚氓以了解法律。其職責實在長官。比年以來。鑒舊律之不適時勢。屢有所因革。其草案雖次第發布試行。而人民多未覩其文。遑論其理。就中如訴訟程序諸法。爲當事人所首當恪守。今所改定者。大率參酌各國通行法理。按諸本國事實。期以防弊而便民。用意良善。然與前淸陋制旣相逕庭。山谷之民。習聞舊規。罕知新制。偶涉訟庭。觸處錯迕。或誤投他署。或逾越定級。或不用法定狀紙。或不能如式塡寫。或不知有上訴期間之規定。遷延自誤。或不知覆判機關之所在。冒昧雜投。在有司因其程序之不合。例予却駁。本屬職守所當然。在人民原未知程序之爲何。動遭指疵。幾覺笑啼之皆罪。羣情洶惑。職是之由。爲此通令該檢察廳長。督率書記官。將訴訟程序法。擷要印刷。並摘其最要者。分項編成白話或韻語。其程序與從前慣例相異之點。尤宜特爲揭出。加以說明。分發所轄各縣。飭在城廂鄉集。到處懸貼。每月一次。使人民易知易從。識法守法。仍將所擬告示及解說等。鈔報部中。以憑察核。其已頒續頒之民刑商諸律。摘其爲該地訴案適用最廣者。或與舊律殊異者。皆宜隨時解釋揭示。俾民共明要之今之中國非實行保育政策。無以進國民於高明。而舉共和之實績。無論行政司法官吏。皆當時時以父母師保之心。導吾民於在鎔從繩之路。法官親民等於州縣。心力稍盡分毫。程効捷於影響。要當寓敎育於裁判之中。乃能以法律濟政治之美。各該廳長官等宜善體此意。董率所屬。福國利民。豈異人任。若謂令甲既已宣懸。凡民合知趨避。其或不知利用以自保障。或貿焉誤觸以生繆戾。咎由自取。無與長官。衡以論理。誰曰不然。然揆諸哀矜勿喜之明訓。既有所未安。即返諸盡瘁事國之本懷。亦豈能自慊。本總長從政日淺。治事才疏。惟矢與民同患之心。常懷毆納溝中之戚。夙興夜寐。未識所從。僅就職司。思殫心力。嘉與各該廳長官等同寅協恭。孜孜孟晉。庶幾張法權之孚信。即以保國家之尊嚴。各該廳長官等如共厲斯志。則所以率屬作民。納諸軌物之道。神而明之。存乎其人。庶幾夙夜以永終譽。豈惟本總長之榮幸。國家其將賴之。此令。

呈總統文 司法問題

竊惟司法獨立之名。雖傳自泰西。而其義實根於中國。孟子曰。夫舜烏得而禁之。夫有所受之也。推闡斯義。最爲切明。然細究司法獨立之眞精神。惟在使審判之際。專憑法律爲準繩。不受他力之牽掣。至於執法之官。應否有特殊地位。本屬後起之義。而非必要之經。泰西諸國所以務使司法官與行政官嚴爲分立者。緣彼承中世封建之敝。采侯右族。濫擅私刑。民不聊生。夢想法治。故司理必別立專官。而黜陟且特爲保障。凡以奬不畏彊禦之風。杜希風故比之弊。我國比年以來。師擬其法。改律設廳。日不暇給。則緣前清之季。令甲猥雜。州縣理刑。假手胥吏。冤濫充斥。怨讟朋興。窮極思變。漸開今制。爰自更張。既歷年所。然而良績未著。謗議滋多。天下搖搖。轉懷疑懼。啓超奉職以後悉心考求綜其弊端約有數事朝出學校暮爲法官學理既未深明經驗尤非宏富故論事多無常識判決每缺公平則登庸太濫之所致也服官本籍接近鄉鄰法律有所難施親故因而請託里胥訟師朋比爲奸法庭莫保尊嚴官吏日隳威信則人地不宜之所致也改組之初稍事鋪張庭數固未得平均人員尤不敷分配加以程序有定不易變通故案多積壓人有煩言任事者或授人以口實之資責難者亦莫悉局中之苦則組織未完之所致也重以新纂諸律折衷未周或拘牽他邦之法譚違反本國之習俗或浮鶩嚴密之程序睽乖簡易之民情又民商等律尚未編頒既無確實之準規但憑裁量爲判決在練達者欲求比附之允愜猶未易言在不肖者或寓喜怒於愛憎遂叢百弊則法規不善之所致也坐此諸端遂滋誤會是丹非素議論棼如甚則欲盡裂現在之規模悉復晚清之舊貫啓超竊謂論事最貴持其平而敷政宜慎於所蔽喜新之士謂但得司法官高張法幟民利遂舉誠爲理想之空談憤時之輩謂但使行政官仍綰法符流弊斯祛亦屬矯誣之偏見夫弊與利緣者事理所難逃而因噎廢食者明哲所大戒司法機關不善惟當思所以改善而豈謂可仇視此機關司法官吏非人惟當思所以得人而豈謂可不設此官吏且如比來人言籍籍謂營伍軍人自治紳董與彼法官通稱三害品評當否且勿深求然國家終不能因軍人爲怨咨之府而議盡撤軍團又豈能因法官爲謗議所叢而務悉汰法院互相比證其義自明又國家欲得一良司法官固屬甚難即欲得一良行政官又豈獨易若必抑此伸彼入主出奴豈天下從政者皆賢良而天下執法者皆不肖兩年以來官紀掃地行政官流品之雜咎慝之繁比諸法官竊疑更甚徒以不親詞訟少減愆尤倘使職權一如昔時正恐怨毒久叢彼輩今雖實行甄試嚴限登庸然能否遂盡得循良在今日尚懸爲疑問就使龔黃繼起召杜翩來豈其勤於愛民遂必精於折獄責成分合得失

惟均。若謂法官之拘文牽義。不如行政官之徑意直行。獎勵法外之舉措。指爲救時之良謨。雖云猛以濟寬。竊恐弊餘於利。啓超自服官以來。日與事實相接。雅不願持膚泛迂闊之高論。且不憚爲破格駭俗之措施。既非徇庇法曹。强爲辯護。尤非因循舊制。憚於更張。頃已督飭部員編頒新令。舉未設法庭之地委縣知事以兼理司法之權。一切奉行事宜監督程序。當別呈報。祇候鈞裁。顧所斷斷憂計者。以爲用人辦事之流弊。固宜盡力排除。而司法獨立之精神。未可根本反對。今之暫以一部分司法權委代理於縣知事。不過因人才經費兩皆缺乏。故作此權宜之計。非恃爲久遠之圖。其已成立之法院。除查明實屬駢枝量行裁撤外。宜皆維持調護。切實改良。而整救之道。亦有數端。一曰愼重任官。其方法則用考試以覘其學力。行甄拔以選其優良。非特無法律知識者不許濫竽。卽有法官資格者亦普行察驗。二曰嚴汰不職。其方法則用考績表嚴密審查。以功過之高下。定去留之標準。仍復旁采輿誦。別加制裁。責成長官。使行舉劾。三曰迴避本籍。不許本地人士服官於審判管轄區內。絕其瞻徇。俾能奉法。四曰編纂法典。從速編定民商事件實體法訴訟諸種程序法。俾法官有所遵循。人民有所依據。其違反禮敎習俗之條文。概加修改。其過於委曲繁重之程序。量爲變通。務以公溥愜輿情。務以簡易定民志。至於律師一職。關係尤重。賢者當其任。誠足以扶微弱而鄣人權。不肖者尸其名。則足以庇奸邪而壞法紀。尤宜厲行督察。引之當道。嚴定許准之資格。毋俾濫竽。精核現在之人員。去其害馬。本此數者。次第施行。但使數年以內。惟日孜孜。社會不加以摧殘。政治日趨於正軌。必有成效。斷言無疑。區區此心。差堪自信。夫國家本爲保民而設法庭。人民反因法庭而增疾苦。當局之咎。固無可辭。然欲達保民之初心。仍當注重於機關之改善。若偶因道路之浮議。遽謂玆事不便於吾民。感一時効績之未彰。遂稱此制不適於中國。則是懲羹吹齏。其失惟均。矯角殺牛。厥弊尤甚。伏願大總統特頒明命，一力主持，以改良司法之事責諸啓超，啓超亦以整頓司法之功，課諸羣吏，俾天下曉然知政府意嚮之所在，不至爲世俗議論所動搖，則司法前途實利賴之。是否有當，伏候鈞裁。謹呈。

述歸國後一年來所感

一年來之中國，其狀態變遷之劇烈，蓋不可思議。如觀電影百戲，倏忽曼衍，目無留瞬，一刹那間，已成陳迹。如備四時之氣，管於一室，振以萬鈞之機，忽而沸度，忽而冰點，居室中者，喘汗膚粟，疲於奔命。夫過去之跡，則既若是矣，而後此之遷流，又莫測其所屆。故舉國彷徨迷惑，幾無一人得安身立命之地，則社會杌隉之象，終無已也。今喘息似稍定矣，其狀乃如百戲場中止樂垂幕，觀場之人，經過度之震蕩搖眩後，則疲倦欠伸之態四作。又如號呶傞舞之後，扶頭作酒惡，故於沈默之中，含一種蕭索慘淡之氣。氣象之不良，莫過此矣。夫果必有因，而知病即藥。中國曷爲而構成此種氣象，吾以歸國後一年間所觀察，而感不絶於余心也。

所感一　人才之不經濟

不經濟云者，日本名詞也。吾未能得一切當之語以譯其義，故借用之。大抵凡物之在宇宙，各有其功用，而以時間空間配置之得宜，能發揮其功用至最大限度，斯謂之經濟，反是則謂之不經濟。人皆曰中國今日人才消乏，惟吾亦以爲消乏也。然自昔社會亦只能以一時代一地域之才，治一時代一地域之事。例如治庖，熊蹯駝峯，固可登俎，春盤苜蓿，亦可成味。例如築室，大杗細桷，各有其所，雕甍壞土，咸含其用，才之界說，豈有定哉。若乃糝桂椒於飴虀，建畫壁於洞牖，惟其不適，是以無用，匪惟無用，且滋害焉。此不經濟之說也。吾非敢謂今日全國之人才盡投諸不經濟之地。然其患此者已什而八九。即所餘一二。亦程度問題耳。以不經濟之故。於是舉國殆無一人能發揮其良能。其在客觀方面。則相詒以無用。其在主觀方面。亦人人漸自覺其無用。不知天地果何爲而生我。而我果持何鵠以生於天地間也。以此言之。人才雖欲不消乏。亦安可得。此其故由社會之形格勢禁者半。由箇人之自嬰狠疾者亦半。箇人方面之惡因。宜以個人意力自祓解之。社會方面之惡因。宜以多數個人之合成意力共祓解之。苟非爾者。恐全國皆爲無用之人。而才不才更於何有。

所感二　制度試驗之彷徨

制度者。社會之產物也。制度之爲用。雖時或可以匡正社會狀態之一部分。然萬不能離社會以創制度。更不能責制度以造社會。十年來之中國。日日以離社會創制度爲事。其極也乃取凡與我社會絕不相容之制度。無大無小。悉移植之。植而萎焉。則咎制度之不善。而更謀改植。故凡百制度。日日皆在試驗中。譬如屬文。屢易其題。每題作數行。更試他題。則脫稿遂終無日也。然則中止試驗。亦有道乎。或爲之說曰。今茲試驗所受之苦辛。緣制度移植而生也。盡廢移植者。而復其舊。則更何患。殊不知由舊而趨新。固試驗也。由新而求舊。亦試驗也。舊制度爲舊社會之產物。舊社會有其固有之要素。故能產彼制度。而維繫之使適於用。今此種要素。或已亡失。或已減殺。其維繫固有制度之力。或已消滅。或雖未消滅。而已甚薄弱。今後試驗復舊之困衡。與前此試驗作新之困衡正相等。同爲離社會以創制度。不能相非也。而其成敗。則亦略可逆覩矣。太史公曰。上者因之。其次利導之。其次教誨之。其次整齊之。我國比年來對於制度之大患。在有革而無因。感現行制度之不適。則翻根柢而摧棄之。故無論何種制度。皆不能植深基於社會。而功用無自發生。自今以往。其試驗漸竣時耶。

所感三　社會事業之萎靡

在專制國人民惟知倚賴政府。識者悼之。共和之幟既張。宜若一改此度矣。而其敝乃視昔尤甚。始建國之一年間。社會運動。其外觀若甚磅礴鬱積。如政團如其他慈善學術之團體。如私立學校。如報館。如公司。其蓬茁於各地者。不可勝量。然而旋起旋滅。若浮漚之相續而不暫留也。其倖而存立者。則皆直接間接與中央政府或地方政廳爲特別關係。而仰其補助卵育以自活也。其尤可駭詫者。若政黨若股分有限公司。其性質純爲社會的。宜若與政府不能相蒙。然而其託生命於中央政府或地方者。乃什而八九也。夫社會事業。宜求其基礎於社會。社會事業。而以政府爲基礎。譬猶螟蛉託子於果蠃。雖辛勤憫鬻。而終非類。又如擷桃英以綴李本。欲其向榮。不可得也。夫託生命於政府之社會事業。在法固不能謂之爲社會事業。以非社會事業。而冒社會事業之名。則非惟今茲之僞社會事業必不能久也。而將來之眞社會事業。且緣而窒其發育。何也。人民將誤解社會事業之眞相。而凡從事於此類事業者。或且以結託政府爲必要之條件。則其結果必至與今之所謂社會事業者同一末運。謬種相襲。而終於澌滅也。其能解社會事業眞相之人。又且將引嫌而不肯自效也。不寧惟是。以政府而宰制社會事業之生命。非直不利於社會事業也。而又不利於政府。蓋二者相結。一方面既導社會事業於腐敗。而一方面又導政府於黑闇也。夫今日之社會事業。曷爲而必求基礎於政府。則以社會無基礎故。夫社會無基礎。則豈復成社會。然則非無也。薄弱而已矣。以薄弱之社會基礎。謂宜先發生規模緊小之社會事業。或可以乘載之而無傾躓。待其體已具。而徐圖恢廓也。年來治社會事業者。其或稍闇於斯義。故成效與所期反也。而政府又或欲助長之。而反貽之毒也。夫無論何時代之國家。皆以社會事業爲之元素。況其張共和之幟者哉。故吾於此淵乎其有思也。

所感四　思潮之浮淺及不調和

凡社會之現象。無非一思潮之產物也。政治與制度。則社會現象之一種而已。故覘國者必於其思潮焉覘之。吾國之由專制而共和。謂非思潮之產物焉不得也。然共和適成其爲吾國之共和。則亦近今之思潮實產之。或曰。今中國無思潮。吾不敢謂然也。然大多數人之所懷想。大率浮光掠影。無深刻銳入之思。無確乎不可拔之所信。無恢博之演繹。無嚴密之歸納。輕下判斷。輕棄判斷。譬之歌者。其聲不自丹田出。苟宛轉於喉舌間耳。故其發於外也。不洪宏。不耐久。求所謂沁入肝脾者無有也。求所謂繞梁三日者無有也。吾無以狀之。狀以浮淺而已。若此者。無論鶩新執舊之徒。莫不有然。而新舊之間。又如水與油摻於一盂。絕無化合之餘地。且無化合之希望。以浮遇浮。以淺遇淺。而常相菲常相軋也。過去之惡果。則既以此爲其因矣。而方今所造之因。且循斯軌而益加厲焉。吾觀法國革命前後。雖社會泯棼慘酷。極人世所不堪。而其間常有鴻哲靜立乎社會之奧陬。而冥冥中左右之。故雖屢瀕於危。而國性轉以光大。日耳曼人受蹂躪受箝束最甚之時。卽其思潮醞釀最深厚最成熟之時。故如經冬藏蟄。遇春則萌茁莫禦。又如伏流之河。一出則千里而始一曲也。又觀吾國過去史乘。當大危亂之世。常有賢哲爲深沈之思理察之論。而因以開一代之治。竊以謂今日之中國相需最殷者宜在此。而吾似未之見也。又竊以謂天下之理本一。而人智不甚相遠。苟其深入而博辯之。則無論何種思想。未有絕對不能相容者也。故莊生云。我知天之中央。燕之北越之南是也。而其思潮所以不調和者。則思潮之浮淺實使然。循此不變。則中國將舉其所以與立於天地者而喪之也。夫此則非惟不能責望於政府。且不能責望於社會。蓋個人之事業。莫大乎是矣。

以上四端。述其所感想之最大者。其他關於一制度一政象之所感。不具論也。

辭司法總長職呈文

爲呈請辭職事。竊啓超以一介書生。未諳從政。承大總統特達之知。拔授今職。夙夜祗兢。思竭綿薄。勉輸蟁負之愚。冀試鉛割之用。乃平居所懷理想。按諸事實。而多不可行。賦性本屬迂疏。責以繁劇。而罔能爲理。以故尸位既久。建白毫無。言夫國務。既不能贊畫遠謨。弼成治理。而膚闊持論。徒熒吏士之聽聞。言夫部職。復不能廓淸積習。善用法權。而寃滯繁與。反益閭閻之愁歎。先哲不云乎。陳力就列。不能者止。啓超奉職至今。撫躬自課。不勝艱鉅。固已昭然。若猶昧避賢之規。必致貽覆餗之誚。爲此瀝陳下情。敬懇俯予辭職。則曲全之德。當圖報於弗諼。而積咎之躬。庶晚蓋之有自。臨牋悚息。待命屏營。謹呈大總統。

司法總長

附　呈請改良司法文

爲敬陳管見。留備采擇事。竊啓超自審庸愚。不勝艱鉅。已於本日呈請辭職在案。惟是自到部以來。體察司法情形。頗有所感觸。聞諸昔賢之義。進思盡忠。退思補過。而舊令尹之政。當以告新令尹。謹就數月來諏訪所得。略陳其愚。以備大總統核擇。飭繼任之賢。議行焉。

一曰法院審級宜圖改正也。現行法院編制法。采自日本。而日本復采自歐洲大陸。爲嚴格的四級三審之制。揆諸矜慎之義用意良美然欲實行於我國則略計法官人才須在萬五千人以上司法經費須在四五千萬元以上揆諸國情云何能致故一年以來改爲審檢所復改爲縣知事兼理審判皆所以救現行編制法之窮也然此等皆權宜之制不能視爲根本之圖將來治具略張終當以行政司法分離爲歸宿苟法院編制與國情不適則司法基礎終無從鞏固查四級之制近世歐美學者已頗議其繁迂日本在臺灣關東皆采三級制且漸施諸內地英在印度亦僅三級而最低級之審判卽由縣知事行之我國似宜參酌其法將初級管轄名目廢去歸併於地方而令刑事自某種刑以下民事自若干元以下皆以高等廳爲終審現在知縣兼理固用此審級將來法院完成亦用此審級庶可以簡易而便民也

二曰審理輕微案件宜省略形式也現行訴訟程序論者每議其繁然既已謂之法庭無論若何力求簡易而終有萬不可缺之程序太求簡而弊亦緣之矣雖然若不問案情大小而悉用同一之程序則其窒礙有不可勝窮者夫法庭受理之案其屬於鬭毆竊盜及尋常錢債者什而六七在昔州縣審期遇賢明長官堂諭數語一日可了數十起今則數千文之錢債判牘連篇一兩月之拘留爰書盈尺在民間寸陰尺璧何堪待法理之推敲況判詞佶屈聱牙奚以喻庸俗之口耳甚則一批答可了之呈詞必改用決定成式文牘祇厭其浩繁判決副本可以牌示而必每名送達書記轉疲於繕寫凡此之類皆緣拘牽而生延滯民苦訟累半此之由謂宜於法院完全成立之地則擴充違警罪範圍將輕微案件移歸警署訊結其在縣知事兼理審判之地亦宜列舉某種類案件得以極簡易之程序行之則官既省勞民亦稱便矣

三曰宜明立審限也往時京師法司推鞫各定程期罰金等罪十日遣流徒罪二十日死罪三十日外省層遞勘

轉命案通限六月盜刼等案四月其隔省關提及難結事件始准報部展限督課既嚴留滯自少自設立法院以來結案稽緩遠過昔日雖曰法規束縛調查困難然苟不設法救濟則流弊亦何堪設想夫一人訟累闔室憂惶片刻玩愒於法庭十口悲啼於環堵怨沴所積危亂斯階謂宜酌復舊規令各級法院及兼理審判之縣知事各依案情種類爲定審限其有特別理由仍許聲明酌展庶法官有所策厲而積案可望漸減矣

四曰上訴宜分別限制變通也律許上訴凡以平反寃濫然則惟寃濫者得有上訴權理之正也今則無論案件大小事理曲直但在定期之中咸得任情上訴於是土棍慣犯豪惡莠徒竟非官力所能裁抑頗聞有慣竊之犯受斷科刑其鄉里咸爲快心其家人亦以安枕而彼乃依期上訴累月竟稽執行又如錢債欠戶意圖梟負所押業產債權者照約管掌官判准行而彼迭次上訴乘裁判尚未確定之時坐收產業果實至其不服命令之抗告則其助刁尤甚審判官一語之發略露端倪卽將藉口抗告原審廳便須停案待判此時弱者坐聽延滯強者百計圖翻弊害之叢伊於胡底循此不變是以奬唆訟之風而卽啓犯罪之竇加以交通阻隔審理遲延極其究竟將使全國無一確定之裁判國威何存民命安託又刑事既采公訴主義故被害人無上訴權衡以法理固極正當揆諸習慣實滋迷惑謂宜於輕微事件之上訴嚴立限制而於重大寃獄之平反別開程序庶法得其平民蒙其利矣

五曰宜速編刑律施行法也現行新刑律論者多毛舉細故以爲詬病實則該律之成幾經審議其採自今世通義者固多而依據唐以來舊制者亦復不少斟酌損益尚稱精完惟因法文簡括予法官以自由裁量之餘地頗多上比下比之間影響或遂懸絕苟非法官諳練極深恐於平亭未能曲當若漫執外國判例以爲衡則於本國

習慣益相反。謂宜亟編輯施行法。將罪之種類與刑之等級。詳相比麗其舊律沿用未能驟廢。及新律所未詳者。皆博著而溝通之庶不朽之法典。可以應用無閡矣。

六曰宜酌復刺配笞杖等刑以疏通監獄也。獄囚之充塞。殆未有過於今日者矣。各地模範監獄。囚至如歸。久已溢盈其舊監及看守所。亦駢積至無所容。循此以往。雖擴充獄室數倍今日。猶恐不給。而囚糧一項。國家歲費數千萬。且無以爲贍。如此豈復成爲政體。況囚浮於獄。瘐斃必多。揆諸圜土教民之意。毋乃失之愈遠耶。推求獄囚所以驟增之由。則莠民之繁夥。判決之延滯。雖其主因。然刑名之寡狹。實有以致之。蓋諸罪犯中死囚百一。餘皆徒刑。徒刑之行。惟在圜獄。獄囚之充。云胡可避。況獄政既未修明。感格實難收效。則在獄者常得學習犯罪之結果。而出獄者愈成獎勵再犯之階梯。蠹害中於社會。非細故也。謂宜酌復軍流刺配之制。分別情節輕重。或竄邊地。或若干里以外。此非曰以鄰爲壑也。遷地以後。其犯罪之客因。或稍減除。則湔祓之機會。亦易發生。爲社會計。爲罪人計。皆有裨益。若能擴充此意。實行刑事殖民政策。則爲利更溥矣。至於輕微竊鬭之案。采扑作教刑之義。笞杖省釋。用示薄懲。揆諸古義。既有依據。徵諸並世。亦多沿襲。苟能行斯二者。其於疏通監獄。蓋不無小裨也。

七曰宜設立法官養成所也。今日司法之不滿人意。由法制之不適者半。由人才之不給者亦半。養成人才。其根本在於學校。盡人而知之矣。然學校所授。僅在法理。而僅明法理。未足備法官之資格。況學校之積弊。在今日有不易整頓者存哉。自去歲法院改組以來。專以學校文憑爲資格標準。然其成效。亦既可睹矣。徒使久諳折獄之老吏。或以學力不備而見擯。而絕無經驗之青年。反以學力及格而濫竽法曹。譽望之隳。半皆由是。今厲行甄拔。其結果未知若何。然所能甄拔者。亦僅在學力之有無。謂即此遂能得良法官。其不敢自信明矣。謂宜廣開考試之途。令舊州縣舊刑幕及私立學校畢業生。皆得應考。而嚴其格以甄取之。別立法官養成所於京師。凡甄取者皆使在所實習若干年月。乃分發京外各級廳服務。循資洊升。然後重其薪俸。固其保障。則賢良之法官。可以漸出矣。

八曰宜嚴限律師資格也。比者司法之爲世詬病。其口實之起於律師者實居六七。論者或致疑於律師制度不適於中國。欲翻根柢而摧棄之。此因噎廢食之言。非篤論也。今律師之流毒於社會。實由律師資格太濫有以致之。今部中所發證書已逾數千。其中品學優異者固亦有人。然或訟棍土豪賄買文憑。或新學小生志氣未定。照章呈請。批駁難施。孳乳寖多。徧於鄉邑。夫其弋取之也既甚易。則其愛惜之也必不甚至。作奸犯科。恆由斯起。謂宜將原領證書之員。概行調驗甄試。試驗及格。重發新憑。仍復厲行懲戒新章。使害馬者必歸淘汰。則業斯職者。咸知自愛。而人權實蒙保障矣。

九曰宜將一部分之罪犯。劃歸廳外審判。而法外之干涉。則嚴行禁絕也。比經喪亂之後。羣盜滿山。而法院制裁之力時若不足以遏之。行政官吏與一般人民之不慊於法院。此又其一大原因也。夫既經法院。則法律上自有一定之程序。以此而咎法官。法官固不任受矣。而行政官吏及軍人則羣起而鬨之。一若法庭爲養奸之府者。交相干涉。始猶限於特別事項。寖假而及於其他。法庭與軍警權限之爭。日有所聞。而法之行。乃愈生窒礙。謂宜略倣前清咸同以後之制。將聚衆劫盜一罪。別由法庭以外之機關。用他種程序訊鞫懲治之。除此一項外。其餘普通民刑案件。仍悉經法定機關。悉遵法定程序。而他界干涉。懸爲厲禁。斯兩全之道也。

十曰宜保存現有機關。而由國稅支應經費也。前奉大總統令。於司法維持現狀。寬籌經費之旨。既已明白宣示。

惟是各省以財政艱窘之故。電請廢廳者。仍繼續有聞。其現存之廳。又大率以經費無著。瀕於廢止。竊惟今之法院。其瑕疵可指者固多。然成立至今。固亦幾積經驗。基礎粗完。實非易易。誠宜就現有之策。徐加改良。以期收效於將來。就中如省會及通商口岸。繫中外之觀聽。更不宜輕爲棄置。夫豈不知財政困難。然此安可以已也。然今者當財政未能統一之時。外省各項政費。皆由省庫支給。其軍費則有都督主持。不虞留滯。其一般行政費。則由省長挹注。猶易取求。獨至司法。其系統自成別宗。其境地等於孤孽。艱窘尤甚。情理實然。若非中央力爲維持。則其困衡實爲無告。謂宜一面通飭各審檢廳。使開列實需之必要經費。毋許浮冒。一面通飭國稅廳。使對於此項經費。由國稅項下儘先發給。非有所畸重。凡以救事實之窮耳。

以上十端。略舉管見。皆啓超所有志焉而未能逮者。啓超奉職數月。玩愒因循。百廢不舉。馴及去位。乃建空言。溺職之咎。萬責難謝。抑其才力之不勝大任。徵斯益信。猶冀芻蕘之獻。或效涓埃之補。稍獲自贖。幸何加焉。抑啓超猶有請者。今司法制度所以蒙訴獨甚。皆緣前此改革太驟。擴張太過。銳進之餘。乃生反動。今當矯枉。宜勿過正。苟其過焉。弊日滋甚。凡天下事原動力太過。必生反動。反動力太過。又生第三次反動。如是四次五次。相引可以至於無窮。凡百政象皆然。不獨司法也。彼法國自大革命後。所以累反動以反動。經八十年而不獲敉定者。皆坐是而已。伏惟我大總統。懔執兩用中之訓。宏蕩平無陂之道。豈惟司法前途之幸。國家其永利賴之。啓超感激殊知。不敢有隱。竊附臨別贈言之義。輸其盡瘁嚮往之誠。伏惟裁察采擇。不勝大幸。

右呈文多採同僚意見內所採者今大理院長董君康今福建高等審廳長林君蔚章條議爲多　啓超附注

附　呈擬將司法部大理院合併文

爲呈請將司法部合併大理院以保統一而利進行事。竊啓超自以才力不勝。已於本日呈請辭職。且別呈條陳管見。留備采擇各在案。今更有一事爲改良司法之根本者。敬爲大總統陳之。查英美等國。其全國最高之司法機關惟一而已。卽大理院是也。我國前此刑部。一面掌朝審秋審。一面察核京外司理之當否而舉劾之。蓋以一國最高之審判機關總攬全國之司法行政。其制正與英美同。惟德國則於大理院之外。別置司法部。而日本倣之。蓋國情各有所宜。而利病非可概論也。今以我國情形察之。則司法部之宜合併於大理院。其理由有四。大理院長品秩甚崇。且自前淸以來。卽有與部對峙之勢。故據法院編制法司法總長雖監督全國審判衙門。然對於大理院之監督。視高等廳以下其程序自難强同。故必以院長兼司。然後監督得以普及。此其宜合併之理由一也。部院法律上之解釋。常不免有齟齬。致各級審判廳無所適從。必會而通之。乃可以溝若畫一。此其宜合併之理由二也。大理院無監督高等以下審判廳之權。卽查得各廳裁判或有謬誤。或有疏忽。除以裁判糾正外。不能直接施以訓示譴責。致上下級審判機關行政上之脈絡不能貫通。此其宜合併之理由三也。司法事業須立永久計畫。總長爲政務官。常因政局變遷而生動搖。大理院長則爲司法官。地位較固。若兼綜全國司法行政。則方針可以貫徹。此其宜合併之理由四也。若夫節省政費。則又其餘事矣。誠能毅然行此。則可將大理院分爲兩部。其第一部以各庭推檢組織之。專司審判。其第二部以今司法部各廳司組織之。專司司法行政。而以一院長總其成。或置一副長以佐焉。一轉移間而全國司法脈絡貫注。其進行之利便。必有遠過於今日者。啓超奉職數月。孰權利病。敢建此義。雖似駭俗。實爲合經。伏願大總統裁察英斷施行。再者前此部院之間曾薄有爭議。啓超今倡此論。旁觀不察。或疑其有爲而發。實則啓超自到部以來。與大理院事事和衷。未嘗有一度幾微之衝突。兩機關所屬各員。具能知之。今茲建議。純爲司法前途起見。別無他因。合併陳明。謹呈大總統。